Histoire de l'Europe
au XXe siècle

Pascale et Danièle Fabre

Histoire de l'Europe au XXe siècle

Tome IV
De 1945 à 1974
(2e partie : du début des années
soixante à la crise)

QUESTIONS AU XXe SIÈCLE

À Georges

Sommaire

I

LA PUISSANCE RETROUVÉE ?

« Les années d'abondance », telle est l'appellation que l'on a pu donner aux années soixante. Les nouveaux outils statistiques permettent alors de compter minutieusement les biens de consommation (téléphones, automobiles, télévisions) mis à la disposition des ménages et la civilisation des loisirs commence à gagner une place de plus en plus importante à l'Ouest. Ceci provoque d'ailleurs quelques sarcasmes de la part des porte-parole des pays communistes, peut-être soucieux de masquer les difficultés persistantes de leurs économies qui ne cessent de prendre du retard, ce qui engendre le mécontentement des populations ne supportant plus la pénurie et gagnées peu à peu par les comportements occidentaux. Car l'Amérique n'offre plus le seul modèle enviable : d'une Europe traumatisée par la guerre, tendue par les enjeux vitaux de la reconstruction, s'est peu à peu dégagé, à l'Ouest, un noyau de pays décidés à surmonter la catastrophe, sans avoir cette fois à mendier de l'aide à l'un des deux Grands comme les nécessités de l'effondrement du second conflit mondial l'avaient imposé aussi bien aux bénéficiaires du plan Marshall qu'aux nations occupées par l'Armée Rouge. Dépassant les difficultés de l'ère postcoloniale et les rivalités mondiales, six pays avaient réussi à organiser modestement un embryon de Communauté qui allait prouver son efficacité et susciter l'envie de leurs voisins, convaincus les uns après les autres par la réussite du Marché Commun devenu dès 1965 le premier ensemble commercial mondial.

Certes, on est encore loin d'une Europe fédérale, dépassant les rancœurs ancestrales, telle que la rêvaient les visionnaires qui avaient, à La Haye en 1948, cru possible d'abolir les pesanteurs du passé et les barrières érigées par la guerre froide naissante. L'Europe se construisait, non pas comme une entité politique ou militaire, mais sous la forme d'une « Europe des marchands », même si certains regrettaient que l'on ait ainsi dénaturé la « Grande Idée » d'une Europe fédérale. Ce pôle de stabilité, cet espace de liberté, allait cependant rayonner au-delà de ses frontières. Tout d'abord pour les habitants du voisinage européens, attirés par sa relative opulence et désireux, soit d'en profiter en émigrant, soit de copier le modèle économique et s'ouvrir aux échanges. Mais ce rayonnement, accru par la fascination exercée sur les élites du Tiers-Monde par les intellectuels occidentaux, allait conférer à l'Europe un rôle majeur dans l'accompagnement des jeunes nations nouvellement indépendantes vers le développement. Que l'Europe ait en partie échoué dans cette tâche, qu'elle ait trop hâtivement exporté ses références en matière économique ne fait aucun doute. Mais, dans les années soixante, l'espoir était encore intact. Et à cet égard l'enthousiasme que les initiatives du général de Gaulle ont provoqué partout où il s'est déplacé montre l'importance attribuée au-delà des frontières à la parole venue d'un des grands pays d'Europe. D'autant plus que les États-Unis d'une part, l'URSS de l'autre sont, d'une certaine façon, tombés de leur piédestal. Le bourbier vietnamien, l'appui de Washington aux plus contestables dictatures sud-américaines, les sanglantes répressions des mouvements de résistance dans les pays de l'Est ont ébranlé les idoles. On peut alors imaginer un avenir européen prometteur, dans lequel l'Europe occidentale, ayant peu à peu intégré les démocraties existantes ou à venir, se régénèrerait par une confrontation dynamique avec le reste du monde, en particulier les pays en voie de développement, véritables gisements de richesses en hommes et en potentialités économiques. Dans cette Europe, deux puissances allaient, avec plus ou moins de réussite, marier un destin national avec des ambitions plus vastes. C'est tout d'abord la France, marquée par la personnalité de de Gaulle, et la République fédérale d'Allemagne, qui a réussi à exorciser ses vieux démons et se libère peu à peu de la peur viscérale du communisme. Prenant des initiatives en direction du bloc de l'Est, elle contribue, dans la fin de la décennie, à débloquer une situation devenue obsolète jouant ainsi un rôle capital dans le devenir d'une Europe apaisée.

Un certain équilibre

Les modèles politiques dominants

Au début des années soixante, l'Europe semble s'installer dans une période de stabilité. Les rôles sont distribués, les modèles relativement figés. On peut, en simplifiant, distinguer trois ensembles de pays : les démocraties confirmées qui allient respect des libertés fondamentales, égalité des droits, pluripartisme. Elles connaissent en général un essor économique important, bénéficient d'acquis sociaux qui garantissent l'augmentation régulière du niveau de vie moyen de leurs habitants. Certaines de ces démocraties ont un personnel politique stable. C'est le cas des pays scandinaves, tenants de la social-démocratie. La Suède par exemple, garde le même Premier ministre, Tage Erlander, de 1951 à 1969. Encore à cette date n'est-il pas renversé : il laisse la place à Olaf Palme, prenant alors une retraite méritée. C'est le cas encore de la France qui, après les turbulences de la IVe République, traverse, sous la houlette paternelle du président de Gaulle, une décennie quasi monarchique.

La Grande-Bretagne connaît une alternance historique : en 1964, les travaillistes reviennent au pouvoir après treize années ininterrompues d'opposition et y restent jusqu'en 1970. Mais si leur retour aux affaires est important en ce qui concerne le domaine social (on passe du « *déclin dans l'ordre* » au « *déclin dans le désordre* »[1]), il n'est marqué par aucun changement majeur dans les domaines des politiques étrangère ou économique par exemple. Et même le grand soubresaut de 1968 n'ébranle nulle part dans les démocraties occidentales la stabilité du système.

De leur côté, les démocraties populaires, après les violents affrontements de 1956 et l'édification du mur de Berlin, semblent solidifiées dans un modèle dont la rigidité est accentuée par la chute de Khrouchtchev en 1964. Si les révisionnistes mènent, à l'intérieur des partis communistes nationaux, en Pologne, en Tchécoslovaquie par exemple, un combat opiniâtre et courageux contre le dogmatisme, le système politique évolue peu. Il serait faux cependant de considérer l'époque comme figée dans un monolithisme néostalinien. Brejnev et Kossyguine, en prônant l'efficacité et le réalisme économiques, facilitèrent le recentrage sur les problèmes nationaux, ce qui permit une certaine diversification idéologique. De plus, les nécessaires adaptations économiques influèrent inévitablement sur les évolutions futures et contribuèrent à aboutir au grand traumatisme de la crise tchécoslovaque.

Enfin certains pays d'Europe du Sud connaissent pendant la période des années soixante un parcours plus ou moins lent et cahoteux qui les mène progressivement à envisager d'adopter le modèle politique occidental. Bien sûr, on est encore loin des transformations qui interviendront au milieu de la décennie suivante, tant en Grèce, avec le renversement du régime des colonels, qu'au Portugal (avec la « révolution des Œillets ») ou en Espagne, pays dans lequel la mort de Franco accéléra la démocratisation. Mais, là encore, comme dans l'Europe de l'Est, ce sont la mondialisation des échanges et la contagion du modèle occidental qui précipitent les mutations.

Dans toute l'Europe commence à se mettre en place un processus d'uniformisation des systèmes politiques, dû en partie au triomphe de l'économique sur le politique, et qui aboutira trente ans plus tard à la chute du mur de Berlin ainsi qu'à la généralisation de la démocratie.

Les rigidités dans les démocraties populaires

Pour l'heure, on est encore loin, à l'Est, de l'acceptation d'élections libres dans le cadre du multipartisme. La déstalinisation fait lentement son chemin, mais elle se résume la plupart du temps à des mesures superficielles et les équipes politiques se renouvellent peu.

Le modèle soviétique demeure la règle, tant au niveau économique que politique. L'omniprésence de l'État qui oriente et contrôle les activités des groupes et des individus a pour but de consolider les conquêtes du socialisme. Cet État s'est doté, dans les années qui ont suivi la guerre, d'armes redoutablement efficaces, au premier rang desquelles le Parti. Certes, il ne s'appelle pas « communiste » dans tous les pays : Parti ouvrier unifié en Pologne, Parti socialiste ouvrier en Hongrie par exemple, mais il est généralement le seul admis, bien que certains pays, comme la

Pologne, la République démocratique Allemande ou la Tchécoslovaquie tolèrent l'existence d'autres partis. Mais ceux-ci, s'ils peuvent disposer d'organes de presse ou présenter des candidats aux élections, ne se démarquent pas de la ligne générale adoptée par le parti dominant. « *Alibis du pouvoir, décors à motifs pluralistes dressés à l'intention de l'Occident, ces "partis alliés", ces "sigles vides" comme les définit en RDA Robert Havemann, n'ont aucune autonomie, aucune réalité politique, et ne sauraient donc en aucune manière servir de plate-forme de débat à une opposition* » [2].

Dans le principe, le Parti se présente comme un organisme démocratique par excellence, dans lequel les adhérents participent à l'élaboration de la politique générale mise en œuvre dans son sein. En réalité, le dogme du centralisme démocratique limite la concertation et empêche les discussions libres. Les nombreux avantages qui récompensent les membres du parti de leur soumission à la ligne dominante contribuent à fidéliser la nomenclature et à calmer les velléités de protestation à l'intérieur du parti.

Les citoyens élisent, en théorie librement, leurs représentants aux différentes assemblées locales ou nationales. Mais, d'une part, l'abstention est sévèrement combattue et celui qui a recours à une telle pratique est aussitôt isolé et montré du doigt dans la communauté de travail ou de vie dans laquelle il évolue. Et d'autre part, si les candidats peuvent appartenir à d'autres organisations que le parti communiste (autres partis satellites, syndicats, associations diverses), ils sont présentés par une instance officielle qui ne retient que les plus fidèles à la ligne générale suivie par le Parti, et en cas de scrutin de liste, le gouvernement fixe unilatéralement le nombre de candidats éligibles n'appartenant pas au parti communiste. Enfin, sauf à partir du début des années soixante-dix en Hongrie et en Roumanie,

16

un seul candidat est présenté par circonscription, ce qui interdit toute possibilité de choix.

Mais le centralisme démocratique n'exclut pas les discussions tant au sein du Parti que dans le cadre de réunions pré-électorales ou lorsque des votes décisifs doivent intervenir : par exemple, lorsqu'en janvier 1968, la Chambre du Peuple de la RDA adopte le projet définitif de nouvelle constitution, onze millions de citoyens ont au préalable participé à plus de 750 000 réunions pour discuter le projet et éventuellement présenter des amendements[3]. On peut s'interroger cependant sur le rôle des membres du Parti dominant, bien formés, entraînés à prendre la parole et à mener une discussion dialectique dans ce type de réunions.

Une autre arme très efficace contribue à rigidifier la vie politique dans les démocraties populaires : la police secrète. Celle-ci est, surtout dans les États à parti unique, indispensable pour étouffer dans l'œuf toute tentative d'opposition organisée et pour surveiller les dissidents. Son existence ne va toutefois pas sans certaines ambiguïtés : elle peut se constituer en une force autonome, en État dans l'État, comme ce fut le cas en Yougoslavie au milieu des années soixante : Rankovitch, élu en 1963 vice-président de la République s'opposait à l'évolution de la politique économique vers une véritable économie de marché, menée à partir de 1965 dans le pays, et qui mécontentait le clan des conservateurs, les Serbes particulièrement, qui accusaient Tito de vouloir ainsi favoriser les Croates et les Slovènes. Rankovitch avait placé des hommes de la Sécurité (UDBA) dans les administrations et les ministères et fit même poser des écoutes dans les appartements privés de Tito[4]. Celui-ci, à son habitude, frappa fort et la police secrète fut désormais soumise au contrôle direct du gouvernement et du Comité central.

Troisième volet de l'appareil d'État pour maintenir les démocraties populaires dans un cadre étroitement surveillé :

le Plan. Et c'est là sans doute que se trouve le maillon le plus faible. Les économies de l'Europe orientale ont pris par rapport à celles de l'Ouest un retard important, nécessitant de timides réformes dans les cadres nationaux pour tenter de limiter les dégâts[5]. Mais si chaque pays peut dévier légèrement de la ligne, le modèle de développement reste celui de l'URSS des années cinquante. Nulle part on ne renonce à la planification rigide bien que, dans les réformes intervenues à partir de 1963 en RDA, en 1965-1966 en Bulgarie et Pologne, à partir de 1965 en Tchécoslovaquie et un peu plus tard en Hongrie et en Roumanie, le rôle des entreprises dans la préparation des objectifs du plan soit accru ; et même si le regroupement de celles-ci en unions industrielles permet une certaine autonomie de gestion par rapport aux organismes centraux, la planification impérative sert les intérêts de Moscou qui n'a pas renoncé à une coopération économique étroite.

À partir de 1959, le COMECON est doté d'une charte instaurant une administration centrale constituée : un Conseil, réuni une fois l'an, assisté d'un Secrétariat, qui administre l'ensemble et représente le COMECON à l'étranger ; un Comité exécutif, où siègent les vice-présidents des gouvernements concernés, véritable instance décisionnelle ; et des Commissions permanentes, chargées de l'étude des questions économiques et de la coordination de l'ensemble des projets nationaux. Le principe de Division socialiste du travail est annoncé lors de la session de 1962 du Conseil, et une plus étroite coordination des plans nationaux est préconisée.

Cependant certains États de l'Europe d'au-delà du rideau de fer ont pris très tôt des distances avec le modèle économique imposé, conduisant leurs dirigeants à un éloignement et même à une rupture dans le domaine politique. C'était déjà le cas de la Yougoslavie dont le « cavalier seul » avait été longtemps montré du doigt, c'est au tour de l'Albanie, sortie du cadre du COMECON en 1961 et qui affirme son originalité, soutenue par Pékin. C'est aussi le cas de la Roumanie, de plus en plus indépendante au cours des années soixante.

On aurait tort de croire, cependant, qu'à l'intérieur même des différents États, le dégel politique accompagne obligatoirement les nécessaires réformes économiques. Si, en Tchécoslovaquie, la crise du début des années soixante mène à un assouplissement longtemps attendu, la Pologne au contraire, qui s'enfonce dans le marasme, connaît un durcissement politique réel, du moins jusqu'en 1964, autour de la personnalité autoritaire et méfiante de Gomulka. Et les changements intervenus à partir du milieu des années soixante, à la suite du « nouveau style » des dirigeants de Moscou et de la propagation des idées réformistes de Liberman, vers une plus grande émancipation par rapport au modèle stalinien allaient inévitablement ouvrir la porte à des difficultés internes graves. Comment, en effet, maintenir l'autorité du Parti, continuer à mener une politique répressive vis-à-vis des intellectuels et des « progressistes » et dans le même temps ambitionner de réformer l'économie en relâchant le contrôle administratif sur celle-ci, en octroyant plus d'autonomie aux unités de production, en réintroduisant la notion de profit, en ouvrant les frontières aux échanges avec l'Ouest ?

Les démocraties du « Norden » et de l'Europe de l'Ouest

Face à ce bloc en apparence monolithique que forme l'Europe de l'Est encore étroitement liée à l'URSS, et traumatisée par les radicales transformations politiques intervenues au lendemain de la guerre, la Scandinavie semble un îlot bien paisible qui n'a connu aucun bouleversement marquant tant dans les domaines politique qu'économique et social depuis des décennies. Sauf en Finlande où le parti communiste est puissant, et en Islande où le poids des conservateurs est important, les pays nordiques, le « Norden », connaissent une stabilité politique garantie par l'importance des partis sociaux-démocrates qui organisent autour d'eux des coalitions majoritaires. La social-démocratie nordique a mené sans relâche un combat pour la prospérité, inventant un socialisme modéré, pragmatique, adaptant les exigences idéologiques aux contraintes nationales, ne rompant nullement avec le capitalisme mais compensant les inégalités inhérentes au libéralisme économique par une politique sociale hardie.

Les autres partis politiques forment essentiellement quatre groupes, et participent de manière ponctuelle à telle ou telle coalition. Le parti communiste, souvent faible, souffre dans les pays nordiques de l'image négative de l'URSS. On continue à craindre l'expansion soviétique et même si l'on entretient, sur le plan diplomatique, des relations indispensables, la distance reste importante surtout dans les États membres du Pacte Atlantique. La Suède, qui respecte un strict neutralisme, et la Finlande, tenue par des contingences frontalières, observent cependant une prudente réserve.

Outre le parti communiste, les autres forces politiques, dites « bourgeoises » sont la droite, rassemblement de modérés attachés au modèle occidental et hostiles à l'intervention de l'État dans le domaine économique, le centre, héritier des partis agrariens puissants avant la Seconde Guerre mondiale, représentant surtout les agriculteurs, et enfin les libéraux, souvent confondus avec la droite dans certains pays, mais s'en distinguant cependant, notamment en Suède, par une empreinte plus populiste.

Le maître-mot de la vie politique dans les pays nordiques est le compromis. Compromis entre une apparence monarchique (en Suède, Norvège, Danemark) et une réalité strictement républicaine et progressiste ; compromis entre la nécessité de débattre des réformes, ce qui peut parfois mener à une apparente anarchie des débats, aussi bien dans la presse écrite ou audiovisuelle que dans les réunions publiques sur le terrain, et l'obligation de prendre des décisions qui engageront sans contestation future l'ensemble de la nation. Jean Parent écrit, à propos du « modèle suédois » : « *Il y a une manière suédoise de faire des réformes qui a de quoi étonner quelque peu les Français. On attend rarement que la réforme devienne inévitable et soit imposée par l'opinion publique ou une fraction de celle-ci ; on préfère agir à froid et non sous la pression des événements. Le gouvernement parvient ainsi à garder l'initiative des opérations. Une fois l'idée lancée, on peut prendre son temps. Des commissions se réunissent pour examiner tous les aspects du problème et en voir toutes les implications. On fait des enquêtes et des expériences partielles si cela est possible* »[6]. D'ailleurs, à l'issue de ces consultations et débats, le gouvernement n'hésite pas à recourir au référendum, ce qui a pour mérite d'engager l'ensemble de la nation.

Les démocraties de l'Europe de l'Ouest, si elles connaissent en général une alternance régulière entre gouvernements conservateurs et sociaux-démocrates, n'en sont pas moins marquées, dans les années soixante, par une stabilité masquant parfois des évolutions souterraines qui éclateront autour de 1968. C'est une époque de « consensus mou », où les équipes au pouvoir sont les continuatrices de celles de la reconstruction. Certains vieux leaders passent la main, tel Konrad Adenauer en RFA, d'autres ont effectué un retour triomphal, tel le général de Gaulle.

En Grande-Bretagne, les conservateurs, revenus au pouvoir en 1951, parviennent à se maintenir jusqu'en 1964, augmentent même leur majorité aux Communes. Ils ont su adapter leur politique à celle de leurs prédécesseurs travaillistes, sans toucher aux acquis sociaux chers aux

Anglais, tout en gérant habilement l'économie mixte. Ils ont tout naturellement mis fin à l'austérité de l'immédiat après-guerre, et la figure marquante de la période, Harold MacMillan, Premier ministre de 1957 à 1963, sut tirer les leçons de l'échec de Suez : « *Le style public de MacMillan était admirablement adapté à l'Angleterre de la fin des années cinquante. Il est extraordinaire de voir à quel point son interprétation appuyée des façons anglaises traditionnelles combla une nation qui commençait à s'inquiéter de son avenir, car Suez avait provoqué un choc (...). En dépit de la prospérité intérieure, une grave crise de confiance avec répercussions politiques ne pouvait être exclue. Elle fut cependant écartée – pour un temps au moins* » [7]. Face à ce nouveau « torysme » très pragmatique et presque opportuniste, tant dans le domaine de la politique économique que dans celui de la politique extérieure (MacMillan réussit à redresser rapidement l'image de son pays qui redevint en quelques mois le « vieux sage » de l'Ouest), le parti travailliste était déchiré par des querelles intestines, dont l'essentiel portait sur la nécessité ou non de renoncer à la clause IV des statuts du parti, réclamant « *la propriété collective des moyens de production, de distribution et d'échange* ». Hugh Gaitskell, élu en 1955 à la tête du parti, attaqué sur tous les fronts et accusé de toucher à la « genèse », dut renoncer à son idée, bien qu'il continuât à préparer un projet économique et social résolument réformiste. Son successeur Harold Wilson, arrivé à la tête du parti en janvier 1963 après la mort d'H. Gaitskell, reprit le texte, en y ajoutant le thème porteur dans une partie de l'opinion publique de « *croissance planifiée* ».

Autre pomme de discorde au sein du Labour, le problème du désarmement. La Campagne pour le Désarmement nucléaire (CND) qui manqua de faire éclater le mouvement travailliste débuta en 1958, à l'initiative d'un groupe d'intellectuels, et connut son apogée au congrès du parti en

1960. Grâce à l'appui des principaux syndicats et du groupe parlementaire, le mouvement s'essouffla. Il généra cependant une contestation politique contre la collusion des deux grands partis et le manque d'originalité de leurs projets, que sut récupérer le parti libéral.

L'arrivée au pouvoir des travaillistes, menés par Harold Wilson coïncidait avec une période difficile au niveau économique. Malheureusement, les tâtonnements de la politique structurelle annihilèrent partiellement les effets escomptés des réformes : mise en place dès 1964 du DEA (*Department of Economic Affairs*) pour enlever la gestion des problèmes économiques aux fonctionnaires du Trésor, élaboration d'un plan national pour six ans avec fixation de grands objectifs (croissance, investissement, exportations), création de régions d'action économique avec le « *Regional Economy Planing Board* » qui travaille avec les différents ministères économiques en vue d'un programme de développement régional, politique des revenus et des prix acceptée à la fois par le patronat et les syndicats, etc. Mais ces réformes de structure brouillonnes (le DEA fut privé d'une partie de ses fonctions puis supprimé en 1969) ne purent pleinement porter leurs fruits en particulier à cause des problèmes de la livre que le gouvernement, dans un premier temps, continua à soutenir pour des raisons de prestige. Cela entraîna une politique d'austérité qui ne permit cependant pas d'éviter la dévaluation de novembre 1967, insuffisante toutefois pour éviter une politique de rigueur nécessaire à rassurer la communauté financière internationale. Wilson, sourd aux avertissements des leaders syndicaux et à la radicalisation des grèves sauvages, crut pouvoir dissoudre la Chambre au printemps 70 afin de conforter sa majorité, faisant plutôt le lit des conservateurs.

Il semblait alors que le temps du « butskellisme » (mot forgé au début des années 50 à partir des noms de Hugh Gaitskell le travailliste et de Richard Butler le conservateur ; désignant la politique économique de consensus menée successivement par les deux partis au pouvoir) était révolu. Le Royaume-Uni entrait alors dans une période de grande turbulence.

Comme au Royaume-Uni, le système politique allemand, élaboré par la Loi fondamentale, est strictement parlementaire. Mais le chancelier joue un rôle plus central encore que le Premier ministre britannique. Il peut être renversé par une motion de défiance déposée contre lui (mais jamais contre les ministres) cette motion de défiance étant qualifiée de « constructive » par l'article 67 de la Loi fondamentale, car le chancelier n'est renversé que s'il est possible d'élire son successeur. Il est aussi le chef de file du principal parti du gouvernement. Cette « démocratie du chancelier » est encore renforcée par la stabilité des forces politiques, desquelles sont éliminés les éléments de contestation. Le Parti communiste est interdit depuis le début des années cinquante, mais son impact déclinait dans l'opinion (seulement 2,2 % des voix aux élections de 1953). L'extrême droite, rampante, est prête à redresser la tête (par l'intermédiaire du Parti national démocratique, le NPD) à chaque crise, mais le miracle économique et la réussite sociale du modèle allemand la privent de ses électeurs traditionnels en Bavière et dans la Hesse.

La bipolarisation est donc un fait acquis dans le système politique allemand, même si d'autres forces, la CSU (parti chrétien démocrate de Bavière) et le parti libéral (le FDP), viennent traditionnellement appuyer la CDU lors de la formation des gouvernements. Celle-ci, dont le chancelier Adenauer est la figure emblématique jusqu'en 1963, garde le pouvoir de 1949 à 1969 même si, à partir de 1966 un gouvernement de coalition intègre des socialistes. Ces derniers ont dû, devant leurs échecs aux scrutins fédéraux (ils remportent par contre des succès aux élections locales), procéder à une révision déchirante de leurs objectifs. Au congrès de Bad Godesberg, en 1959, le SPD a renoncé à la lutte des classes et s'est orienté résolument vers une intégration à l'économie sociale de marché, telle que l'a conçue Ludwig Erhard.

On aurait tort de croire, cependant, que la vie politique allemande pendant toute la période des années soixante est restée figée sur les grands principes qui avaient accompagné la reconstruction. L'Allemagne de l'Ouest, avec l'arrivée à la chancellerie du docteur Erhard le 16 octobre 1963, rompt d'une certaine manière avec l'après-guerre et s'engage, dans le contexte nouveau de la construction européenne et de la croissance économique, dans une ouverture plus grande aux problèmes extérieurs, d'autant plus que les espoirs de réunification s'éloignent. Mais le gouvernement, malgré ses succès électoraux et sa prudente politique économique, ne pouvait échapper aux débats concernant le passé. Et la discussion qui s'engagea, à la suite du procès Eichmann en 1961, sur la prescription des crimes nazis, mit en pleine lumière le clivage existant entre les jeunes générations, plus exigeantes sur la recherche de la vérité, et ceux qui voulaient définitivement tourner la page.

Cependant lorsqu'éclata, en 1965-1966, une crise due en partie à une période de récession économique, et que le chancelier Erhard s'effaça, la conscience politique des responsables permit la formation d'une grande coalition. Celle-ci, que l'on pourrait considérer comme « contre nature », réunissait dans un même gouvernement des ministres SPD et CDU. Et le fait que, dans ce gouvernement, on trouvait côte à côte un ex-NSDAP, Kurt Georg Kiesinger, et un ancien émigré antinazi, Willy Brandt, peut être interprété comme un pas franchi vers l'assimilation du passé. Le gouvernement Kiesinger fit adopter une « loi de stabilité » pour aider à la reprise économique, et inaugura une politique de rigueur, assortie de mesures néo-keynésiennes de relance, tout en augmentant les moyens d'intervention de l'État. Cette maîtrise politique n'empêcha pas les grandes turbulences qui touchèrent le monde occidental à la fin des années soixante d'atteindre aussi l'Allemagne fédérale, mais l'on peut considérer que la « grande coalition », dans ce moment si troublé de l'histoire de l'Europe, préparait « en douceur » la transition vers de nouvelles équipes au pouvoir, autour du SPD qui, ayant fait ses preuves au gouvernement, semblait le mieux à même de mener la politique d'ouverture à l'Est et d'apaiser les conflits sociaux.

La France, quant à elle, a rompu avec la tradition strictement parlementaire pour se doter d'un régime difficilement classable puisqu'il n'est pas non plus présidentiel. Le général de Gaulle précise, dans une conférence de presse, le 31 janvier 1964, son interprétation personnelle de la Constitution de 1958, amendée en 1962 par la modification du mode d'élection du président de la République, désormais porté au pouvoir par le suffrage universel : « *L'esprit de la constitution nouvelle consiste, tout en gardant un Parlement législatif, à faire en sorte que le pouvoir ne soit plus la chose des partisans, mais qu'il procède directement du peuple, ce qui implique que le chef de l'État, élu par la nation, en soit la source et le détenteur...* »[8]. Il définit ensuite la fonction de Premier ministre comme celle de « *l'homme de la gestion quotidienne des temps ordinaires* ».

Jusqu'à la crise de mai 1968, la stabilité politique s'affirme comme une constante, et d'ailleurs le parti gaulliste continuera à exercer le pouvoir au-delà du départ du Général. Les Premiers ministres, Michel Debré, Georges Pompidou, Maurice Couve de Murville sont de fidèles exécutants de la ligne voulue par le chef de l'État, même si la personnalité de Georges Pompidou marque autant ou presque la période 1963-1973 que celle du Général lui-même.

Le scrutin majoritaire a grandement contribué à la simplification de la vie politique française. Du côté de la majorité, gaullistes de gauche (réunis dans l'UDT, Union démocratique du Travail) et UNR (Union pour la nouvelle République, parti gaulliste créé lors des événements de 1958) ont fusionné dans une Association pour la Ve République, à l'initiative d'André Malraux, au moment des élections législatives de 1962. L'opposition est bicéphale. D'une part les centristes d'opposition, qui ont soutenu la candidature de Jean Lecanuet lors des élections présidentielles de 1965 et qui, depuis février 1966, sont regroupés dans le centre démocrate. Atlantistes, nostalgiques de l'Algérie française, tenants de la République parlementaire s'y retrouvent pour dénoncer la personnalisation du pouvoir et les prises de position à l'emporte-pièce du Général en politique étrangère. D'autre part la gauche, qui se remet lentement des traumatismes passés. Le parti communiste égal à lui-même, et la « gauche non communiste » dont les frontières sont un peu floues, regroupant des membres de la traditionnelle SFIO, discréditée par les tergiversations de la fin des années cinquante (certains leaders ont « pactisé » avec le Général en 1958), des radicaux, l'UDSR de François Mitterrand. Autour de ces partis, gravitent des intellectuels qui se retrouvent au sein d'associations ou de clubs, véritables ferments de contestation et ateliers préparant la France future, débarrassée espèrent-ils du carcan gaulliste. Les élections présidentielles de 1965 et législatives de 1967, si elles ne remettent pas en cause la prééminence du parti majoritaire, témoignent par leurs résultats la vitalité de ces forces nouvelles incarnées par le candidat surprise François Mitterrand, qui met en ballotage le président sortant.

Au total, la vie politique de ces démocraties occidentales est marquée par la stabilité des forces politiques succédant à la confusion de l'immédiat après-guerre, et par la lente recomposition des partis traditionnels qui tentent de s'adapter aux nouvelles données de l'économie et aux transformations de la société.

L'Europe du Sud

Plus bousculée est l'histoire politique des pays du sud, marqués par des traditions autoritaires. Seule l'Italie a su rompre avec son passé mussolinien pour s'engager résolument dans la voie de la démocratie parlementaire, dans le cadre de la constitution de 1947. Le parti principal (*la Democrazia Cristiana*) avait constamment organisé autour de lui des majorités de centre droit jusqu'en 1960. À partir de cette date, une politique d'ouverture à gauche, menée d'abord par Amintore Fanfani puis par Aldo Moro, fut favorisée par la rupture entre communistes et socialistes et la nouvelle politique du Vatican sous Jean XXIII. De 1963 à 1972, les majorités gouvernementales regroupèrent des démocrates-chrétiens, des socialistes (du PSI), des sociaux-démocrates (du PSDI), et des « républicains » (du PRI), mais la vie politique ne fut pas exempte de crises car les coalitions variaient au gré des résultats électoraux et des ambitions ministérielles des leaders. Au total, entre 1946 et 1974, 32 gouvernements se succédèrent, et le mauvais fonctionnement des institutions politiques ne fut qu'un temps masqué par le « miracle économique ».

Si l'Italie, troublée par l'instabilité parlementaire, donnait cependant l'image d'un pays libre et démocratique, partenaire à part entière de la CEE, il n'en est pas de même des autres États, qui d'ailleurs frappèrent longtemps à la porte du Marché Commun avant de pouvoir y entrer.

C'est le cas de l'Espagne franquiste, dont le régime évoluait cependant, sous la double pression des institutions internationales qui avaient reconnu le pays dans les années cinquante, et des nécessités du développement économique. L'Espagne se trouvait ainsi un peu dans la position des pays de l'Est déchirés entre la volonté de maintenir un gouvernement autoritaire et l'inévitable libéralisation de l'économie. Bien sûr, les technocrates liés à l'*Opus Dei* participent activement à la modernisation de l'économie à partir de la fin des années cinquante, une relative souplesse s'instaure dans le domaine politique à partir de 1962, sous l'impulsion en particulier de Manuel Fraga Iribarne, ministre de l'Information (qui fait voter en 1966 la loi sur la presse abolissant la censure préalable) et des ministres « économiques » comme Lopez Rodo, monarchiste convaincu. Mais le régime franquiste reste foncièrement autoritaire et répressif, comme l'atteste par exemple l'exécution du communiste Grimau en 1963, malgré les protestations venues de toute l'Europe. Il fallut attendre la Loi organique de l'État votée par les Cortès en novembre 1966 et approuvée par référendum en décembre de la même année, pour voir apparaître quelques modifications au régime, destinées à préparer la succession du vieux dictateur en la personne de Juan Carlos. La Loi instituait une séparation des fonctions de chef de l'État et de président du gouvernement (ce qui ouvrait la voie à une dépersonnalisation du pouvoir), elle élargissait également l'assise des Cortès par l'élection d'une centaine de leurs membres au suffrage des chefs de famille et des femmes mariées.

Le Portugal voisin, qui vit depuis 1928 sous l'autorité d'Antonio Salazar (la constitution de 1933 entérinant le caractère « corporatiste » de l'État), a renforcé encore la répression envers les mouvements d'opposition (au premier rang desquels se trouve le Parti communiste portugais, dont la figure la plus marquante est celle d'Alvaro Cunhal). Les élections présidentielles de 1958, auxquelles se présenta le général Humberto Delgado, soutenu par les forces démocratiques, et qui jeta dans la rue des centaines de milliers de Portugais manifestant leur mécontentement face à la politique menée et leur hostilité au candidat officiel l'amiral Tomas, les débuts de la lutte armée en Angola en février 1961 et les soulèvements de Guinée et du Mozambique auraient pu affaiblir le régime. Il n'en fut rien, et l'assassinat par la PIDE (Police politique) du général Delgado en 1965 montra la détermination de la classe au pouvoir. Victime d'une congestion cérébrale, Salazar dut céder la place à Marcello Caetano en 1968, mais la libéralisation du régime se fit encore attendre.

La Grèce, quant à elle, connut une évolution particulière. Dotée d'un système de monarchie parlementaire installé après la guerre civile grâce à l'aide américaine, elle connut un putsch militaire en avril 1967, à la suite des désaccords nombreux entre le jeune roi Constantin, qui avait succédé à son père en mars 1964, et le Premier ministre Andreas Papandréou, arrivé au pouvoir après les élections de février de la même année à la tête d'une coalition de centre gauche. Mais la situation pourrissait depuis longtemps. Malgré les efforts du pays pour sortir de son isolement (adhésion à l'OTAN en 1951, signature d'un accord avec la CEE en 1961), les tensions demeuraient dues, certes, à la persistance du problème de Chypre, mais aussi à l'impossibilité pour les gouvernements successifs de trouver des majorités un peu stables. Le journaliste Michel Tatu décrit ainsi la situation engendrée par cette tension politique[9] : « *Du 15 juillet 1965, date du renvoi de M. Papandréou au 21 avril dernier, la situation n'avait cessé de pourrir. Constantin se heurtait alors au jeu parlementaire : il avait les moyens de "casser" un gouvernement qui ne le satisfaisait pas, il n'avait pas la possibilité d'imposer une nouvelle équipe. Les colonels allaient résoudre la crise pour lui »* [9].

La junte, arrivée au pouvoir en avril 1967, après la dissolution du Parlement par le Roi, est animée par le colonel Papadopoulos. Prenant les devants et pour éviter un élan populaire et peut-être insurrectionnel au moment des élections prévues en mai, il fait arrêter des personnalités du centre et de la gauche, rétablit la censure, réhabilite la dictature d'avant-guerre. Le Roi, après avoir laissé faire, tente, en décembre, de reprendre le pouvoir. Le contre-putsch échoue, et il doit s'exiler.

La Grèce rompait avec la démocratie, devait renoncer à son accord d'association avec la CEE en mai 69, quittait le Conseil de l'Europe en décembre de la même année et marchait désormais sur une voie opposée à celle suivie par les autres pays européens.

Production et consommation de masse

Les changements conceptuels : quel rôle pour l'État face à l'ouverture des économies européennes ?

Par rapport à la période précédente, les pays d'Europe occidentale et du Nord ne présentent pas, dans l'organisation de leurs économies, des caractères vraiment nouveaux. Dans l'ensemble, le libéralisme économique se développe et l'intervention de l'État qui avait été, dans tous les pays, très important au moment de la reconstruction, décroît. Ce phénomène est par exemple significatif dans un pays comme l'Espagne franquiste, où la politique relativement rigide du gouvernement jusqu'à la fin des années cinquante s'est considérablement assouplie. L'État desserre son emprise entre autres dans les domaines des transports et de l'énergie. Et si l'Institut national industriel (INI) qui existe depuis le début des années quarante continue à fonctionner, il sert surtout, à partir de 1963, à remplacer les capitaux privés dans les secteurs déficitaires (mines, sidérurgie, électricité).

En Grande-Bretagne, le retour des travaillistes au pouvoir en 1964 et les essais menés en matière de politique structurelle[10] ne changent guère l'orientation générale. La politique conjoncturelle portant sur le court terme l'emporte : c'est le « stop and go ».

En Allemagne de l'Ouest, le docteur Erhard n'écouta pas les conseils de certains économistes comme Alfred Müller-Armack, tenant de l'ordo-libéralisme, qui, devant les risques de récession après les années prospères de la période précédente, préconisait une intervention massive de l'État dans les secteurs menacés, et aussi pour relancer les exportations. Il fallut attendre 1967 pour qu'un changement intervienne dans la politique économique avec la promulgation de la « loi sur la promotion de la stabilité et de la croissance de l'économie », sorte de Grande Charte économique de la coalition Kiesinger/Brandt : « *Dans le cadre d'ensemble de l'économie sociale de marché, elle visait à être l'expression législative du keynésianisme, et l'instrument de "régulation globale" (Globalsteuerung)* »[11]. La loi pouvait sembler encourager un accroissement relatif du rôle de l'État qui se réservait le droit de contrôler la demande, de planifier l'aménagement structurel et de réorganiser certains secteurs économiques en difficulté. De même, il se donnait les moyens d'intervenir au niveau régional, dans un souci de rééquilibrage et il entendait également faciliter la concertation entre les divers groupes de pression. Mais on ne peut en aucun cas parler d'un véritable renforcement du rôle de l'État, celui-ci n'intervenant ponctuellement que pour redresser la barre dans les moments difficiles. En ce qui concerne l'Europe du Nord, le socialisme affiché n'empêche pas le renforcement du capitalisme. En Suède par exemple, alors que les socialistes sont au pouvoir depuis 1932, les 9/10ᵉ de l'économie sont aux mains du secteur privé, l'État se réservant d'intervenir surtout dans le développement des équipements collectifs, de la Sécurité sociale, des systèmes de retraite. Il consacre aussi beaucoup d'attention à l'aménagement de l'espace, ce qui est aussi le cas des autres pays du Norden.

Peut-on parler d'un moindre interventionnisme de l'État ? Celui-ci, dans les économies occidentales, ne renonce pas encore à se défaire de sa participation active dans le secteur industriel. Le cas de l'Allemagne fédérale est à cet égard significatif. Le secteur économique dépendant de l'État provient pour l'essentiel de la période des années trente, mais également des acquis de la dénazification. Ce sont des sociétés sans personnalité juridique, les « *Sondervermögen* » qui gèrent les biens fédéraux aussi variés que des stations balnéaires ou des lignes de chemin de fer. Mais l'État participe aussi, par le biais de sociétés mixtes, au capital d'entreprises telles Volkswagen, Salzgitter ou la VEBA (énergie électrique) dans lesquelles il reste, jusqu'au début des années 60, majoritaire. Et le désengagement se fait très progressivement.

La France aussi conserve un secteur public étendu, même si le rapport Nora élaboré en 1967 propose, dans un souci de plus grande rentabilité, le réaménagement des relations entre l'État et les entreprises publiques. Il n'est en aucun cas question de « dénationalisation ».

Le secteur d'État reste encore essentiel en Italie. Outre l'ENI et l'IRI, qui contrôlent les principales branches industrielles, la Fincantieri, créée en 1959, regroupe la quasi-totalité des constructions navales, alors que le Finmare dirige les transports maritimes depuis 1963. Enfin la production d'électricité est nationalisée par la création de l'ENEL (*Ente Nazionale Elettrica*) également en 1963.

Le système de planification souple de l'économie, qui a connu, nous l'avons vu [12], un succès important en France, fait cependant des adeptes. C'est le cas en Italie qui s'y était déjà convertie dans les années cinquante. Mais c'est en 1962 que se met en place une « Commission nationale de la planification économique » qui, après deux ans de travail, présente un projet difficilement adopté par le Parlement, le plan quinquennal Pieraccini. Ce plan fixait des objectifs de croissance, avec un relatif transfert de compétence au bénéfice des administrations locales, dans le souci de renforcer la politique d'aménagement du territoire en direction du Sud, très défavorisé car laissé à l'écart du développement économique.

L'Espagne a, elle aussi, été influencée par le modèle français. Le premier plan de développement fut mis en place en 1964, avec un effet relatif puisqu'il aboutit à la dévaluation de 1967. Le second plan, à partir de 1968, visait surtout à juguler l'inflation et à concentrer les efforts sur les régions à problèmes et les secteurs-clés du développement économique, électricité, métallurgie lourde, chantiers navals, etc. Ces différents plans n'arrivent cependant pas à endiguer l'accroissement des déséquilibres régionaux, qui ont pour conséquence des migrations internes massives (par exemple, entre 1962 et 1965, 413 000 « immigrés » originaires d'autres régions d'Espagne dont 52 % d'Andalous s'implantent en Catalogne).

Quant à la France elle-même, on sait que l'intervention de l'État dans l'économie est une vieille tradition. Le général de Gaulle souhaitait la maintenir, pour des raisons essentiellement de prestige. Le plan est une « *ardente obligation* », dit-il en 1963 et les quatrième et cinquième plans, marqués par les figures de Pierre Massé puis de François-Xavier Ortoli, les commissaires qui se succèdent de 1962 à 1967, fixent des objectifs précis, qui sont atteints et même dépassés pour le premier, l'application du second étant perturbé par les grèves de 1968. Mais parallèlement à cette planification à moyen terme, le gouvernement n'hésite pas à recourir à des plans à court terme. En 1959 est constitué un comité chargé de définir une nouvelle politique économique : le comité Rueff se met au travail et, en accord avec le ministre des Finances Antoine Pinay, propose le plan de redressement des finances dont le symbole le plus spectaculaire est la création du nouveau franc. En 1963, une forte poussée inflationniste, due en partie à l'arrivée des rapatriés d'Algérie, nécessite un sévère plan de stabilisation assumé par le nouveau ministre des Finances, Valéry Giscard d'Estaing.

Mais si la persistance des attitudes dirigistes reste forte, l'internationalisation des économies nécessite un assouplissement qui se précise à la fin de la période.

Le développement de la coopération s'est accéléré à la fin des années cinquante, c'est-à-dire, rappelons-le, avec la signature du traité de Rome instituant la CEE et l'Euratom en 1957, puis la formation en 1959 de l'AELE à laquelle se joint la Finlande en 61, et enfin la création de l'OCDE qui élargit l'OECE aux États-Unis et au Canada, tout en mettant l'accent sur les nécessités de l'expansion du commerce entre ses membres, et de l'aide aux plus défavorisés d'entre eux (Grèce, Turquie, Portugal).

Entre les deux principaux groupes, CEE et AELE, et ceci malgré des tensions, se tissent des liens qui aboutissent aux demandes de plusieurs pays d'intégrer la CEE, mais aussi à de nombreux accords multilatéraux. L'ouverture des économies qui résulte de cette évolution n'est pas sans conséquences. Déjà la Suède adopte la conduite à droite ; un réseau de transports plus ou moins harmonisés est établi entre les pays d'Europe (l'Espagne sera pourtant bien longue à renoncer à l'écartement particulier de ses voies de chemin de fer). Cette ouverture, qui se conjugue avec l'offensive des multinationales américaines en Europe [13], entraîne une transformation des structures de l'économie européenne.

On observe tout d'abord le renforcement de la concentration autour de groupes qui réunissent des entreprises établissant des rapports étroits entre elles, concertant leurs politiques, créant des filiales communes. L'aboutissement de ce processus est la fusion, l'absorption et, au final, la création de vastes conglomérats cherchant en produisant en grand nombre, à réaliser des économies d'échelle. Les secteurs les plus touchés sont la sidérurgie, l'automobile, l'industrie chimique et, à la fin de la période, tous les secteurs industriels sont à leur tour concernés par ce phénomène. Les sociétés ainsi constituées peuvent devenir, à l'exemple de ce qui se passe aux États-Unis, de véritables multinationales. Les champions dans ce domaine se trouvent en Allemagne fédérale, dont les structures, au début des années soixante, ont une grande avance malgré la décartellisation partielle de l'immédiat après-guerre, vite arrêtée on s'en souvient. Krupp se reconstitue en 1965 par la fusion de Rheinhausen et de Bochumer Verein. Siemens, Telefunken, AEG dans le domaine des constructions électriques et électroniques dominent les marchés mondiaux. Les deux grandes firmes de l'automobile, Daimler Benz et Volkswagen, se rapprochent pour faire face à la concurrence de General Motors (qui contrôle Opel) ou de Ford.

Mais la concentration est également avancée dans des États n'occupant pas, en Europe même, les premières places au niveau des performances économiques du fait de leur taille réduite. C'est le cas de la Suède, où Volvo dans l'automobile, Svenska Kullagerfabriken (SKF) dans l'industrie mécanique, l'acier, les mines ou encore L M Ericsson pour les machines électriques dominent toute la production des pays de l'Union nordique [14]. La Suisse, avec des firmes telles Ciba, Nestlé, Sandoz, Hoffmann-La Roche, a su très tôt trouver des créneaux qui lui permettaient de conquérir un marché de dimension internationale. Nestlé Alimentana SA par exemple possédait, à la fin des années soixante, des usines dans soixante-quinze pays, et avait déjà racheté des entreprises aussi importantes que Findus (groupe germano-scandinave) ou Crosse & Blackwell (Grande-Bretagne).

Le phénomène est encouragé par les politiques gouvernementales. Au Royaume-Uni, l'Industrial Reconstruction Commission (IRC) mise en place à partir de 1966 aide certaines entreprises à rationaliser leur production, au besoin à l'aide de fusions. Elle a patronné celles de la General Electric Co avec English Electric Co, de BMC avec Leyland par exemple. En France, l'État, au début des années soixante, décide de favoriser l'essor d'une ou deux entreprises dans chacun des secteurs essentiels de l'économie, destinées à devenir les « champions nationaux » capables d'affronter la concurrence extérieure. C'est particulièrement le cas dans l'industrie pétrolière avec la formation d'Elf Erap en 1966, dans la chimie avec le regroupement des Potasses d'Alsace et de l'Office de l'Azote en 1967, la concentration s'effectue dans l'industrie aéronautique et la sidérurgie, avec le rapprochement en 1966 des groupes Usinor, Sacilor et Creusot-Loire.

Le cas de l'Espagne est un peu particulier : le gouvernement attribue, tout au moins jusqu'à la fin des années soixante, une « carte à l'exportation » à cent firmes ayant le droit d'exporter à titre individuel leurs produits, alors que les autres entreprises ne peuvent le faire que collectivement, ce qui est un frein considérable aux échanges avec l'extérieur.

Le mythe des années soixante

Les « sixties » (tout au moins jusqu'au retournement de 66-68), ont été ressentis a posteriori comme une époque bénie. La guerre de 1939-1945, qui avait tant meurtri l'Europe s'éloignait des mémoires. Le spectre atomique s'estompait lentement. Certains pays étaient gérés par des équipes gouvernementales solides. De vieux « crocodiles » tenaient la barre : de Gaulle, Adenauer, MacMillan, Salazar, Franco, Tito avaient commencé leur carrière bien avant le second conflit mondial. La « survie » politique de ces hommes qui appartenaient à la catégorie statistique des « vieilliards » (au-dessus de 65 ans), symbolisait, du fait du progrès scientifique et des meilleures conditions de vie, l'éloignement de la mort pour tous. Dès 1959, Jean Fourastié écrivait : « *Aujourd'hui, c'est l'homme moyen qui atteint non seulement 60, mais 65, 70 et même 75 ans suivant les régions (...) La douleur physique a presque disparu. Et cet homme, âgé de 50 ans, a encore une chance sur deux de vivre plus de 26 autres années...* » [15].

Vingt ans après, la crise étant passée par là, on a sans doute mythifié les années soixante. On a oublié les souffrances des exclus de la croissance, comme ces populations de mineurs français touchés de plein fouet par la crise charbonnière qui crient « Charlot des sous » en mars 1963 sous les fenêtres de l'Élysée, ou ces travailleurs immigrés qui campent dans des bidonvilles aux portes des opulentes métropoles. On oublie aussi que les campagnes portugaises, espagnoles ou grecques se vident de leurs forces vives, et qu'à l'Est, le carcan n'est pas près de se desserrer.

Mais avec le recul, les années d'avant la crise, les « années soixante », paraissent une « Belle Époque ». On parle des « années de Gaulle », du « miracle économique allemand » qui suit la phase de reconstruction et débute d'ailleurs dans la période précédente, dans une moindre mesure du « miracle économique espagnol » ou encore de l'équilibre envié du « modèle suédois ».

Certains pays avaient commencé cependant à perdre quelques-unes de leurs illusions. La Grande-Bretagne, qui croit encore à sa puissance, s'est dotée de la bombe atomique et ressent de la fierté lorsque Londres est la première capitale occidentale à accueillir les dirigeants soviétiques à la mort de Staline. La croissance annuelle du PNB, pour l'ensemble des pays européens de l'OCDE se situe régulièrement au-dessus de 5 %. Les autres indicateurs de la bonne santé des économies sont, tout au moins jusqu'au milieu de la décennie, tout à fait favorables. Le chômage est partout inférieur à 3 % de la population active, et l'on peut alors parler de plein emploi. L'inflation ne dépasse pas les 5 %. L'investissement productif progresse pour atteindre des records au début des années soixante-dix : pour la France, dans la période 1959-1968, la formation brute du capital fixe par rapport au PIB est de 22,3 % par an, pour l'Allemagne de l'Ouest elle est de plus de 25 % (pour diminuer à partir de 1967 cependant), la lanterne rouge étant la Grande-Bretagne (autour de 18 %). On peut parler d'un cercle vertueux de la croissance, bien que des déséquilibres se développent à la fin de la période. Cette croissance est accompagnée d'une forte propension à consommer, l'Europe, comme les États-Unis, étant entrée de plain-pied dans la phase de « consommation de masse » décrite au début des années soixante par l'économiste Rostow.

Les théories de la consommation sont nombreuses, de l'analyse libérale, qui met l'accent sur l'autonomie du consommateur dont les choix seraient objectifs et rationnels, à la prise en compte des contraintes sociologiques et économiques. Depuis Keynes en effet, la consommation est devenue, dans la pensée économique, un fait central qui est non seulement facteur de satisfaction pour les populations, mais également source de dynamisme pour l'économie nationale. C'est ainsi que dans les années soixante, l'analyse sociologique se développe [16] montrant une certaine tendance à l'uniformisation des modes de consommation. La hiérarchie des besoins est en perpétuelle évolution, selon la loi d'Engels, la part de l'alimentation régressant dans les budgets et la demande en biens manufacturés durables se développant. Ceci est confirmé par une étude comparée des modes de consommation dans les principaux pays occidentaux [17] :

En %	France		RFA		RU		EU	
	1960	1973	1960	1973	1960	1973	1960	1973
Alimentation	38,3	28,3	37,7	29,6	32,7	24,8	24,0	19,9
Habillement	11,2	9,0	11,7	10,6	10,5	9,1	9,8	8,9
Charge d'habit.	12,2	16,9	13,2	17,0	14,6	18,6	20,6	21,5
Équipements/ Logement	11,9	11,6	13,1	12,9	8,6	7,9	8,7	8,1
Transports personnels	2,5	3,7	2,4	3,5	3,5	4,2	5,9	7,0
Transports collectifs et communs	8,6	9,9	6,9	10,2	6,8	9,5	10,4	11,1
Loisirs	5,8	6,8	7,3	7,7	7,6	9,1	6,0	7,7
Biens et services divers	9,5	13,8	7,5	8,5	15,8	16,9	14,5	14,8

Une étude effectuée à la fin des années soixante par l'Office statistique des Communautés européennes révèle que le nombre de voitures de tourisme pour mille habitants, significatif du niveau de vie moyen de la population considérée, est de 253 en Suède, chiffre le plus élevé, ce pays étant talonné par la France (240), le Luxembourg (235), l'Espagne et le Portugal restant évidemment loin derrière (respectivement 50 et 37). L'équipement en récepteurs de télévision confirme l'avance de la Suède avec 288 pour mille habitants, mais place le Royaume-Uni au second rang, avec 263, suivi de l'Allemagne de l'Ouest (231). La France se trouve quant à elle en position médiane (185). Les classements ne seraient guère différents pour les autres biens de consommation tel le téléphone, possédé par un Suisse et un Suédois sur deux, alors que seulement 19 % de Portugais en bénéficient. De même, le nombre des résidences secondaires est significatif de la nette avance des pays nordiques, dont le niveau de vie par rapport aux autres pays d'Europe est élevé, surtout ceux du Sud et de l'Est (Carte n°1).

Les médias, radio, télévision, presse écrite de plus en plus diversifiée avec l'apparition de nouveaux magazines, allaient contribuer à forger un modèle de société auquel les Européens pourraient s'identifier, dans une certaine uniformisation et ceci au fur et à mesure que les niveaux de vie augmenteraient et que les hommes allaient pouvoir accéder à ces nouveaux modes de diffusion de la culture populaire, vers une culture « cosmopolite et planétaire ». C'est surtout la télévision qui va jouer, durant toute cette période, un rôle important dans la transmission des images d'un monde de plus en plus proche, qu'elles viennent de studios de variétés, de stades, mais aussi plus tard, du Vietnam ou, en 1968 de Prague ou des manifestations de mai à Paris.

Mais pour en arriver là, il est nécessaire de solliciter le facteur travail, et de manière parfois différente du passé. La mobilité des hommes s'accentue pour répondre aux besoins et l'appel à la main-d'œuvre étrangère se généralise, main-d'œuvre se déplaçant des pays pauvres de l'Europe vers les pays riches et industrialisés (Carte n°2). Au milieu des années soixante, le pourcentage de la main-d'œuvre étrangère dans la population active représente 4 % en RFA, autour de 6 % en France et au Royaume-Uni, mais jusqu'à 21,7 % au Luxembourg et 31,3 % en Suisse, ce pays tentant d'ailleurs de freiner l'arrivée d'étrangers pour ne pas modifier l'équilibre de la population [18].

Carte 1 :

LES RICHES ET LES PAUVRES EN EUROPE DE L'OUEST
A LA FIN DES ANNEES 60

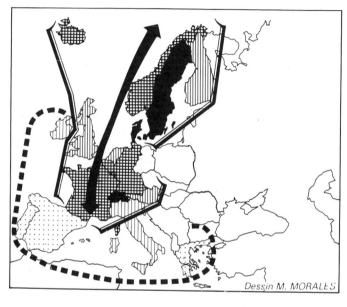

■ + de 2500 dollars	⬋ Diagonale de la richesse
▦ de 2000 à 2500 dollars	
▥ de 1460 à 2000 dollars	⬡ Les nantis
□ de 900 à 1280 dollars	
▫ − de 900 dollars	┅ La périphérie

d'après L'espace industriel européen, S. WICKHAM, Calmann-Lévy 1969.

Carte 2 :
SOLDE MIGRATOIRE ANNUEL MOYEN (1960-1970)

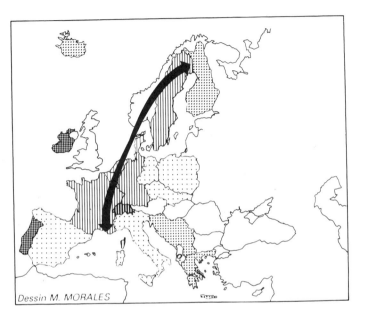

Dessin M. MORALES

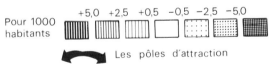

Pour 1000 habitants

+5,0 +2,5 +0,5 -0,5 -2,5 -5,0

Les pôles d'attraction

Source: Atlas de la population européenne, J.M. DECROLY et J. VANLAER,
Ed. de l'Université, Bruxelles 1991.

La tension sur le marché du travail est particulièrement forte en RFA, car le « miracle économique » a rapidement absorbé la main-d'œuvre venant de l'Est. Il a fallu recruter hors du pays par l'intermédiaire de l'Office fédéral de placement et d'assurance chômage, ainsi que des Offices du travail des *Länder* qui installent des antennes de recrutement à l'étranger, et signent des accords avec des pays tels la Grèce et la Turquie en 1960 ou le Portugal en 1964. Mais là comme en France ou en Grande-Bretagne, la main-d'œuvre européenne ne suffit plus, les efforts du baby-boom ne se faisant pas encore sentir sur le marché du travail. L'immigration s'amplifie, malgré les difficultés d'intégration et les réticences des nationaux. Car les entreprises y voient de nombreux avantages : outre que cela représente une des solutions à la pénurie de main-d'œuvre (l'autre serait l'intensification de l'utilisation des machines), particulièrement dans les catégories délaissées par les travailleurs du pays d'accueil (ouvriers agricoles, main-d'œuvre non qualifiée dans les usines, personnel d'entretien), cette population accepte des salaires bas, des conditions de travail difficiles et reste à l'écart des mouvements de revendication sociale. La France accueille des migrants venus de tous les pays d'Europe, mais aussi des populations venues de ses départements et territoires d'outre-mer (ils sont alors comptabilisés à part). Voici, pour les années qui nous intéressent, quelques données concernant les entrants originaires des trois principaux pays de départ, avec les chiffres du total des migrants (le tout en milliers) [19] :

| Années | Total | Travailleurs permanents | | | Saisonniers |
		Espagnols	Italiens	Portugais	
1958	82,8	22,7	51,1	5,1	—
1962	113	63,5	21,5	12,9	95
1964	153,7	66,3	11,4	43,8	121
1966	131	33	13	45	125

L'immigration risque, cependant, sur le long terme, de poser des problèmes. En Grande-Bretagne par exemple, « l'immigration de couleur » concerne les Antillais, Indiens, Pakistanais arrivés en masse. Ils sont citoyens du Commonwealth, disposent des mêmes droits civiques et sociaux que les autres résidents. La première loi restrictive date de 1962, elle sera suivie de deux autres qui accentuent le contingentement, tandis que les travaillistes revenus au pouvoir font voter les *Race Relations Acts*, ensemble de mesures destinées à lutter contre la discrimination raciale. Car la première émeute raciale, causée par la difficile cohabitation de plusieurs communautés dans les banlieues ouvrières, où la proportion de personnes de couleur dépasse les 15 %, date de 1959 et s'est produite à Notting Hill, un quartier pauvre de Londres. Cette agitation est d'ailleurs entretenue par le *National Front*, un mouvement fasciste.

Les secteurs d'activités eux aussi, subissent des modifications. Tout d'abord l'agriculture connaît une accélération des transformations amorcées durant la décennie précédente. Sans doute, la mise en place dans le cadre du Marché commun de la politique agricole commune (PAC) favorise grandement ces évolutions. Mais celles-ci sont générales, même si l'accompagnement est plus systématique, nous le verrons, dans les pays de la CEE. C'est ainsi que la Grande-Bretagne installe des structures nouvelles : en 1965 paraît un Livre blanc qui préconise l'accélération de la concentration des entreprises agricoles et une aide supplémentaire à la modernisation. Dans les pays nordiques, la concentration des exploitations se développe, favorisée par une intensification de la mécanisation. Au Danemark, entre 1960 et 1970, plus d'un quart des fermes a disparu. La surface moyenne des exploitations s'accroît sauf en Finlande et en Norvège où en 1969, leur taille est inférieure à 10 hectares en moyenne contre 17,5 et 19,6 en Suède et au Danemark. La tendance à la spécialisation vers l'élevage laitier se poursuit, accélérée à partir de 1965 du fait des contraintes de l'ouverture, et les pays du Norden (considérés dans leur ensemble) se placent désormais au second rang en Europe derrière la France. Mais c'est certainement en France que l'effort de l'État dans le domaine des structures a été le plus important au début des années soixante, avec le vote de la loi d'orientation Debré, complétée en 1962 par la loi Pisani (Edgar Pisani ayant été ministre de l'Agriculture de 1961 à 1966) : indemnité viagère de départ pour les agriculteurs âgés décidant de laisser leurs exploitations, création des SAFER (Sociétés d'aménagement foncier et d'établissement rural) qui disposent d'un droit de préemption sur les terres libérées par l'exode rural, afin de les aménager avant de les revendre.

La mécanisation se poursuit. À la fin des années soixante, la Grande-Bretagne et l'Allemagne de l'Ouest disposent d'un tracteur pour 10 et 12 ha, la France d'un pour 28 et l'Italie d'un pour 60 (mais l'Espagne 1 pour 128 ha)[20]. Les rendements suivent, et dans ces conditions, même si les populations rurales se montrent parfois inquiètes de la rapidité des évolutions, leur niveau de vie moyen augmente et elles participent, dans une plus ou moins large mesure suivant les pays, à l'accroissement des richesses nationales.

L'industrialisation s'accélère partout, même si certains pays tel le Portugal par exemple suivent avec plus de difficultés. C'est dans les pays les plus fragiles, à faible niveau de vie et donc à bas salaires, que se développent de manière la plus spectaculaire les investissements étrangers : usines de montage de Mercedes, Leyland, Austin et Fiat au Portugal, travail de l'aluminium en Grèce, contrôlé à 88 % par Péchiney par exemple. C'est surtout en Espagne que les portes s'ouvrent largement aux capitaux venus de l'extérieur : investissements directs de Saint Gobain, de Fiat, participations dans les sociétés minières de la part du groupe américain US Steel[21], mais également dans la chimie. Les écarts se creusent entre les branches les plus dynamiques soutenues par l'État – automobile, industrie, chimique, constructions électriques, aéronautique – et les industries de type victorien, charbonnages, textiles traditionnels par exemple. La crise charbonnière s'amplifie parce que la part de cette source d'énergie dans la consommation diminue au profit des hydrocarbures moins chers, plus facilement transportables. L'intervention de l'État en Espagne, après les grandes grèves des mineurs des Asturies en 1962, en France après les grèves de l'hiver 63, en Allemagne avec la Loi fédérale du 29 juillet 1963, ou encore en Belgique avec la mise en place du Directoire de l'industrie charbonnière ne suffit pas à enrayer le processus de désaffection avec les conséquences sociales que celui-ci entraîne.

Ces transformations qui affectent les secteurs primaire, secondaire ou tertiaire, et l'internationalisation des économies vont profondément bouleverser la géographie de l'espace européen. En effet, on assiste à une polarisation sur l'eau, accentuée par l'installation de complexes pétroliers dans les secteurs de la basse-Seine ou de la basse-Loire, ou des deltas du Rhin ou du Rhône, mais également le long des axes fluviaux. E. Juillard remarquait, dès 1968 dans un ouvrage au titre évocateur : *L'Europe rhénane* [22] : «*L'axe rhénan s'impose de plus en plus comme une des lignes de force de l'Europe, axe qui se prolonge dès maintenant jusqu'à la Méditerranée par Milan et Gènes, un peu aussi par Lyon et Marseille. L'Europe rhéno-padane et rhéno-rhodanienne affirme sa puissance entre l'Europe des "finistères" atlantiques et celle des plaines orientales*».

Peut-on parler de croissance pour les pays de l'Est ?

Ces plaines orientales voisinent avec les pays de l'Est qui connaissent de plus graves problèmes de croissance que leurs proches voisins de l'Ouest. On peut considérer comme un signe d'un retard des économies des pays de l'Est le pourcentage de la population active employée dans le secteur agricole, même si l'on peut l'interpréter par une volonté de la part des gouvernements de sauvegarder un certain équilibre social. Ce phénomène associé à un maintien élevé du taux de la population active employée dans l'industrie montre plus probablement un niveau de productivité inférieur à celui des pays occidentaux dans la production des biens matériels, ainsi qu'un sous-développement des services.

Voici l'évolution comparée de la part de la production (B) et de la population active (A) dans les secteurs agricole et industriel[23] :

	1950		1960		1970	
	A	B	A	B	A	B
Agric. Europe occid.	16	11	12	9	8	7
Europe orientale	49	41	45	36	30	18
Industrie Europe occid.	40	34	45	37	40	39
Europe orientale	23	39	29	45	38	64

La progression du revenu national de la production industrielle dans les démocraties populaires connaît partout un fléchissement avec cependant une reprise entre 1966 et 1970, due à l'effet des réformes entamées dans certains de ces pays. L'effondrement par rapport à la période précédente entre 1951 et 1960 atteignait plus de 10 %, alors qu'elle plafonne à 5 % entre 1966 et 70. Seule la Roumanie semble échapper à ce processus[24]. C'est que la première phase extensive du développement économique de l'après-guerre, basée sur l'exploitation des gisements nationaux, l'utilisation d'une main-d'œuvre abondante venant des campagnes et la collaboration de l'Union soviétique s'essoufflent. Le système se grippe. Il devient nécessaire de rentabiliser les moyens de production, de développer l'innovation, de réduire les écarts entre offre et demande afin de mieux ajuster les produits aux besoins. Des réformes sont alors tentées, avec plus ou moins de bonheur suivant les pays. Par exemple en Tchécoslovaquie, dont la situation s'était beaucoup dégradée à partir de 1961 (la croissance de la production passe de 11,7 % en 1960 à 8,9 en 61 et 6,2 en 62[25]), le troisième plan quinquennal dut être abandonné en cours de route. Les pénuries se développent dans le domaine des productions alimentaires. L'arrêt de l'expansion provoqua une vague de mécontentement et de démoralisation et suscita une réaction importante de la part des économistes, tel Goldman, mettant justement en cause la stratégie de la croissance extensive. La situation était identique en Pologne où, à la fin de l'année 1962, le gouvernement dut prendre des mesures d'austérité à cause des tendances inflationnistes incompatibles avec le système communiste. Ceci accentua le découragement de la population et aboutit au développement d'une économie parallèle. Quant à la RDA, dont l'ambition était de rattraper le niveau de production de sa voisine la RFA, et qui se voulait la vitrine du système socialiste face à l'Occident, elle rabattit ses prétentions. Mais grâce au travail des économistes du Bureau politique, tel Erich Appel, président du Plan, et à l'adaptation à l'économie est-allemande des réformes définies par Liberman, la situation se redressa.

C'est ainsi que, devant les difficultés des années soixante, des réformes se développèrent un peu partout à partir de 1963, en RDA d'abord, puis dans les autres démocraties populaires ensuite, suivant trois axes principaux. En premier lieu, au niveau de la direction économique : les ministères furent allégés, la direction des entreprises décentralisée au niveau des « Unions », sortes de regroupement horizontaux le plus souvent, la concentration verticale étant rare, et à forte autonomie de gestion. Mais ceci eut cependant des effets pervers : les unions établissent des situations de monopole, les profits n'étant pas toujours redistribués équitablement à la collectivité nationale.

Deuxième axe des réformes : la transformation du plan. La rigidité quinquennale s'assouplit, les objectifs sont simplifiés, recentrés sur des exigences de volume de production, d'investissement, de salaires et de profits, en partie reversés au budget national. Dans certains pays, comme en Hongrie, le plan n'est même plus imposé aux entreprises qui peuvent, dans une certaine limite, fixer leurs salaires et leurs prix. Reste le problème de l'agriculture, que certains estiment avoir été sacrifiée. Malgré les investissements effectués dans ce domaine, le retard par rapport aux pays d'Europe occidentale est manifeste [26] :

Pays	% de la popul. agr. par rapport au total	engrais en kg par ha	rendements blé en qx par ha	tracteurs pour100 actifs agr.
	1965	1967-68	1968-69-70	1969
Bulgarie	57	188,3	26,3	2
Hongrie	29	91,3	24,6	4,4
Pologne	36	119,1	24	2,9
RDA	19	276,4	37,4	10,5
Roumanie	60	47,8	17	1,6
Tchécoslovaquie	16	133,4	30,3	13,1

Et à titre de comparaison :

Danemark	14	173	43,9	52,7
France	16	184,5	35,6	31,3
Pays-Bas	8	610,3	44,1	35
RFA	8	317,8	40,1	46,5
Royaume-Uni	4	250,8	39	35

Enfin, un autre aspect des transformations subies par l'économie des pays de l'Est réside dans une relative ouverture des échanges économiques avec l'Ouest, malgré la politique soviétique freinant cette évolution, tout au moins jusqu'en 1965. Car ensuite, à cause du changement de direction politique en URSS, la latitude laissée aux gouvernements nationaux est relativement plus grande. Les pays les plus « ouverts » sont la Pologne, qui conclut un arrangement avec la CEE dès 1965, puis la Hongrie qui signe un accord en 1968 et dont le Premier ministre Jenö Fock, s'exprime ainsi avant l'ouverture des négociations : « *Si nos relations commerciales exigent que nous nous rendions dans un des bureaux du Marché Commun à Bruxelles, nous ne considérerons pas un tel cas comme une renonciation à nos principes* » [27]. La Roumanie fit de même en 1969 et la Bulgarie en 1971. La croissance des échanges commerciaux entre les pays de l'Europe centrale et les Six est significative des progrès accomplis. La valeur des importations de la CEE en provenance de cette zone double entre 1963 et 1970, et les exportations sont multipliées par 2,5. Les démocraties populaires ne vendent qu'un nombre limité de produits, et ceux-ci n'ont qu'une faible valeur ajoutée : produits agricoles, mais aussi chimie lourde, métallurgie, cuir, et, dans une moindre mesure, matériel de transport. Leurs importations concernent les machines et les équipements à forte technologie, ce qui entraîne des déficits qui s'accentueront encore dans la période suivante.

Une société en mutation

Nous avons tenté, dans ce qui précède, de montrer quels facteurs, aussi bien politiques qu'économiques, ont pu contribuer à une profonde évolution des sociétés européennes durant la période des Trente Glorieuses. Le sociologue Alain Touraine, dans un ouvrage décisif paru en 1966, *La Conscience ouvrière*, définit ainsi l'évolution du travail et des problèmes sociaux dans trois propositions indépendantes qui peuvent s'appliquer à ce qui se passe en Europe durant cette période :

« *1. Plus se développe le milieu technique, plus se manifeste directement l'exigence de création et de contrôle.*

2. Plus se développe la civilisation industrielle, plus les institutions apparaissent comme la formalisation de l'organisation sociale du travail.

3. Plus les sociétés sont des sociétés industrielles, moins les classes sociales qui les composent se définissent comme des "états", comme des situations acquises au départ, transmises héréditairement et manifestées par des symboles sociaux reconnus, et plus elles doivent être conçues comme des groupes d'intérêts définis par leur place dans le système de contrôle social du travail » [28].

En effet, la notion de « classes sociales » organisées de manière rigide et stratifiée, telle que par exemple Maurice Halbwachs [29] l'avait conçue, n'est plus opérationnelle même si, nous le verrons, la mobilité sociale est encore limitée. Une transformation dans la répartition du travail est en train de se produire, bousculant les vieux schémas. Maurice Parodi a tenté, à la suite d'autres auteurs, et pour la France, de ventiler les catégories socio-professionnelles en classes sociales, mais il convient lui-même « *combien nombreux sont les cas limites* » [30].

D'autre part, l'abondance des productions de la « littérature sociologique » qui foisonne dans les années soixante sur les thèmes de « hiérarchie », « classes », « stratification sociale » montre à l'évidence que le débat entamé par Marx et poursuivi par Max Weber, Maurice Halbwachs, Henri Mougin et bien d'autres est fortement d'actualité. Mais avec l'apport des Anglo-Saxons, de l'Italien Antonio Gramsci et des sociologues français (Raymon Aron, Alain

Touraine, Pierre Bourdieu), le sujet n'a cessé de se complexifier et reste source de polémiques fondées en grande partie sur des considérations idéologiques.

Vouloir alors observer, à l'échelle européenne, l'évolution de « la société » amène à des simplifications hâtives et à des généralisations que nous souhaiterions éviter en brossant un tableau sommaire des grands groupes sociaux qui ont subi des modifications radicales pendant la période, ont évolué vers une incontestable uniformisation non seulement des modes de consommation mais également des styles de vie et des comportements mais, dans le même temps se sont atomisés en une multitude de micro-sociétés de moins en moins solidaires du groupe initial d'appartenance.

Peut-être, comme le soutient Robert Castel qui étudie l'histoire du salariat depuis ses origines, pourrait-on admettre que ce qui cimente cette société des Trente Glorieuses en Europe, tout au moins dans ses pôles centraux de développement (n'oublions pas que les marges avancent à des rythmes différents), c'est la généralisation de la « société salariale ». Elle a suivi « *une trajectoire ascendante qui, d'un même mouvement, assurait l'enrichissement collectif et promouvait une meilleure répartition des opportunités et des garanties* »[31]. Cet auteur rejoint dans son analyse Gilles Martinet qui, à la fin de son étude sur le syndicalisme dans les principaux pays capitalistes, écrit : « *Dans tous les pays, les organisations ouvrières se sont développées en renforçant leurs particularismes nationaux et en accentuant leurs traits spécifiques... À première vue, les différences sont énormes. Et pourtant, il existe un fond commun à partir duquel des évolutions rarement convergentes mais souvent parallèles se dessinent. À l'origine de ce fond commun, il y a l'organisation autonome d'une classe sociale définie d'abord par l'exercice d'un métier manuel, puis par l'état de salarié* »[32]. Et il est vrai qu'au-delà de leurs divergences, les syndicats manifestent, par leur volonté de rassembler les travailleurs salariés dans une même organisation, à l'exclusion des autres groupes composant la société (industriels, commerçants, membres des professions libérales, agriculteurs), leur reconnaissance d'une véritable solidarité entre les salariés, plus forte que la coalition des intérêts catégoriels de tel ou tel groupe.

Un groupe social échappe cependant à la généralisation de la société salariale, et subit même une trajectoire opposée. C'est celui des travailleurs restant à la terre.

Vers la « fin des paysans » ?

Henri Mendras, en observant ce qu'il appelle la « société paysanne », écrivait en 1967 à propos de la France : « *Après un siècle d'exode rural continu, la révolution actuelle fait diminuer le nombre d'agriculteurs de 160 000 par an (...) Les exploitants qui demeurent s'agrandissent d'autant et peuvent faire face aux exigences nouvelles de l'économie et de la technique, mais la société villageoise en est totalement bouleversée* » [33]. Et il oppose le paysan de tradition pour qui la propriété du sol est « *signe de prestige social et surtout de sécurité de survie pour son domaine et donc sa famille* » à l'agriculteur qui doit avant tout se préoccuper des débouchés et considère son exploitation comme une entreprise, substituant la valeur « capital » à celle de « terre possédée ». Les années soixante marquent le début d'une évolution qui remet en cause profondément les modes de vie et de pensée d'une Europe encore nostalgique d'un passé mythifié. En effet, une grande partie de ses travailleurs sont issus du milieu rural, même si tous ne sont pas fils ou petits-fils d'agriculteurs. Car, au début du siècle, le monde rural était beaucoup plus diversifié que cinquante ans plus tard. À côté des agriculteurs, subsistait toute une population de petits artisans ou commerçants (maréchaux-ferrants, tonneliers, colporteurs, cafetiers...) qui disparut progressivement au fur et à mesure de l'exode rural et de la concentration urbaine.

L'exode rural nourrit le phénomène migratoire[34], et ceci dans toute l'Europe, car l'industrialisation des pays socialistes, accélérée après la guerre sur le modèle soviétique, déplace les masses rurales. À l'intérieur des espaces nationaux tout d'abord, ces mouvements contribuent à développer le gonflement des agglomérations, comme en Grèce par exemple où la capitale a connu, entre 1951 et 1961, une croissance urbaine de 34,4 %. On estime d'autre part à environ 1 500 000 le nombre de personnes qui, entre 1950 et 1960, ont pris part aux mouvements intérieurs de la péninsule ibérique[35]. Migrations internationales, soit des pauvres villages du Péloponnèse ou de la Macédoine vers la République fédérale d'Allemagne, soit, pour une centaine de milliers d'Ibériques chaque année (sans compter les clandestins, surtout dans le cas des Portugais), vers les pays « riches » d'Europe occidentale, la France, la Suisse, les Pays-Bas, la Belgique ou encore l'Allemagne de l'Ouest. Dans l'Europe de l'Est, les déplacements s'effectuent dans le cadre du COMECON et se développent entre des pays en surcharge démographique (Pologne, Yougoslavie et dans une moindre mesure Hongrie et Bulgarie) et d'autres qui manquent de bras : la Tchécoslovaquie, la RDA et l'Union soviétique.

Il faut cependant nuancer le propos, car le transfert des travailleurs vers les villes s'est produit plus ou moins tardivement suivant les pays. Il est déjà largement effectué en Allemagne ou au Royaume-Uni puisque, vers 1910, les ruraux, qui regroupent encore plus de 70 % de la population totale en Scandinavie et 55,8 % en France, n'en représentent déjà plus que 25 % au Royaume-Uni et en Allemagne. Mais on note une nette accélération à partir des années cinquante dans les pays à forte proportion paysanne, accélération due, nous l'avons vu, au progrès technique.

Le mythe paysan, cette « *idéalisation de la nature, du travail agricole et de la vie paysanne* »[36], assure en quelque sorte la transition qui est en train de se faire entre une Europe de la tradition, du conservatisme et du clocher et celle qui est pourtant déjà largement construite, une Europe urbaine, ouvrière et capitaliste. D'ailleurs les campagnes, dans lesquelles les « paysans » s'effacent au profit des « exploitants agricoles » et bientôt des « chefs d'entreprise agricole » semblent bénéficier d'une certaine façon de la persistance de ce mythe. Modestes retraités, travailleurs des villes voisines à la recherche de terrains meilleur marché mais aussi, dans certaines régions propices au développement du tourisme, promoteurs immobiliers, contribuent à « miter » l'espace rural, à développer sur le continent le phénomène des « *suburbs* » déjà présents au Royaume-Uni dans l'entre-deux-guerres. Mais le monde paysan traditionnel, celui des petites exploitations quasi autarciques, tire de biens maigres profits de ces mutations de l'espace rural. Claude Michelet décrit ainsi, dans un ouvrage qui eut un grand retentissement en France, le désenchantement d'un paysan du Limousin figurant dans « *le dernier carré d'une agriculture en voie de disparition, une agriculture condamnée puisque insuffisamment productive. Elle n'intéressait plus personne, car elle était gérée par de simples cultivateurs qui, quoi qu'on dise ou décide, étaient incapables de se transformer en ces chefs d'entreprises dont on assurait qu'ils représentaient l'avenir de la terre* »[37].

Non pas que la grande propriété soit toujours synonyme de modernisation. L'exemple des latifundia qui continuent à exister dans les pays méditerranéens, dans la Vieille-Castille ou l'Estrémadure espagnoles, dans l'Alentejo portugais, ou encore dans la Sicile ou la Calabre italiennes en sont la preuve. Ils utilisent une main-d'œuvre bon marché, composée en partie de journaliers (ils sont, avec leur famille, encore plus de 300 000 dans la province de Séville au début des années soixante), et des méthodes de production archaïques. Mais ils tendent soit à disparaître du fait des réformes agraires (c'est le cas en Italie à partir de 1950 par la création de la Caisse du Mezzogornio et du vote de la loi Stralcio), soit à se transformer lorsqu'ils sont acquis par de grandes sociétés industrielles ou bancaires comme en Espagne, en l'absence d'une véritable réforme agraire. Ici, « *la mutation résulte de plus en plus souvent de l'intervention d'hommes d'affaires ou de sociétés anonymes qui créent de grands domaines modernes, soit par regroupements, soit par acquisitions de latifundia...* »[38]. Là encore, on observe la lente agonie d'un monde rural ancestral, qui survivait aux marges des domaines possédés par les classes dirigeantes.

Le monde paysan traditionnel éprouve alors des sentiments contradictoires qui se manifestent dans les comportements et qui naissent de « *l'extraordinaire distance qui existe entre le rêve de la félicité paysanne et le drame actuel auquel on n'imagine pas de solution* »[39]. D'où une série de conflits : conflits intergénérationnels, les jeunes acceptant plus aisément les nécessaires adaptations et empruntant au monde ouvrier ses méthodes d'action, conflits avec les gouvernements qui, au moins jusqu'à la guerre, s'étaient dans toute l'Europe appuyés sur les votes ruraux mais semblent désormais tenir moins compte de cet électorat. Au fur et à mesure que l'exode rural s'amplifie et que les nécessités de l'ouverture économique conduisent à consentir une moindre protection des prix et des marchés intérieurs, les dirigeants politiques se heurtent à de violentes protestations même si, comme en France, ils s'efforcent d'accompagner les adaptations nécessaires. Conflits avec le reste de la société, le monde rural se percevant comme mal aimé, exclu par ceux qu'il considère comme les parasites de la société, ce monde du tertiaire, des bureaucrates, des technocrates toujours plus envahissants et dont, du fait de l'endettement inévitable dû à l'utilisation du progrès technique, ils dépendent de plus en plus.

Certaines sociétés rurales échappent cependant à ce schéma. Ce sont bien sûr les sociétés paysannes des pays de l'Est, dont l'évolution depuis la guerre a été largement encadrée par l'État.

Ce sont, dans les pays occidentaux, celles qui ont subi des adaptations précoces, comme au Royaume-Uni par exemple. Mais surtout celles qui, par la forme d'organisation de leur agriculture, ont pu s'adapter plus facilement aux transformations du monde moderne. C'est en particulier le cas du Danemark, de la Suède ou des Pays-Bas, où la taille moyenne des exploitations n'est guère plus élevée qu'en France, mais où la généralisation précoce du système des coopératives a permis d'éviter les drames sociaux connus ailleurs. Le rôle de l'État a été déterminant, dans ces pays comme en Suisse ou en Autriche, pour protéger une société de petits propriétaires-exploitants, regroupés dans des structures communautaires fortes, bénéficiant de subventions qui ont permis d'accompagner précocement les évolutions.

La « société salariale »

Au cours des années soixante, le taux du salariat dépasse 85 % aux États-Unis, atteint 94 % en Grande-Bretagne, près de 80 % en Allemagne fédérale et en Suède, tandis qu'en France, il englobe les deux tiers de la population active en 1954, les trois quarts en 1968 [40]. C'est dire l'ampleur du mouvement. Le groupe des salariés est donc largement majoritaire au sein des sociétés européennes (n'oublions pas les travailleurs des démocraties populaires, pour lesquels le salaire est le mode de rémunération quasi obligatoire, sauf dans les pays où subsiste une petite paysannerie).

Parmi les salariés, les ouvriers constituent la première catégorie sociale, par leur nombre tout au moins.

En 1963, paraît en France l'ouvrage de Pierre Belleville intitulé *Une nouvelle classe ouvrière*, qui pose un problème sémantique important. En effet, même si les transformations du monde agricole s'accélèrent, celui-ci peut encore être aisément identifié, dans les années soixante, dans la mesure où la « ferme » (l'exploitation) est le pôle autour duquel s'organise la vie professionnelle et familiale de ses acteurs. Il n'en est pas de même du monde ouvrier, qui subit lui aussi des mutations capitales et complexes, au fur et à mesure que se développent la production et la consommation de masse au sein d'une société industrielle de plus en plus sophistiquée. Les études prétendant observer le comportement du monde ouvrier et en tirer des conclusions sur l'évolution de sa situation sont extrêmement nombreuses et portent avant tout sur des exemples nationaux.

Elles s'organisent, d'après Alain Touraine, autour de deux thèses opposées et présentent des tableaux fortement contradictoires.

– Pour certains, la civilisation industrielle conduirait à une sorte de dissolution de la « classe ouvrière » dans un ensemble social plus vaste, où se retrouveraient les employés, les petits artisans, les personnels de service et peut-être même [41] « les couches moyennes d'encadrement » qui se définiraient plus par le niveau de leurs revenus et le genre de vie qu'il génère que par la nature de ces revenus. Se développe dans la « classe ouvrière » comme dans le reste de la population européenne ce que les Anglais nomment la « *home-centred society* », c'est-à-dire une privatisation généralisée de l'existence, affaiblissant ainsi le lien interindividus à l'intérieur du groupe de travail. La famille nucléaire tend à devenir « *un noyau de relations interpersonnelles plus qu'une institution sociale (...) Si les militants ouvriers forment une des catégories les moins repliées sur la vie privée, la grande majorité des ouvriers, dans la mesure où leur niveau et leurs conditions de vie s'améliorent, y cèdent comme d'autres catégories sociales* »[42]. On peut citer comme exemple de cette évolution ce qui se produit en Allemagne fédérale. Les observateurs font remarquer que beaucoup d'ouvriers touchent des salaires supérieurs à ceux de certains employés, et que d'autre part il n'existe plus de « parti ouvrier », les votes en faveur de la CDU ou du SPD transcendant les classes sociales.

– Et pour d'autres au contraire persisterait une spécificité ouvrière, continuant à être perçue comme basée sur des cloisonnements sociaux et culturels : le travail dit « manuel » est le moins noble de tous les travaux, le plus aliénant. On retrouve cette position chez certains chercheurs anglo-saxons, tel Goldthorpe[43], ou chez les marxistes stricts. Pour ces derniers, même si les conditions de vie s'améliorent, même si l'ancien isolement géographique au sein des banlieues ouvrières tend à disparaître, les populations se regroupant dans les métropoles par niveau de revenu et non plus par classe, l'« embourgeoisement », l'« intégration » ne seraient que des mythes entretenus par les classes dominantes afin de désarmorcer les germes de contestation sociale. Et de dénoncer la collusion existant entre la social-démocratie et l'« oligarchie productiviste en place », illustrée par le slogan du travailliste Anthony Crosland « *We must now all learn to be middle class* ».

Au-delà des polémiques, on peut cependant observer là encore des tendances contradictoires qui contribuent à atomiser le groupe social des ouvriers et à rendre son étude globale complexe. Avec le développement de la société industrielle, s'effectue la montée en puissance des techniciens (qui constituent une sorte d'aristocratie ouvrière) bien payés, exécutant des tâches rarement pénibles, débordant du cadre de la simple fabrication, et qui revendiquent la participation à la gestion de l'entreprise. Ce sont eux qui, désormais, orientent le pouvoir syndical. Leur condition de vie et de travail les éloignent de plus en plus du prolétariat ouvrier qui persiste, constitué par les ouvriers spécialisés et les manœuvres ; parmi ces derniers figurent les travailleurs immigrés. Pour la France, ceux-ci représentent 15,1 % des OS et des manœuvres alors que leur pourcentage dans la population totale n'est que de 5,3 %. Ces ouvriers sont les victimes de ce que Georges Friedmann appelle « le travail en miette », c'est-à-dire l'éclatement des tâches industrielles par l'organisation scientifique du travail, en attendant que l'automation vienne, dans un avenir plus ou moins proche, les délivrer des tâches les plus pénibles et introduise promotion et responsabilisation. Ce qui paraît, pour nombre d'entre eux bien hypothétique, dans la mesure ou leur formation initiale est réduite, voire inexistante, spécialement pour les immigrés qui parlent à peine la langue du pays d'accueil, quand ils ne sont pas analphabètes.

Mais, comme nous l'avons vu, on ne peut nier l'amélioration globale du niveau de vie des ouvriers, la tendance de ceux-ci à adopter les modes de consommation et de loisir des autres catégories sociales, même si, dans les représentations collectives, la classe ouvrière garde sa spécificité, et souffre d'un manque de prestige face au monde des employés, des modestes travailleurs du secteur public qui tendent à s'intégrer dans « la classe moyenne ».

La classe moyenne, ou plutôt « les » classes moyennes, ne sont pas non plus aisées à définir. Dans les démocraties populaires, on peut admettre qu'il existe, entre les travailleurs paysans et ouvriers d'une part, les dirigeants politiques et le groupe flou de l'intelligentsia d'autre part, un ensemble de catégories professionnelles relativement similaires à ce qui existe à l'Ouest, c'est-à-dire les techniciens, les professionnels de la santé, les enseignants, etc. Ce qui distingue cependant cet ensemble des « classes moyennes » occidentales, c'est le nivellement des revenus, plus fort d'ailleurs qu'en Union soviétique. En Europe occidentale, les classes moyennes rassemblent des groupes disparates par la nature du travail, le niveau des rémunérations, mais se reconnaissent au fait que les hommes et les femmes qui les constituent travaillent « en ville » n'ont, contrairement aux ouvriers, qu'un contact indirect avec la matière, et aspirent à une ascension sociale permise par l'école. La classe moyenne se distingue à la fois du prolétariat, de la paysannerie et de la bourgeoisie capitaliste qui possède les moyens de production. Elle présente une aptitude certaine à la mobilité sociale, c'est en son sein que le travail des femmes se développe et elle constitue une sorte de « pont » entre la classe ouvrière et la bourgeoisie possédante, d'après Félix Pontiel [44]. Elle entre, plus facilement que d'autres groupes sociaux, dans la société de consommation et ses membres ont tendance à imiter « l'*establishment* » par leur façon de se vêtir et de choisir leurs loisirs. Ils constituent ainsi la « petite bourgeoisie ».

La « société salariale » gagne aussi la grande bourgeoisie. Certes, les propriétaires fonciers tiennent encore le haut du pavé dans les pays de l'Europe méridionale, les propriétaires ou les principaux actionnaires des entreprises capitalistes résistent encore au formidable mouvement de concentration industrielle, tels Max Gründig en RFA, les maîtres de forge français Schneider ou De Wendel, Giovanni Agnelli en Italie par exemple. Mais la guerre a bouleversé les hiérarchies ; bon nombre de grands patrons se sont trouvés entraînés dans l'aventure nazie, en Allemagne ou en Autriche, ou ont collaboré avec l'occupant, comme en France. La victoire alliée a ainsi déboulonné des grands capitaines d'industrie (c'est le cas de Renault) ou forcé les propriétaires qui purent se soustraire à la dénazification (tels Krupp ou Siemens) à se tenir en retrait.

Mais surtout ils ne peuvent échapper au triomphe de ce que Galbraith a appelé « la technostructure », issue de la dissociation entre propriété économique et propriété juridique, possession du capital et compétence. La montée en puissance des technocrates a été largement favorisée par l'essor de la concentration industrielle et des multinationales, mais aussi l'ouverture des économies, par le formidable développement des grandes banques et des sociétés de commerce. C'est alors que l'on voit émerger dans toute l'Europe une nouvelle classe dirigeante, celle des « managers », ne possédant pas de capitaux propres et salariés de leur entreprise. Issus le plus souvent des universités ou des grandes écoles, ils constituent, selon le terme de Michael Young, une véritable « méritocratie ». C'est le cas aussi des hauts fonctionnaires, grands commis d'État qui ont puissamment contribué au développement économique des Trente Glorieuses et en ont tiré de larges bénéfices. « *Proclamant l'identité de la croissance et du progrès social, la technocratie, au-delà des divergences des intérêts et des objectifs, se pose comme la véritable classe dirigeante : elle est à cheval sur les secteurs public et privé, en prise directe avec la haute administration ; elle entraîne, dans son sillage ou à ses côtés, le monde de la politique, de la culture, d'une partie des professions libérales qui, lui aussi, doit à peu près tout à lui-même* », écrit Pierre Léon à ce propos [45]. Ces cadres supérieurs, possédant des revenus élevés, ont intégré les valeurs de la haute bourgeoisie, même si aux yeux de leurs membres, ils détonent parfois en se comportant comme de nouveaux riches, plus soucieux de « paraître » que d'« économiser ». Il serait plus que téméraire de vouloir évaluer le pourcentage de ces strates supérieures dans la population totale des États. Les sociologues l'ont tenté, et Maurice Parodi évalue à leur suite et pour la

France la proportion des membres de la « bourgeoisie régnante », y compris les gros propriétaires fonciers et une partie des intellectuels les plus en vue, à 0,5 % de la population active totale. En Allemagne, certains estiment à 5 % du total la couche supérieure de la population, d'autres à 12 %. « *Le fait même qu'il puisse y avoir de telles divergences dans l'interprétation de la réalité sociale des couches supérieures prouve que les distinctions reposent plus sur les nuances que sur des oppositions profondes* », remarque Henri Burgelin[46].

On peut enfin noter que dans le monde des démocraties populaires, le phénomène de la « technostructure » est aussi bien présent. Car à côté de l'aristocratie des chefs politiques et des dirigeants des partis communistes, les responsables des combinats industriels, les hauts fonctionnaires du Plan et l'intelligentsia culturelle et scientifique non dissidente forment véritablement une nouvelle élite, bénéficiant d'avantages substantiels qui rapprochent leurs modes de vie de ceux de leurs homologues occidentaux. Certes, les intéressés s'en défendent, réfutant vigoureusement le terme de « nouvelle classe » employé par les observateurs occidentaux ou les sociologues dissidents. Ils refusent avec la même force d'être considérés comme différents des autres membres de la société productrice. Mais si on ne peut absolument pas les assimiler à une quelconque « haute bourgeoisie » (ils ne sont pas propriétaires au sens juridique du terme, et leurs prérogatives ne sont pas héréditaires), il n'en demeure pas moins vrai que leur degré de responsabilité dans les affaires politiques, économiques, culturelles, leur niveau de vie et les privilèges dont ils jouissent peuvent les rapprocher de la technocratie occidentale.

Pour conclure, on ne peut nier une certaine homogénéisation des structures sociales dans toute l'Europe et l'on peut généraliser ce qu'affirme, pour la France, Alain Plessis : « *La société tend à se réduire à une vaste constella-tion de classes moyennes au centre desquelles on trouve les cadres* »[47]. Mais il ne faudrait cependant pas croire que l'on est arrivé à l'aube de la « société sans classe », même dans les pays socialistes. Si le niveau de vie s'élève, les écarts de revenus tendent partout à s'accroître. À la fin des années soixante, selon l'ONU, le rapport du revenu moyen des 10 % les plus riches à celui des 10 % les plus pauvres serait de 1 à 15 en Grande-Bretagne, de 1 à 20 en Alle-magne fédérale et au Danemark, de 1 à 33 aux Pays-Bas, de 1 à 76 en France (ce chiffre est cependant atténué par l'INSEE, qui fixe l'écart de 1 à 56)[48].

Le phénomène urbain

Les villes accueillent les populations travaillant désor-mais majoritairement dans l'industrie ou les services.

Hartmut Kaelble[49] tente de démontrer que le phénomène de l'urbanisation a été plus modéré en Europe que partout ailleurs dans le monde, et que la qualité de vie dans les villes européennes tient au grand nombre de villes moyennes par rapports aux mégalopoles. Mais il étudie le phénomène sur la longue durée, comparant l'urbanisa-tion européenne et extra-européenne (États-Unis, Japon, Canada...) à deux moments distincts, 1900 et 1950 (ou 1960 suivant les cas), ce qui fausse la perspective. Si l'on s'en tient à l'observation de ce qui se passe à l'intérieur même du continent européen, on ne peut qu'être frappé par l'ac-croissement de la population urbaine et ceci aussi bien à l'Est qu'à l'Ouest et dans les « pays en voie de dévelop-pement » de la frange méditerranéenne. Cela concerne sur-tout les grandes agglomérations, car le sort des villes de taille moyenne n'est pas aussi uniforme. Certaines d'entre elles dépérissent, trop liées aux activités des campagnes proches se dépeuplant. C'est le cas par exemple de la

Grèce, où l'on note au début des années soixante qu'en 10 ans près de la moitié des villes de plus de 10 000 habitants enregistrent soit des pertes nettes, soit une stagnation alors que la population s'accroît dans l'ensemble[50]. On observerait le même phénomène dans les villes du Massif central en France ou dans le nord de l'Écosse. Car la petite ville, le « bourg », a bien souvent été une étape transitoire pour passer du monde rural à la grande cité.

Les grandes agglomérations ont en effet vu croître leur population de manière uniforme sur le continent européen. Madrid est passé de un million en 1940 à deux millions cinq cent mille habitants en 1965. Barcelone, qui comptait aussi un million d'habitants avant la Seconde Guerre mondiale approche les deux millions si l'on compte ses noyaux suburbains immédiats. Il en est de même pour Rome, qui a décuplé ses effectifs en cent ans, Milan, Turin ou Athènes. Plus au nord, Paris, qui comptait cinq millions d'habitants à la veille de la guerre, avoisine les neuf millions en 1965 et regroupe un sixième de la population nationale. Dans l'ensemble, on remarque une évolution mégalopolitaine du phénomène urbain, c'est-à-dire une agrégation des populations dans et autour des grands centres et de leurs satellites. C'est le cas du Randstad Holland, immense conurbation entre Dordrecht, La Haye et Amsterdam, qui rassemble plus de 35 % de la population des Pays-Bas. On trouverait une situation similaire en Suisse, dans le Mittelland étiré entre Bâle et Zürich, qui déborde d'ailleurs au-delà des frontières. Autre exemple, la Ruhr avec ses neuf millions d'habitants concentrés autour de puissantes cités de plus de 500 000 habitants comme Essen ou Dortmund.

Ces concentrations urbaines posent de graves problèmes de transport bien sûr, mais avant tout de logement. Si l'Allemagne fédérale, sur la lancée de la reconstruction, continue à bâtir à un rythme accéléré (8,8 millions de logements neufs permettant de loger environ 25 millions d'habitants entre 1949 et 1965 puis 600 000 logements par an ensuite), il n'en est pas de même pour la France qui voit se développer des « bidonvilles » aux portes de ses grandes cités. Ce terme, apparu dans les années cinquante, désigne des groupements de constructions édifiées à la va-vite, avec des matériaux hétéroclites : « *Il s'agit en somme de trous qui ont été creusés dans la terre, qui ont servi de soubassement, si je puis dire, sur lesquels on a installé ce que j'appelle le bidonville, c'est-à-dire de petits baraquements qui ont au plus 2,50 m. sur 2 m., voire 1,50 m. confectionnés avec des planches provenant de caisses d'emballages, lesquelles ont été recouvertes de papier goudronné ou de papier bituminé. Entre ces baraquements il reste à peine 60 cm. pour le passage* ». Ainsi décrivait-on, en 1955, le bidonville du Petit Nanterre, dans la banlieue parisienne[51]. À Nanterre, les deux bidonvilles accueillent une majorité de migrants algériens ; à Champigny-sur-Marne, à partir du début des années soixante, ce sont surtout des Portugais qui s'installent. Un recensement effectué en 1966 dénombre, dans la seule Ile-de-France, 119 bidonvilles. Mais on en trouve aussi à Marseille, Lille ou Nice.

Par rapport aux autres pays développés d'Europe, la France est très en retard dans le domaine de la planification du développement urbain, si l'on songe que le premier *Town Planning Act* date de 1909 au Royaume-Uni ! C'est d'ailleurs dans ce pays qu'après la guerre a été mis en place un ambitieux programme d'aménagement du territoire axé sur le contrôle du phénomène urbain.

Dès 1946, est voté le *New Towns Act*, prévoyant la création de quinze villes nouvelles dont huit autour de Londres. Un nouvel élan est donné entre 1961 et 1963, avec six créations supplémentaires pour désengorger les villes industrielles telles Birmingham, Liverpool, Édimbourg ou Newcastle. De 1947 à 1970, les villes nouvelles ont attiré 700 000 habitants. Elles ne sont pas des villes-dortoirs, dans la mesure où conjointement à la construction de logements, il est prévu des implantations industrielles, des infrastructures de services, et l'accueil des nouveaux arrivants est préparé par les services sociaux. Mais comme cette politique hardie coûte cher, on développe l'*overspill*, c'est-à-dire que l'on négocie entre grande cité et petites villes déjà existantes de la Couronne (jusqu'à plus de cent kilomètres) des accords permettant de redistribuer les excédents urbains. Ce qui caractérise l'urbanisme anglais, c'est le souci de réaliser des quartiers à l'échelle humaine, où l'environnement est sauvegardé (par la multiplication des parcs et des « *green belts* »), et qui privilégie l'urbanisation horizontale et l'habitat individuel.

L'aménagement urbain est aussi particulièrement soigné dans les pays scandinaves, ceci étant favorisé bien entendu par l'étendue des espaces disponibles. On peut résumer ainsi les grands axes de l'urbanisme scandinave : « *Urbanisation reposant sur le choix de directions préférentielles par noyaux séparés le long de moyens de transport puissants en sites propres (...) Promotion des formes d'urbanisation permettant de protéger les zones vertes et les espaces de loisir, non sans faire pénétrer la nature dans la ville (...) Sens aigu du confort intérieur* »[52], conformément à ce qui caractérise la civilisation urbaine nordique, c'est-à-dire le « *Stämning* », l'ambiance de la nature.

En France, le problème est plus crucial dans la mesure où l'exode rural, l'afflux de travailleurs immigrés et le retour des rapatriés d'Algérie engendrent un surpeuplement des unités urbaines développant, nous l'avons vu, le phénomène des bidonvilles. La loi programme de 1962 fixe à 390 000 le nombre de HLM à construire par an. L'afflux des populations vers Paris devient un tel problème qu'est élaboré dès 1960 le Plan d'aménagement de la région parisienne, dont la réalisation est confiée au District de Paris, placé sous la direction de Paul Delouvrier. Il est prolongé en 1965 par le Schéma directeur de la région parisienne qui prévoit le chiffre de 12 à 16 millions d'habitants pour l'an 2000. Des politiques de rénovation sont mises en œuvre : c'est ainsi que sont créés de grands pôles de fixation comme la Défense et l'on envisage la création de villes nouvelles en couronne autour de la capitale à l'image de ce qui s'est fait en Grande-Bretagne. Malgré les efforts pour développer les infrastructures, autoroutes, boulevards périphériques, mais aussi établissements scolaires, centres commerciaux, les « grands ensembles », qui sont la marque de l'urbanisation des années soixante aussi bien d'ailleurs dans les pays de l'Europe de l'Ouest qu'à l'Est, engendrent de graves nuisances lourdes de conséquences pour l'avenir.

LA DIFFICILE CONSTRUCTION EUROPÉENNE

Au sein de cette Europe dont la diversité restait forte (bien que les tensions d'après-guerre se soient un peu calmées), coupée en deux par un rideau de fer qui tardait à se déchirer malgré les efforts de part et d'autre pour rapprocher l'Est et l'Ouest, les six pays de la CEE s'étaient engagés avec enthousiasme dans une collaboration dont les premiers résultats apparaissaient largement positifs.

Mais les succès même du Marché Commun engendrèrent de graves problèmes qui marquèrent les relations internationales durant les années soixante. D'une part, l'arrivée du général de Gaulle à la tête du gouvernement français en 1958 inaugura une ère d'intransigeance, dans laquelle l'orgueil national et la volonté d'imposer les vues de la France au sein de la Communauté européenne causèrent bien des crises et l'on crut parfois à la rupture, en particulier de juillet à décembre 1965, lorsque la France se retira du

Conseil des ministres, pratiquant ce que l'on appela alors la « politique de la chaise vide ». D'autre part, le rapprochement entre Américains et Britanniques lors de la conférence de Nassau aux Bahamas en décembre 1962 accrût la méfiance du général de Gaulle qui, brutalement, lors d'une conférence de presse en janvier de l'année suivante, rejeta la candidature anglaise, dans des termes cinglants. Son vieil anti-américanisme s'étant réveillé, la Grande-Bretagne lui apparaissait plus que jamais comme le cheval de Troie des États-Unis en Europe. Il fallut attendre la mort du Général pour qu'un élargissement du Marché Commun soit devenu possible, le nouveau président, Georges Pompidou ayant levé le veto français lors de la conférence de La Haye en décembre 1969.

Mais cette période fertile en crises larvées ou ouvertes, marquée indéniablement par la forte personnalité du général de Gaulle, a vu les principaux objectifs fixés lors du traité de Rome atteints : union douanière et mise en place d'une politique agricole commune qui a été en quelque sorte, durant les années soixante, le laboratoire de l'unification européenne même si d'autres domaines ont été laissés en friche.

Quelle Europe pour les six ?

Des conceptions différentes

Si la construction de l'Europe économique à six est une réalité au début des années soixante, concrétisée par les premiers élargissements contingentaires, par l'abaissement des tarifs douaniers ainsi que par la réalisation de tarifs douaniers extérieurs communs, si cette Europe économique rencontre dans tous les milieux concernés un engouement certain, et provoque des demandes d'adhésion ou d'association qui sont la preuve de son succès, il n'en va pas de même de la construction politique. Dans ce domaine, plusieurs conceptions antagonistes s'affrontaient : celle des fondateurs de la Communauté, un peu utopistes certes, rêvant d'une fédération européenne ouverte sur l'Atlantique, et l'idée du général de Gaulle d'une Europe des réalités, c'est-à-dire des États-nations, disposant seuls d'une véritable légitimité, États au premier rang desquels devait selon lui se placer la France ayant retrouvé son prestige d'antan.

L'« agitation fédéraliste » puissante dans l'après-guerre, qui avait pour un temps triomphé au congrès de La Haye de mai 1948 et qui prévoyait une intégration politique des pays européens, s'était beaucoup calmée dans les années cinquante, confrontée aux difficultés et aux antagonismes. L'échec de la CED, les réticences britanniques conduisaient à plus de modestie dans les ambitions des pères fondateurs. Jean Monnet lui-même, qui avait relancé en 1955 l'idée européenne par la création de son informel « Comité pour les États-Unis d'Europe », rappelle dans ses Mémoires l'état d'esprit dans lequel se trouvaient les membres de son organisation en octobre 1958 : « *Dans l'immédiat, quelles que soient l'urgence de l'union politique et l'importance des progrès déjà réalisés, il ne semble pas possible de brûler les étapes. L'unité politique de demain dépendra de l'entrée effective de l'union économique dans les faits de l'activité industrielle, agricole et administrative de tous les jours (...) C'est au fur et à mesure que l'action des Communautés s'affirmera que les liens entre les hommes et la solidarité qui se dessinent déjà se renforceront et s'étendront. Alors les réalités elles-mêmes permettront de dégager l'union politique qui est l'objectif de notre Communauté, à savoir l'établissement des États-Unis d'Europe* »[53]. Mais certains voulaient aller plus vite, en particulier dans les États du Benelux, pour lesquels l'intégration européenne garantissait une place plus importante que dans une simple coopération entre gouvernements. C'est le cas des ministres des Affaires étrangères des Pays-Bas et de la Belgique, messieurs Luns et Wigny, qui se méfiaient profondément des visées françaises et allemandes sur le continent, et souhaitaient l'intégration rapide de la Grande-Bretagne, ainsi que l'arrimage aux États-Unis d'Amérique, tirant ainsi l'Europe vers l'Atlantique. Pour eux, l'unification de l'Europe passait par une plus grande délégation de pouvoir à un Parlement européen élu au suffrage universel, qui contrebalancerait le Conseil des ministres de la Communauté, car celui-ci était accusé de ne pas dialoguer avec le Parlement actuel et ne pouvait être soumis à aucune sanction de la part de celui-ci : « *Il n'est que trop facile aux ministres individuels, revenus devant leurs parlements nationaux, de dégager leur responsabilité politique, en se réclamant du caractère collégial et communautaire du Conseil* », remarquait Brugmans en 1965, non sans quelque raison[54]. Certains allaient même jusqu'à affirmer qu'une assemblée qui ne tire pas son pouvoir d'un mandat populaire, n'est pas une assemblée légitime. Pour les fédéralistes donc, c'est autour du Parlement et de ses pouvoirs que devait se jouer le combat pour une Europe unie, même si beaucoup étaient conscients qu'il faudrait du temps pour faire oublier aux partis politiques nationaux leurs particularismes et organiser de véritables « partis européens » dans lesquels s'élaboreraient des programmes cohérents.

Cette aspiration à l'accélération de la construction politique de l'Europe se heurta à l'intransigeance du général de Gaulle dont les conceptions étaient tout autres. Il avait, dès juillet 1946, avant la prise de position de Churchill à ce sujet, évoqué à Bar-le-Duc l'idée d'une Europe unie, capable de constituer une troisième force entre l'URSS et les États-Unis. Son idée était de « *bâtir une Europe euro-*

péenne (donc autonome par rapport aux États-Unis) confé-
dérant les États-nations du vieux continent autour d'un
aimant situé à Paris et manipulé par lui, de Gaulle »[55].
Cette Europe rêvée s'ordonnait autour de trois thèmes :
Europe indépendante, continentale et respectueuse des
structures des États. Dans un discours prononcé devant le
RPF en juin 1950, puis dans une conférence de presse tenue
l'année suivante il prononce les mots de « fédération européenne », qui semblent plus correspondre à une imprécis-
sion de terminologie qu'à une conviction profonde. Il ne
soutint jamais, par exemple, les efforts de Monnet et fut un
adversaire de la CED. Mais bien qu'on l'ait beaucoup
accusé d'être anti-Européen, la réalité est sans doute plus
complexe. Le thème de l'Europe est souvent présent dans
ses interventions durant les années cinquante, ainsi que
dans ses « *Mémoires de Guerre* », dont le tome III est
rédigé pendant sa « traversée du désert ». Revenu à la tête
de l'État français en 1958, il doit prendre le dossier tel qu'il
est, c'est-à-dire « réduit » à une réalité économique en
devenir (et l'on sait combien l'économique l'intéresse
moins que le politique). À l'Assemblée nationale, les gaullistes avaient voté contre le traité de Rome et l'on prêtait
au Général l'intention de déchirer le traité à son retour au
pouvoir. Il n'en fut rien. Dès décembre 1958, la France
honorait ses engagements, se préparant à l'ouverture des
frontières. Mais de Gaulle, poussant son avantage, soufflait
le chaud et le froid. Le 5 septembre 1960, il prit l'initiative de relancer l'idée d'une Europe politique, organisée
autour des États, « *les seules entités qui aient le droit d'or-
donner et le pouvoir d'être obéies* ». Il ironise d'ailleurs
en passant sur « *certains organismes plus ou moins extra-
nationaux* ». En février 1961 se tient à Paris la conférence
au sommet des chefs d'État ou de gouvernement et des
ministres des Affaires étrangères des Six, destinée à « *la
recherche des moyens propres à organiser une collabora-*

tion politique plus étroite ». Une commission d'étude présidée par le Français Christian Fouchet était chargée de rédiger des propositions concrètes. Nous verrons quel triste sort fut réservé aux travaux de la commission Fouchet. L'échec de la construction politique européenne, couplé au problème de l'entrée de la Grande-Bretagne dans le Marché Commun montrait bien à quel point la prudence de certains, tel Jean Monnet, était de mise : « *Temporairement, dans la situation actuelle et pour ces questions politiques nouvelles, je pense que la coopération est une étape nécessaire* », écrivait-il dès novembre 1960 à Adenauer[56].

Si de Gaulle restait plus que jamais ferme sur le refus de la supranationalité, si, au sein de la Communauté un front commun des « Atlantistes », mené par les Hollandais, se dressait contre lui, il devait chercher des alliés pour construire cette Europe des États à laquelle il ne voulait pas renoncer. Et c'est précisément vers l'Allemand Adenauer qu'il se tourna.

Le couple franco-allemand : une solution de remplacement à l'Europe atlantiste ?

Certes, le rapprochement franco-allemand ne datait pas d'hier. Dès son retour sur la scène politique, le général de Gaulle tint à accueillir le chancelier Adenauer dans sa résidence de Colombey-les-deux-Églises, les 14 et 15 septembre 1958. Adenauer raconte ainsi ses impressions à l'issue de l'entrevue : « *J'étais plein d'inquiétude car je craignais que la façon de penser de de Gaulle soit si fondamentalement différente de la mienne qu'une compréhension mutuelle en devienne extrêmement difficile... Dans sa conception de la situation mondiale, il se trouva en accord avec moi. Et surtout pour penser que l'Allemagne et la France devaient être liées par une étroite amitié. C'est seu-*

lement grâce à cette amitié entre l'Allemagne et la France qu'il sera possible de sauver l'Europe de l'Ouest » [57]. Leur rencontre fut décisive, car d'une part elle marqua, et de façon éclatante, la réconciliation franco-allemande, entérinant la reconnaissance, de la part de de Gaulle, des transformations positives opérées en Allemagne (consensus démocratique consolidé par la croissance économique) et d'autre part, elle inaugura une époque de *« diplomatie personnalisée, sur le coup de séduction réciproque qui se produisit entre les deux hommes »* [58].

Le mémorandum concernant l'OTAN, adressé trois jours plus tard par le Général au président Eisenhower et au Premier ministre anglais MacMillan doucha cependant l'enthousiasme du chancelier allemand. Ce texte proposait qu'à l'échelon politique et stratégique mondial, soit instituée une organisation comprenant les États-Unis, la Grande-Bretagne et la France. Adenauer se sentit dépité car cela voulait dire qu'à la supériorité française concernant la possession de l'arme atomique, allait s'ajouter l'exclusion de l'Allemagne occidentale du leadership mondial. Pour les Allemands, la France, *« en tant que puissance mondiale et nucléaire, se démarquait clairement de la République fédérale, en entretenant toutefois avec celle-ci une relation bilatérale sur le continent européen »* [59].

Mais le vieux Chancelier comprit très vite que son pays avait un intérêt vital à l'alliance avec de Gaulle, dans la mesure où celui-ci appuyait son partenaire contre le plan de démilitarisation de l'Europe occidentale (plan Rapacki) qui, semble-t-il, séduisait MacMillan, et d'autre part réaffirmait son opposition à toute modification du statut de Berlin. La rencontre de Bad Godesberg, le 26 novembre 1958, rassura pleinement Adenauer sur ces deux points. De même que la fermeté de la délégation française lors du sommet de Paris, ouvert le 15 mai 1960 et saboté par Khrouchtchev (prenant prétexte de l'incident de l'avion espion américain U2 abattu sur le territoire de l'Union soviétique). Cet échec détourna temporairement la France d'une participation éventuelle à la recherche d'une entente avec l'Est jugée prématurée et permit à de Gaulle de relancer l'idée d'une nouvelle étape dans la construction européenne, en coopération avec l'Allemagne et « *garante de l'équilibre du monde* »[60].

Ce fut l'objet du sommet de Rambouillet en juillet 1960, pendant lequel il tenta d'imposer au Chancelier sa vision d'une Europe des États, à structure confédérale et sa volonté de réformer l'OTAN. Les points de vue, sur ce qui s'est passé alors divergent. Il semble que les Français Maurice Couve de Murville, ministre des Affaires étrangères, et François Seydoux, ambassadeur à Bonn, aient pris leurs désirs pour des réalités en présentant a posteriori un Adenauer approuvant les propositions gaulliennes pour la future Europe. Du côté allemand, mais surtout chez les autres partenaires de l'Europe des Six, ce fut un tollé, car Adenauer avait été un des pionniers de l'idée d'une intégration européenne. Et le sommet de Rambouillet, qui devait être la preuve éclatante de l'entente entre les deux États, inaugura une période de léger froid, malgré l'accord militaire signé en octobre qui autorisait les activités militaires allemandes sur le sol français.

Cependant un an plus tard, l'édification du mur de Berlin ainsi que le semi-échec électoral de la CDU (contrainte de faire alliance avec les libéraux pour constituer une majorité au Bundestag) poussa une nouvelle fois le Chancelier à chercher l'alliance avec la France et c'est ce qui explique le soutien apporté à la mise en place de la « négociation Fouchet ». La commission du même nom se réunit à partir de mars et dès le début, la tension fut forte car le gouvernement néerlandais, mécontent de l'abandon des principes supranationaux, se montra d'emblée hostile (le ministre Luns eut même des mots très vifs à l'égard du

Chancelier, accusé de trahison). Forte de ce qu'elle pensait être l'appui germanique, la France présenta en novembre à ses partenaires un projet de traité instituant une union d'États indissoluble « *fondée sur le respect de la personnalité des peuples et des États membres* ». Celui-ci fut rejeté par la Belgique et les Pays-Bas. Un second plan, émanant encore une fois de la délégation française, et proposé en janvier 1962, n'eut pas plus de succès : les adversaires de la France soumirent à la commission un contre-projet qui mettait à jour les divergences entre les propositions de la France et celles de ses partenaires, évoquées ultérieurement par Paul-Henri Spaak, alors ministre belge des Affaires étrangères[61] qui soupçonnait la France de vouloir mettre la Communauté économique sous la tutelle supplémentaire des États, et redoutait donc que la nouvelle alliance des États n'écrase la CEE. Cela risquait de nuire, selon lui, « *au-dessus de tout et avant tout, aux possibilités de faire évoluer les idées qui auraient pu être mises au point vers une conception plus complète et plus parfaite de l'Europe* ». De plus, Belges et Hollandais firent de l'entrée du Royaume-Uni dans la Communauté un préalable à toute décision, ce qui enterra définitivement les travaux de la commission.

Certes, d'autres initiatives allaient être prises pour relancer l'Europe politique. Ce fut tout d'abord le plan Spaak, en septembre 1964, qui proposait de relancer l'idée d'un « *Statut de l'Europe politique* », idée qui serait étudiée par une commission de personnalités assistant les ministres pour tenter d'élaborer un traité, et ceci en dehors des communautés déjà existantes. « *Même si l'Europe à venir ne peut-être complètement supranationale, elle doit avoir une organisation sérieuse et structurée* », prévoyait le plan Spaak[62]. Le 3 novembre de la même année, le gouvernement allemand, dans un mémorandum, proposait d'entériner ce qui, dans les travaux de la commission Fouchet, avait été accepté par les représentants des Six, afin de relancer les négociations concernant l'Europe politique. Enfin, le 28 novembre, l'Italie proposa à son tour un plan qui avait pour objectif de mettre en place une commission politique représentant les gouvernements, et qui préparerait les travaux visant à développer une coopération intergouvernementale destinée à déboucher à terme sur une union politique. Mais ces propositions ne connurent aucune suite.

La riposte du gouvernement français n'avait pas attendu ces diverses initiatives de relance de l'union politique. Elle fut immédiate, dès qu'on eût compris, à Paris, que le plan Fouchet ne convenait pas.

Puisque l'Europe des États capotait par la faute des plus petits d'entre eux, on allait relancer l'Europe des deux États, sous-entendu des deux grands, en poursuivant ensemble ce qui avait été interrompu. En juillet 62, le Chancelier allemand se rendait en visite officielle à Paris ; en septembre de Gaulle entamait à son tour une visite pendant laquelle il multiplia les discours, évoquant la réconciliation franco-allemande et la recherche d'un avenir commun. Ce voyage fut un triomphe qui permit de porter le fer plus loin : la signature d'un traité franco-allemand, le 22 janvier 1963, que le Chancelier souhaitait comme « *le couronnement de cinq années d'intimité coupées de brefs orages* » [63]. À la veille de quitter le pouvoir, il voulait ainsi consolider par un texte solennel la coopération entre les deux pays. C'est ainsi que se concrétisait l'axe Paris-Bonn, amorce, craignaient certains, d'un « Saint-Empire » en cours de reconstitution.

Certes, le traité fut dénaturé lors de sa ratification par le Bundestag, les opposants de Bonn faisant dépendre le traité de l'appartenance de la RFA à l'OTAN et de l'entrée de la Grande-Bretagne dans le Marché Commun, ainsi que des autres pays de l'AELE désireux d'y adhérer. L'horizon s'assombrissait une nouvelle fois, d'autant plus que le nouveau chancelier, le docteur Erhard, se montrait beaucoup plus atlantiste que son prédécesseur. Le refroidissement s'accentua encore pendant les années 1964-1965, le Général se montrant déçu par le peu de résultats obtenu dans sa volonté d'alliance avec Bonn. Il attaqua donc un autre aspect de sa politique extérieure, le rapprochement avec l'Est, la volonté de « surmonter Yalta ».

Les problèmes de l'élargissement : la Grande-Bretagne à la porte

L'Europe à six se construisait certes lentement, et différente de ce qu'avaient rêvé les pères fondateurs. Mais elle devenait, par l'application du traité de Rome, une réalité concrète. Cette Europe, croissant occidental s'étendant de la mer du Nord à la Méditerranée, tournée vers l'Atlantique, se faisait sans la Grande-Bretagne qui avait, avec opiniâtreté, refusé les mesures qui l'auraient engagée vers l'union européenne. Les Britanniques refusaient de déléguer des pouvoirs de décision nationaux à des organismes communs, partageant au moins cette volonté avec de Gaulle. Ils préféraient l'établissement, dans le cadre de l'OECE, d'une vaste zone de libre-échange, et devant l'échec des négociations avec les Six ils fondèrent, rappelons-le, l'AELE.

On peut dire que les relations entre la Grande-Bretagne et les deux grands du continent ont été souvent difficiles. Les Anglais ont, au cours des siècles, tissé des liens amicaux mais surtout économiques avec des États de moyenne importance, les pays du Benelux, la Pologne, le Portugal et ils ne veulent pas y renoncer. Ils sont attirés par la France, mais en même temps, manifestent à son égard une méfiance multiséculaire. Enfin, ils ont trop souffert de la dernière guerre pour pardonner si vite à l'Allemagne. Il est dès lors difficile de concevoir de leur part une attitude d'adhésion sans réticence à la construction européenne. Mais au début des années soixante, le pays est amené à réviser ses positions. Il vient, malgré certains nostalgiques de la grandeur de l'Empire, solliciter son entrée dans l'Europe des Six, entraînant avec lui ses satellites de l'AELE. Le veto de la France retarda cette échéance (mais il faut évoquer aussi les difficiles problèmes spécifiques posés par l'existence du Commonwealth).

Le changement d'attitude des Britanniques

Alors que se poursuivait, durant l'année 1956, la rédaction des textes constitutifs de la CEE et de l'Euratom, se mettait en place, à l'initiative de la Grande-Bretagne, un groupe de travail au sein de l'OECE pour étudier la création d'une zone de libre-échange entre les États membres. Ce comité était présidé par Reginald Maudling et reprenait une idée depuis longtemps chère aux Anglais, et qu'ils tentèrent de réaliser avec l'AELE. Les négociations entre le comité Maudling et les représentants des Six devenaient de plus en plus âpres. Si certains, comme les Belges ou les Hollandais, se montraient prêts à faire des concessions pour que les Anglais entrent dans la Communauté, d'autres, comme le représentant français Maurice Faure, se battaient pour préserver les intérêts de leur pays et l'unité des Six, qui leur paraissait menacée. Parmi ceux qui suivaient Maurice Faure, se trouvaient les européanistes du Comité pour les États-Unis d'Europe, qui se méfiaient du caractère empirique d'une zone de libre-échange et craignaient que trop de concessions affaiblissent le principe d'intégration, fort éloigné des idées anglo-saxonnes. Le changement de régime en France ne modifia nullement les données du problème. Le 17 novembre 1958, ayant pris connaissance de la déclaration du ministre français de l'Information qui affirmait que le projet britannique de zone de libre-échange ne paraissait pas acceptable dans sa forme actuelle, Maudling ajournait les réunions de son Comité.

Mais l'année 1960, marquée par l'accélération de la mise en œuvre de la CEE, vit l'attitude anglaise se modifier. Les premiers pas de l'AELE ne donnaient pas à l'économie anglaise le coup de fouet escompté, alors que l'expansion rapide du commerce dopait les industries des Six. D'autre part, le grand allié américain, loin de prendre ses distances avec l'Europe en construction, semblait encourager le mouvement, malgré les protestations concernant l'« orientation protectionniste » de la politique agricole commune. Cette attitude allait se concrétiser par la proposition du nouveau président, John F. Kennedy, lançant l'idée d'un « *partnership Europe/États-Unis* » garant de la paix sur le continent, lors du discours du 4 juillet 1962 : « *Nous sommes disposés à discuter avec une Europe unie les voies et les moyens de former une association (partnership) atlantique concrète. Une association mutuellement bénéfique entre la nouvelle union qui émerge aujourd'hui en Europe et la vieille Union américaine fondée voici un siècle trois quart* »[64]. Or il est évident que l'Europe souhaitée par Washington ne pouvait exclure la Grande-Bretagne et celle-ci avait déjà entamé une démarche en ce sens. Il fallait d'abord entreprendre de préparer le terrain dans le pays même. Le Premier ministre MacMillan devait convaincre en premier lieu la base électorale du parti conservateur, qui se trouvait en partie dans les circonscriptions rurales. Il fallait surtout considérer le problème du Commonwealth, et certains adversaires de l'adhésion britannique présentait celle-ci comme une trahison vis-à-vis de l'Empire, bien que l'évolution vers l'indépendance de bon nombre d'États eût libéré partiellement la métropole de ses obligations. L'opposition venait de son propre parti, elle émanait aussi d'une partie des membres du Labour, regroupés autour de leur leader Gaitskell, toujours méfiant vis-à-vis d'un Marché Commun jugé conservateur et orienté vers l'ultracapitalisme. Il ne faut cependant pas oublier l'existence d'un comité travailliste pour le Marché Commun dirigé par Roy Jenkins, qui, bien que minoritaire dans le parti, se montrait très actif. Enfin, si une partie de l'opinion publique avait été flattée que la première visite d'État en temps que président de la Ve République du général de Gaulle ait été réservée à Londres[65], la presse populaire demeurait hostile. Le gouvernement tout entier, en particulier Edward Heath, dont les convictions pro-européennes n'avaient pas changé depuis 1950, entreprit alors une campagne d'explication qui porta ses fruits.

Le 31 juillet 1961, MacMillan s'adressant aux députés des Communes, fit connaître son intention d'engager les négociations en vue de l'adhésion à la CEE. Le même jour, le gouvernement irlandais présentait sa demande, bientôt suivi par le Danemark. Quelques jours plus tard, le vote favorable du Parlement britannique était acquis, grâce à l'appui du parti libéral et à l'abstention des travaillistes. Dans sa demande au président du Conseil de la CEE, MacMillan avait prié la Communauté de prendre en compte trois points délicats : les relations privilégiées avec le Commonwealth, les problèmes spécifiques des agriculteurs britanniques, et les rapports à venir avec les autres membres de l'AELE. Il réitéra ce discours en octobre à Paris, lors de la réunion préliminaire entre les Six et le Royaume-Uni.

Du côté des Six, la nouvelle donne représentée par la demande anglaise, si elle était accueillie officiellement avec satisfaction, posait quelques problèmes. Bien sûr les gouvernements des pays du Benelux applaudissaient chaleureusement et se montraient prêts à tout faire pour faciliter l'intégration de la Grande-Bretagne dans le concert européen. Des réserves sérieuses vinrent du côté des Allemands, qui doutaient de la bonne volonté des Anglais. Dans ses

Mémoires, Adenauer[66] rappelle ses propres réticences ainsi que celles de son ministre von Brentano. Le général de Gaulle, s'il pouvait être satisfait de ce que les conceptions française et anglaise se rejoignaient dans le rejet de la supranationalité, ne tarda pas à manifester des réserves. Plusieurs observateurs[67] font remarquer qu'il n'était pas pressé de prendre position. Il analysait l'impact que l'adhésion anglaise pouvait avoir sur la position de la France en Europe et dans le monde. Il ne perdait pas de vue que la Grande-Bretagne demeurait très liée aux États-Unis. Il craignait aussi que l'équilibre qui était en train de s'établir autour des deux grands voisins, France et Allemagne, ne soit rompu. « *De Gaulle voit clairement que l'entrée de la Grande-Bretagne dans le Marché commun changerait totalement la formule de l'Europe qu'il souhaitait. L'Europe serait alors dominée par la Grande-Bretagne et l'Allemagne et non plus par la France avec le soutien de l'Allemagne* » confiait l'ambassadeur italien à un journaliste américain[68].

L'occasion manquée

Les négociations, entamées à Bruxelles en novembre 1961, avançaient lentement. Il est bien difficile de discerner, même avec le recul des années, qui est responsable de leur échec final. On a accusé le général de Gaulle, parce que c'est lui qui, lors d'une conférence de presse le 14 janvier 1963, mit son veto à la poursuite de ces négociations. On a, du côté français, mis l'accent sur la duplicité des Anglais qui ont préféré le maintien de l'alliance avec Washington à l'aventure européenne. C'est plutôt la conjugaison de plusieurs facteurs qui explique le dénouement. Tout d'abord, si l'entente fut relativement aisée à établir sur le plan du niveau général du tarif douanier commun, on s'enlisait dans des batailles concernant tel ou tel produit, ce qui brisait l'élan. D'autre part les Britanniques, sûrs de leur future entrée dans le Marché Commun, remettaient sans cesse en cause telle ou telle décision, essayant d'arracher des concessions et, malgré les protestations officielles d'innocence de MacMillan, contestaient les accords conclus auparavant entre les Six eux-mêmes. Ils étaient poussés dans cette voie de l'intransigeance par les Hollandais, particulièrement par le ministre des Affaires étrangères Luns, dont l'attitude ne fut pas claire. En tout cas, alors que les négociations marquaient le pas, les Pays-Bas, suivis de la Belgique firent de l'entrée de la Grande-Bretagne un préalable à l'union politique, bloquant les travaux de la commission Fouchet en avril 62.

Et pourtant, la rencontre entre MacMillan et de Gaulle en juin au château de Champs sembla avoir éclairci le ciel : l'Anglais donnait des gages de sa bonne volonté, en particulier en acceptant l'idée d'une coopération dans le domaine nucléaire. Mais ce n'était qu'une embellie. Le discours du 4 juillet du président Kennedy, évoqué plus haut, fit l'effet d'une douche froide pour de Gaulle qui y vit une pression intolérable et conforta la France dans sa méfiance. En décembre, à Rambouillet, la crise qui couvait depuis l'été éclata au grand jour. Elle eut lieu au moment où les Anglais se trouvaient de plus en plus gênés en particulier en ce qui concernait leur politique militaire, les Américains insistant pour qu'ils renoncent à leur force atomique indépendante. Depuis 1960, les Anglais pouvaient acheter des missiles Skybolt américains (la fabrication des missiles britanniques coûtant trop cher). Ces missiles, lancés par des bombardiers britanniques étaient devenus le symbole de l'indépendance nationale. Or, le 11 décembre, le secrétaire d'État américain à la Défense, Robert MacNamara, informa brusquement le gouvernement anglais de l'arrêt de leur fabrication. MacMillan se trouva alors placé devant un véritable ultimatum américain, obligé de choisir entre des options inconciliables : le maintien d'une force atomique entraînée, semble-t-il, vers une coopération obligée avec les États-Unis (le chef du gouvernement britannique étant convoqué pour le 17 décembre à Nassau aux Bahamas pour entendre les nouvelles propositions américaines après l'affaire des Skybolt), et l'entrée dans l'Union économique européenne dont de Gaulle entendait garder jalousement l'indépendance vis-à-vis de l'allié d'outre-Atlantique. Le Général, quant à lui, se présentait face à MacMillan en position de force : il avait réglé le problème algérien, renforcé sa position nationale par le résultat positif du référendum d'octobre sur l'élection au suffrage universel du président de la République, et se sentait conforté par le succès de son voyage, deux mois plus tôt, à Bonn. Les jeux étaient donc inégaux entre les deux hommes d'État. De Gaulle attendait le recul des Britanniques quant à leurs exigences économiques, et surtout la confirmation de ce qui avait semblé être accepté en juin à Champs, c'est-à-dire dans le cadre d'une nouvelle politique européenne de défense, une véritable coopération atomique avec la France, MacMillan fut saisi, noteront certains observateurs, d'une angoisse grandissante, paralysé par sa fidélité envers l'allié américain et sa déception devant la froideur de de Gaulle énumérant tout ce qui restait à accomplir du côté anglais pour que le Marché Commun ouvre enfin sa porte. Il se montra très évasif, ne pouvant s'engager, dans l'attente des résultats du sommet des Bahamas, sur le dossier nucléaire. Comme l'écrit Jean Lacouture « *le dialogue de Rambouillet ne fut pas un malentendu. Il fut un non formulé...* » [69]. D'ailleurs si l'on en croit Alain Peyrefitte, qui nota « au jour le jour » les propos tenus par le général et les rapporte dans un ouvrage intitulé *C'était de Gaulle* [70], sa décision de refuser l'entrée dans le Marché Commun aux Anglais était déjà prise avant la rencontre des Bahamas.

En tous cas, au moment où il quitte Rambouillet pour

Nassau, Macmillan sait que son avenir européen est bouché, son entrée dans le club des Six reporté aux calendes. Il n'est donc pas équitable de rejeter la responsabilité de la rupture sur ce qu'il va accepter de signer outre-Atlantique : les dés sont jetés dès le 16 décembre. Ce qu'il accepte, ou plutôt ce qu'il obtint après avoir durement négocié, c'est la livraison pour son pays de fusées Polaris en remplacement des Skybolt, en contre-partie de l'acceptation du développement d'une force multilatérale de l'OTAN (« *Quand on pense que jusqu'à la Seconde Guerre mondiale, les Anglais étaient les aînés et l'Amérique la cadette. Ils ont vendu leur droit d'aînesse pour un plat de Polaris* », aurait été le commentaire du général de Gaulle[71]). Grands seigneurs, les Américains offraient aussi à la France les Polaris. Mais d'une part, le pays ne possédait pas encore de sous-marin lanceur, ensuite, l'offre était faite indirectement, sans que le Général ne l'eût négociée lui-même, et enfin, c'était là l'essentiel, l'entrevue des Bahamas semblait donner raison à de Gaulle quant aux véritables intentions britanniques : « *Les idées que de part et d'autre de la Manche, l'on avait de l'Europe qu'il s'agissait de construire étaient malheureusement aux antipodes. Entre une force nucléaire intégrée dans l'OTAN et une force nucléaire nationale, il y avait toute la différence qui existe entre une Europe atlantique et une Europe européenne* », écrit plus tard dans ses mémoires son ministre des Affaires étrangères d'alors, Maurice Couve de Murville[72]. Devant 500 journalistes et 300 invités, de Gaulle sonna alors le glas des dernières espérances anglaises, mais aussi de certains de ses partenaires impatients de voir se concrétiser l'élargissement, lors de la mémorable conférence de presse du 14 janvier 1963 : « *Il faut convenir que l'entrée de la Grande-Bretagne d'abord, et puis celle de ces États-là changera complètement l'ensemble des ajustements des ententes... les règles qui ont été établies déjà entre les Six.*

Alors c'est un autre Marché commun dont on voudrait envisager la construction ? Il est à prévoir qu'il apparaîtrait (comme) *une communauté atlantique colossale sous dépendance américaine...* ». En même temps, il repoussait avec hauteur l'offre qui lui avait été faite par les États-Unis : « *Au total, nous nous en tenons à la décision que nous avons arrêtée : construire, et, le cas échéant, employer nous-mêmes notre force atomique* ».

Jean Monnet pouvait alors écrire : « *Nous sommes entrés dans le temps de la patience* ».

Le Général a dit « non »

Le Général a dit « non ». Il a appliqué la diplomatie de l'intransigeance, bien que, sans illusions, il répète en privé : « *Moi vivant, la Grande-Bretagne n'entrera pas dans le Marché commun (...) Mais dès que j'aurai tourné les talons, elle arrivera...* » [73].

Les conséquences de ce veto furent sérieuses sur le plan strictement intérieur. Une partie de la classe politique s'insurgea contre la direction prise par l'autoritarisme gaullien : « *La France isolée, l'Entente cordiale bafouée, le désordre dans l'Alliance atlantique, (...) le Marché Commun, moteur de notre expansion menacé d'éclatement... Et pourquoi ?* », s'insurgeait Paul Reynaud qui soutenait jusque-là le Général, exprimant l'état d'esprit des atlantistes, présents dans les partis du centre et parmi les socialistes. Mais au niveau de la construction européenne le discours du général fut aussi et surtout lourd de conséquences. On entrait dans une phase d'enlisement, accentuée par la tentation des politiques séparées. Le départ du chancelier Adenauer en octobre 1963, un changement de majorité en Grande-Bretagne avec l'arrivée un an plus tard du travailliste Wilson au poste de Premier ministre, la nouvelle orientation, plus « mondiale » de la politique extérieure française ainsi que la préparation des élections présidentielles de 1965 firent que l'Europe des Six entra dans une période de flou, pendant laquelle l'intransigeance française à propos du dossier agricole n'arrangea rien. Il fallut attendre le compromis de Luxembourg en janvier 1966 pour qu'une certaine décrispation se manifeste, bien que la France fût toujours isolée.

De son côté, la Grande-Bretagne était confrontée à de graves problèmes. Le cabinet Wilson était inexpérimenté, composé dans sa majorité de jeunes ministres certes dynamiques et compétents, mais qui n'avaient jamais figuré dans des gouvernements antérieurs. Il leur fallut un certain temps pour maîtriser toutes les données d'une situation difficile au plan économique : le déficit alarmant de la balance des paiements, alors que le gouvernement refusait toujours la dévaluation, entraîna la mise en place de mesures drastiques qui donnèrent un sérieux coup de frein à l'expansion. Pour faire face à la conjoncture défavorable, Londres dut lever provisoirement une surtaxe sur les importations, ce qui mécontenta ses partenaires de l'AELE. Wilson interpréta leurs protestations comme un refus de solidarité et commença à envisager de nouveau l'intégration dans l'autre zone économique en Europe, le Marché Commun. Pour lui, le redressement de l'économie passait par là. C'était cependant rompre avec la position traditionnelle des travaillistes, une intransigeance jamais démentie contre l'intégration. Le pragmatisme l'emportait, d'autant plus que les liens avec le Commonwealth continuaient à se relâcher.

Les négociations commerciales au sein du GATT, qui se déroulaient depuis mai 1963 (le Kennedy Round), montraient que la confrontation au niveau mondial se réduisait de plus en plus à deux partenaires principaux, les États-Unis et la CEE. Pour la première fois, celle-ci apparaissait comme une entité qui rétablissait, au sein du GATT une sorte d'équilibre face aux États-Unis jusque-là hégémoniques. Cela fit réfléchir les Anglais, marginalisés par une

AELE sans véritable corps. Wilson ressortit donc, en octobre 1966, le dossier européen devant ses partenaires commerciaux d'abord, puis au Parlement britannique, annonçant l'intention de son gouvernement de poser une nouvelle fois sa candidature. À partir de janvier 1967, il entama une véritable tournée européenne, et, en mai, le Royaume-Uni (après un vote presque unanime à la Chambre des Communes), le Danemark, l'Irlande demandèrent officiellement leur adhésion. De Gaulle, toujours maître du jeu, se montra d'abord évasif, répondant à des journalistes qui l'interrogeaient le 16 mai : « *L'entrée de la Grande-Bretagne dans le Marché Commun est subordonnée à une profonde transformation politique et économique de ce grand peuple* »[74].

Cela ne l'empêcha pas de recevoir un mois plus tard, et avec beaucoup d'égards, le Premier ministre anglais. Mais il ne céda pas. L'attitude de la France à Bruxelles, plus que réservée, fit que l'affaire traîna en longueur. Cependant, l'Angleterre s'accrochait, et son négociateur, Lord Chalfont, obtint du nouveau président de la Commission, Jean Rey, que l'affaire soit enfin débloquée. La demande britannique fut sérieusement examinée par la Commission à partir de septembre. Mais la brusque dévaluation de la livre, deux mois plus tard, symbolisa l'échec de la politique menée par le pays au niveau économique et offrit un bon prétexte à la France pour renouveler son veto. Bruxelles regretta officiellement la décision, les partenaires de Paris protestèrent, mais nul ne s'étonna outre-mesure. L'anti-américanisme du Général, qui s'exacerbait, englobait les voisins britanniques dans une hostilité envers les « Anglo-Saxons ». Une ultime tentative de rapprochement entre Londres et Paris eut cependant lieu peu avant le départ du Général. Le gouvernement anglais avait habilement envoyé à Paris, comme ambassadeur, Christopher Soames, le gendre de Churchill, ancien officier de liaison des Forces françaises libres et francophile reconnu. De Gaulle le reçut en février 1969. Mais maladresse ou incompréhension ? Les propositions du Général, qui auraient abouti à la création d'un axe Paris-Londres au détriment des autres partenaires du Marché Commun, furent rapportées à ceux-ci. S'estimant trahi, de Gaulle rompit le dialogue.

Il fallut dix ans avant que ne soit réalisé l'élargissement à neuf. Encore, toutes les ambiguïtés initiales, les préventions réciproques n'étaient-elles pas totalement levées. Mais la conjoncture extérieure avait changé, le principal obstacle, en la personne du général de Gaulle n'était plus, et cet élargissement à neuf donnait beaucoup d'espoir à d'autres États qui attendaient leur tour pour entrer dans le Marché Commun, symbole de la prospérité occidentale en Europe (carte n° 3).

Réalisations et blocages

Alors que s'amorçait une nouvelle étape dans la construction européenne qui permettrait à l'Europe, dans les années à venir, « *d'affirmer sa personnalité dans la fidélité à ses amitiés traditionnelles et aux alliances de ses États membres et de marquer sa place dans les affaires mondiales en tant qu'entité distincte, résolue à favoriser un meilleur équilibre international...* » [75], les résultats déjà acquis par les Six dans le domaine économique n'étaient pas négligeables. Certes, l'économique et le politique étaient étroitement liés, comme l'avait fait remarquer le général de Gaulle, répondant aux techniciens et aux spécialistes qui, pensait-il, voulaient faire de l'Europe une simple affaire d'abaissement des droits de douane : « *On ne peut prendre aucune mesure économique importante sans commettre un acte politique. On fait de la politique quand on met en commun les tarifs, quand on convertit les*

Carte 3 :
LE SUCCÈS DE LA CEE À SIX (1960-1970)

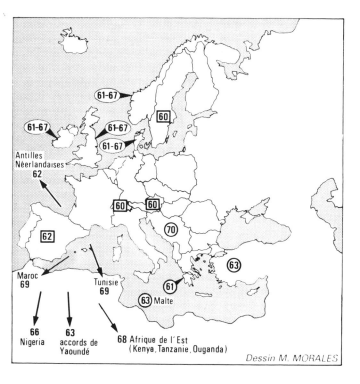

61-67

60

61-67

61-67

61-67

Antilles
Néerlandaises
62

60 60

62

70

63

Maroc
69

Tunisie
69

61

63 Malte

66
Nigeria

63
accords de
Yaoundé

68 Afrique de l'Est
(Kenya, Tanzanie, Ouganda)

Dessin M. MORALES

Demande d'adhésion : ⬭   Demande d'association : ☐

Traités d'association en Europe : ◯   63 Date

⬎ Hors Europe

charbonnages, quand on tâche de faire en sorte que les salaires, les charges sociales soient les mêmes dans les six États, quand on demande au Parlement de voter des lois, des crédits, on fait de la politique quand on fait entrer tout cela dans le Marché Commun et ce sont les six États et eux seulement qui y sont parvenus... » [76].

Certains dossiers avancèrent relativement vite, ou tout au moins ne posèrent pas de problèmes majeurs. Ce fut le cas pour l'abaissement des droits de douane entre les Six, qui se produit en temps prévu. D'autres, non sans difficultés, aboutirent à la fin des années soixante à des réalisations concrètes, comme dans le domaine de l'agriculture. Mais il restait beaucoup à faire et dans de multiples domaines. Il allait falloir attendre encore plus de dix ans pour qu'un nouveau souffle permette à l'Europe de progresser à nouveau notablement.

La politique agricole commune, symbole des heurts et malheurs de l'Europe des Six

Le dossier agricole fut sans doute celui qui, dans les années soixante, fit l'objet des soins les plus attentifs. D'une part le général de Gaulle voyait dans l'Europe en construction un vaste marché pour les produits français, l'agriculture ayant toujours été un fleuron de l'économie française. On pouvait dégager de nombreux surplus exportables, comme les céréales, le sucre, le vin. Et cela d'autant plus que l'on craignait que les marchés traditionnels outre-mer ne souffrent des indépendances nationales. Enfin, il était urgent de moderniser ce secteur qui pâtissait de retards structurels certains (faiblesse de la taille des exploitations par rapport à celles de l'Angleterre ou de l'Allemagne par exemple, vieillissement de la population dû à un exode rural endémique, manque d'organisation des marchés, sauf pour des secteurs de premier plan). De son côté, la Commission de Bruxelles avait compris très tôt que la politique d'intégration communautaire passait par la mise en place d'une politique agricole commune qui pourrait servir, si elle était couronnée de succès, de pôle d'entraînement pour d'autres domaines.

Certes, d'énormes obstacles se dressaient sur la route d'une telle mise en œuvre. Les grands principes évoqués à la conférence de Stresa, du 3 au 12 juillet 1958, c'est-à-dire la libre circulation des produits, l'unité des prix, la préférence communautaire, la solidarité financière n'allaient pas pouvoir être respectés dans l'immédiat, à cause des disparités entre les États. La part de l'agriculture dans le PIB des Six était très inégale : (pourcentages en 1957[77])

RFA	Belgique	France	Italie	Luxembourg	Pays-Bas
8,7	7,5	15,6	23	9,7	11

De même, les prix moyens variaient beaucoup d'un pays à l'autre, du fait de la plus ou moins grande protection dont bénéficiaient les producteurs. C'est ainsi que le prix du blé était beaucoup plus élevé en Allemagne fédérale, au Luxembourg ou en Italie qu'en France. L'élaboration des règlements nécessaires à la réalisation des objectifs de Stresa fut longue, laborieuse, mais elle montra la volonté indéfectible des acteurs d'aboutir à la concrétisation des espoirs mis dans le Marché Commun. On a parlé de « marathons » pour désigner les difficiles négociations nécessaires pour harmoniser les points de vue et aboutir à des compromis acceptables par tous. Le premier de ces marathons se déroula pendant le mois de décembre 1961, et se conclut par la signature d'un accord le 14 janvier 1962 (la pendule avait été arrêtée au 31 décembre, date butoir prévue pour la négociation). Il concernait l'organisation des marchés pour les principaux produits et devenait applicable à partir de 1967 : la création d'un Fonds européen d'orientation et de garantie agricole (FEOGA) et les critères de détermination des prix minima furent décidés.

La pression de la France ne se relâcha pas. Dans une conférence de presse, le 29 juillet 1963, le général de Gaulle enfonçait le clou : « *Pour ce qui est du Marché Commun, (...) c'est bien entendu le problème agricole que les Six ont encore à régler. Que signifieraient les mots mêmes de "Communauté économique européenne" si l'Europe n'assurait pas pour l'essentiel son alimentation, grâce à ses propres produits agricoles ? (...) Et qu'aurait à faire la France dans un système à l'intérieur duquel il n'y aurait bientôt plus de douane, excepté pour son blé, sa viande, son lait, son vin et ses fruits ?* ». Le second marathon plus dramatique encore, car il opposait très fortement Français et Allemands, se termina le 23 décembre par un accord concernant les marchés des produits non intégrés lors du premier marathon. Il organisait également les contributions de chaque pays au financement du FEOGA et envisageait enfin la politique commune à adopter lors des négociations du Kennedy Round dans le cadre du GATT.

Jusque-là, la PAC avait essentiellement concerné les marchés. On s'attela dès lors au problème des prix. Le 15 décembre 64, à l'issue d'un troisième marathon, le plan Mansholt [78] sur l'unification des prix des céréales était adopté par le Conseil des ministres des Six. Il prévoyait des indemnités versées aux pays lésés par ces mesures.

Se posait avec de plus en plus d'acuité la question du financement de la PAC. En mars 1965, la Commission présentait au Parlement européen des propositions pour le renouvellement de l'accord financier de 1962 concernant le FEOGA. Elle prévoyait en particulier l'accroissement des prérogatives du Parlement en matière budgétaire. La France vit dans cette initiative un nouvel assaut des « supranationaux » pour diminuer le rôle des États dans l'Union européenne, mais ce fut aussi un prétexte pour refuser par anticipation ce qui devait être appliqué à partir du 1er janvier 1966, c'est-à-dire le remplacement de la règle d'unanimité au sein du Conseil par la règle majoritaire. Et la France retira ses représentants non seulement aux négociations mais également au Conseil et aux divers groupes de travail. Ce fut la crise de la « chaise vide », qui paralysa pour un temps le fonctionnement de la Communauté. Cette crise se dénoua grâce à la bonne volonté des Cinq qui, réunis au Luxembourg, présentèrent le 30 janvier un compromis acceptable par la France en ce qui concernait l'abandon de la règle majoritaire. La PAC pouvait redémarrer, et à partir de là, entre juillet 1967 et juillet 1968, la mise en place de l'Europe verte s'accéléra, par l'entrée en vigueur des marchés communs des céréales, des produits laitiers, etc. Au total, cela concernait plus de 85 % de la production agricole des Six.

Les difficultés monétaires de la fin de la décennie amenèrent les membres de la Communauté à prendre des mesures pour éviter que les agriculteurs des pays à monnaie forte ne soient lésés par la faiblesse des monnaies de leurs partenaires dont les exportations agricoles seraient ainsi dopées. Ce fut la mise en place du système des montants compensatoires monétaires (MCM) qui, de provisoires, allaient se révéler plus ou moins définitifs et générer des conflits ultérieurs. D'autre part, on se rendait compte à Bruxelles que les mesures prises en faveur des agriculteurs et fixant les prix à un niveau généralement élevé encourageaient un accroissement de la production qui aboutissait à la formation d'excédents coûteux. Le FEOGA, en finançant en priorité l'écoulement des stocks, ne consacrait plus assez de fonds à la section « orientation » destinée à la modernisation des structures. Ceci provoqua la rédaction du fameux « plan Mansholt » qui proposait, en décembre 1967, la réduction des prix agricoles garantis, l'accélération du départ des agriculteurs vers d'autres branches d'activité, pour concentrer la production sur les exploitations les plus rentables, et enfin le gel de terres pauvres ou difficilement cultivables. Ce plan, qui se voulait pourtant une prospection à l'horizon 1980 du devenir de l'agriculture européenne fut enterré sans autre forme de procès...

Au total cependant, et malgré les problèmes posés, la PAC avait eu des effets largement positifs et représentait, à la fin des années soixante, la plus intégrée et la plus achevée des politiques communautaires.

Les chantiers mis en route et les retards
dans les calendriers

D'autres domaines de la vie économique et sociale connurent des réalisations plus timides ou même parfois il s'avéra impossible de mettre en œuvre le moindre programme.

Les obstacles à la libération totale des échanges ne sont pas encore levés : la politique européenne en matière de transports est à peine ébauchée, malgré quelques mesures ponctuelles comme par exemple la création d'Eurocontrol pour la sécurité aérienne en 1963 et l'obligation faite en 1966 aux gouvernements de communiquer à leurs partenaires les projets d'infrastructures de transport d'intérêt communautaire (chemins de fer, routes, voies navigables) ; ou encore, en juillet 68, la décision d'appliquer les règles de la concurrence communautaire aux transports (sauf pour les navigations aérienne et maritime, bénéficiant d'une dérogation) et en mars de l'année suivante, l'adoption de mesures relatives aux temps de conduite et de repos des chauffeurs routiers. Au total, aucune politique des transports digne de ce nom, qui aurait établi un véritable schéma directeur au niveau du tracé européen et encouragé une harmonisation entre les différents moyens de transport disponibles ou à développer, ne fut mise en œuvre.

De même la rationalisation des systèmes fiscaux reste un mythe, alors que dès 1959, des groupes de travail avaient été mis en place pour rapprocher les législations concernant, et c'était un premier pas, les impôts indirects.

Les mouvements de capitaux sont en principe partiellement libérés depuis les directives de mai 1960 et de décembre 1962. Mais on se heurte à la mauvaise volonté de certains gouvernements, jaloux de l'indépendance nationale, et qui voient d'un mauvais œil s'installer un capitalisme multinational à l'échelle européenne.

Les pères de l'Europe n'avaient pas véritablement envisagé la politique industrielle au niveau de la CEE. On avait en quelque sorte prévu l'aval avant l'amont, c'est-à-dire libéré les échanges de produits mais pas organisé un aménagement des structures de production. Or il devenait évident, au fur et à mesure de la mondialisation des échanges, que l'industrie européenne devait s'organiser, se renforcer pour protéger non seulement ses marchés, mais également ses sources d'approvisionnement en matières premières ou énergétiques. Malgré l'urgence, il fallut attendre 1968 pour que les premières mesures concrètes soient mises en œuvre : adoption par le Conseil de la première directive sur la législation concernant les sociétés, autorisation de plusieurs concentrations d'entreprises au niveau européen. C'est seulement en 1970 que le mémorandum Colonna proposa un ensemble de mesures visant à instaurer une véritable politique industrielle, mais malheureusement il ne fut pas vraiment suivi d'effets significatifs. Si l'Europe industrielle a pu profiter de la libéralisation des échanges, si les relations entre les entreprises des différents États se développèrent avec associations de firmes, on reste loin encore de la réalisation de véritables groupes européens capables de rivaliser avec les multinationales d'origine américaine. « *L'espace industriel européen* », comme le décrit un géographe français [79], « *est, au début des années 70, loin de sa réalisation. Certains pouvaient craindre que le Marché commun, par son orientation résolument libérale, ne facilite une pénétration accrue du capitalisme américain sur le continent ».*

Enfin, on peut parler d'échec en ce qui concerne d'abord la politique de l'énergie. Alors qu'avec la constitution de la CECA et de l'Euratom, les espoirs de coopération semblaient très importants, les réalisations furent minimes : centrales thermonucléaires communes comme à Chooz par exemple, installations de centres de recherches ou encore création de l'Agence d'approvisionnement. C'est en partie à cause de la politique de la France, soucieuse de préserver son autonomie dans le domaine du nucléaire et sûre de garder ses sources d'approvisionnement, en particulier en ce qui concerne le pétrole, grâce à une politique étrangère favorable aux pays arabes du Moyen-Orient. Échec aussi en ce qui concerne la politique sociale, malgré la mise en place du Fonds social européen le 11 mai 1960 et l'adoption de programmes ou résolutions concernant l'égalité de rémunération des travailleurs masculins et féminins, la liberté d'établissement et de prestation de services pour les professions libérales. On se heurte, là encore, aux réticences de divers gouvernements qui ne renoncent pas à la non-équivalence des diplômes par exemple.

Le constat était donc, à l'orée des années soixante-dix, relativement mitigé. C'est pourquoi l'on attendait beaucoup de la relance annoncée lors du sommet de La Haye de décembre 1969. Mais les espoirs n'allaient-ils pas être une nouvelle fois déçus ?

L'Europe dans le monde, une troisième voie ?

1945 avait marqué la fin d'une époque, l'effacement définitif de l'Europe devant les deux grands vainqueurs. « *La belle confiance qui avait poussé les Européens à prendre en charge, sans y avoir été invités, le fardeau de l'homme blanc, bien avant la formulation même de cette conception, s'effondra alors. La guerre avait montré que les assises de la puissance reposaient désormais hors des limites strictes de l'Europe, essentiellement chez ses deux grands rejetons – l'Union soviétique et les États-Unis – et que le nouvel affrontement pour l'hégémonie se refléterait dans leurs rivalités* », écrit avec objectivité un historien américain[80].

Dix-sept ans plus tard, le Kremlin et la Maison Blanche installaient entre eux le « téléphone rouge », preuve de la bonne volonté des dirigeants après les tensions de la crise des fusées à Cuba, et s'efforçaient de s'entendre sur un relatif équilibre entre leurs forces de dissuasion. La bipolarisation du monde, due à la guerre froide, semblait, grâce à la détente, laisser la place à un système de relations plus souples entre les États. Certes, le rideau de fer n'était pas levé, mais il paraissait possible désormais, les deux Grands éloignant leurs regards de la scène européenne, de tenter un rapprochement entre l'Est et l'Ouest.

Alors que, sur son propre sol, l'Europe de l'Ouest se renforçait, resserrant entre ses États les liens politiques et économiques, l'échiquier international évoluait par l'émergence, en même temps que s'achevait la décolonisation, d'un Tiers-Monde affirmant de plus en plus son identité et refusant, tout au moins en principe, l'inféodation aux deux blocs, lors de la conférence de Belgrade. Certes, les querelles internes des mouvements afro-asiatiques, les ambitions des non-alignés déchirés entre les priorités à accorder à la lutte anti-impérialiste ou à l'atténuation des tensions entre l'Est et l'Ouest affaiblissent les positions du Tiers-Monde. Mais celui-ci demeure néanmoins une force puissante, d'autant plus que le développement économique, avec la réunion de la première Conférence des Nations unies pour le commerce et le développement (CNUCED)[81], devient un des thèmes majeurs de la pression exercée sur les pays industrialisés.

Dans ce contexte, l'Europe pouvait jouer un rôle, aussi bien politique qu'économique, de tuteur de cet ensemble qui allait contribuer à la multipolarisation de la décennie suivante. Encore fallait-il qu'émerge une volonté politique forte pour que le continent européen puisse s'immiscer dans le tête-à-tête des deux Grands. Les acteurs principaux de ce « grand dessein » se trouvent dans les pays charnières. C'est Willy Brandt, devenu chancelier après les élections de septembre 1969 en RFA, qui, profitant du lent travail d'approche de ses prédécesseurs, entérine l'ouverture à l'Est par les traités d'août et de décembre 1970 avec Moscou et Varsovie. C'est aussi et d'abord le général de Gaulle, chantre obstiné de l'indépendance nationale qui poursuit sans discontinuer son cavalier seul face aux États-Unis et souhaite que son pays, après avoir été une métropole coloniale, devienne un parrain pour le Tiers-Monde. Dans cette affaire, il recherchait avant tout pour la France « *une place au milieu du monde* ». Mais il n'en oubliait pas pour autant l'Europe, liant étroitement le sort de la nation à celui du continent. Alfred Grosser[82] rappelle cette phrase d'un propos de Georges Pompidou consacré aux relations entre les États-Unis et la France, prononcée en février 1965 et qui éclaire maints aspects de la politique gaullienne : « *Le vieux partage en deux groupes monolithiques est dépassé. C'est là qu'apparaît le rôle de la France qui, par sa géographie et son histoire, est condamnée à jouer le rôle de l'Europe* ». Il semblerait donc que certaines initiatives prises par le Général en matière de politique internationale n'aient pas eu pour seul objectif la défense des intérêts nationaux, mais représentaient pour lui la seule politique à conduire pour l'Europe.

Cependant, à vouloir entraîner contre leur gré les autres pays européens, au besoin par une pédagogie brutale, n'allait-on pas obtenir l'effet inverse de celui souhaité ? Dans une publication du Club Jean Moulin, datée de 1966 [83], perçait le scepticisme : les moyens de la politique actuelle du gouvernement français « *sont le choc, destiné à créer une prise de conscience de l'opinion française et internationale, et l'exemple, préfigurant, par la démonstration en cavalier seul, ce qu'elle souhaite être la politique de l'Europe entière. Elle veut être, en somme, une pédagogie. Mais une contradiction en limite l'efficacité et peut en provoquer l'échec : elle est une prise de position nationale sur ce que devrait être une politique européenne* ».

L'indépendance de l'Europe et la politique gaullienne

Les années soixante sont marquées par un affrontement spectaculaire entre Paris et Washington, qui modifie profondément les caractères de la diplomatie à l'intérieur du camp occidental. Non que la France veuille rompre avec l'allié séculaire que constituent les États-Unis. On a beaucoup écrit sur l'anti-américanisme supposé du général de Gaulle ; on a tenté d'en analyser les causes mêmes antérieures aux différends datant du second conflit mondial [84]. De Gaulle n'est pas anti-américain, il se méfie, tout en reconnaissant les mérites, du grand pays ami ; il voit dans la politique de celui-ci un obstacle à la grandeur de la France : « *Notre pays est, suivant moi, en mesure d'agir par lui-même en Europe et dans le monde, et il doit le faire parce que c'est là, moralement, un moteur indispensable à*

101

son effort. Cette indépendance implique, évidemment, qu'il possède, pour sa sécurité, les moyens modernes de la dissuasion. Eh bien, qu'il se les donne ! », écrit-il dans les *Mémoires d'Espoir*[85] à propos de la volonté de bâtir une force de frappe nucléaire autonome. Et cette obstination vient sans doute de la prise de conscience des ambiguïtés de l'Alliance Atlantique, que souligne, trente ans plus tard, Gérard Parmentier : « *L'Alliance est une organisation vouée à la défense de l'Europe. La raison d'être de l'Alliance consiste cependant à faire reposer cette défense sur une garantie donnée par les États-Unis qu'une attaque contre l'Europe de l'Ouest entraînerait presque certainement de leur part une riposte militaire contre l'agresseur. En d'autres termes, si l'Alliance Atlantique met en œuvre un système de défense de l'Europe, elle ne crée pas un système de défense européenne au sens strict du terme puisque sa base est constituée par une garantie donnée par une puissance extra-européenne* »[86].

Les problèmes de défense au cœur des rapports entre l'Europe de l'Ouest et les États-Unis

C'est donc par la recherche d'une indépendance nationale en matière de défense que de Gaulle va inaugurer son premier septennat. Il balaye d'un mot les arguments de ceux qui se moquent de sa « bombinette », lorsqu'il répond au président Eisenhower qui lui fait remarquer qu'étant donné le coût de cette sorte d'armement la France ne pourra pas atteindre dans ce domaine le niveau de l'Union soviétique et met en doute la valeur de cette dissuasion : « *Vous savez bien (...) qu'à l'échelle des mégatonnes, il ne faudrait que quelques volées de bombes pour démolir n'importe quel pays. Il nous suffit d'avoir de quoi tuer l'adversaire une fois, même s'il possède les moyens de nous tuer dix fois* »[87].

Mais la volonté française de posséder l'arme nucléaire,

qui, rappelons-le, est antérieure à l'arrivée de de Gaulle au pouvoir, se heurte inévitablement aux ambitions américaines de contrôler le continent européen. Bien sûr, la Grande-Bretagne possède déjà ce type d'armement, mais nul ne met en doute, de part et d'autre de l'Atlantique, sa fidélité indéfectible à l'égard des États-Unis. Or l'arrivée au pouvoir du général de Gaulle inaugure d'entrée une politique d'indépendance vis-à-vis des États-Unis, illustrée par le mémorandum adressé dès le 17 septembre 1958 au général Eisenhower et à MacMillan au sujet de la réorganisation souhaitée par lui, du Directoire de l'OTAN. Le 3 juillet précédent, un accord avait été signé entre les États-Unis et la Grande-Bretagne au sujet de l'échange d'informations dans le domaine nucléaire, ainsi que de la vente de sous-marins atomiques et d'uranium par les Américains. La France ne pouvait prétendre à de telles faveurs tant qu'elle refusait l'installation sur son sol de missiles stratégiques à moyenne portée (IRBM) comme le demandait l'OTAN. Le 17 septembre donc, de Gaulle frappait un grand coup en réclamant qu'à « *l'échelon politique et stratégique mondial soit instituée une organisation comprenant les États-Unis, la Grande-Bretagne et la France* ». Le gouvernement français, ajoutait le texte, « *considère comme indispensable une telle organisation de la sécurité. Il y subordonne dès à présent tout développement de sa participation actuelle à l'OTAN* » [88]. C'était un véritable ultimatum, mais de Gaulle n'avait pas, à l'époque, les moyens de sa politique. La première bombe française n'avait pas encore été expérimentée et le problème algérien obscurcissait l'horizon. D'autre part, les revendications de la France choquent profondément ses partenaires européens les plus atlantistes, tels la Belgique et les Pays-Bas, et alimentent les soupçons de ceux qui redoutent son « impérialisme » au sein de l'Europe des Six. Il faudra donc attendre pour mettre la menace à exécution, mais de Gaulle, au nom de son pays, a déjà commencé à prendre ses distances avec l'OTAN. En mars 1959, il notifie à cette organisation la décision de conserver le commandement national de la flotte méditerranéenne, ce qui, à la rigueur, pouvait se justifier dans le contexte algérien. En novembre il va plus loin : « *Le système appelé "intégration" a vécu* », annonce-t-il dans un discours prononcé à l'École militaire[89]. Le général américain Twining a beau critiquer l'attitude de la France devant le comité militaire de l'OTAN, la ligne est tracée et de Gaulle n'en changera pas, activant les travaux qui permettront à la France de s'asseoir à la table des Grands. La priorité absolue est désormais donnée à la fabrication de la bombe (la première explosion à lieu à Reggane le 1er février 1960) et à la création d'une force de frappe autonome.

Le nouveau président américain, John Kennedy, prit l'initiative de proposer[90] un « *partnership* » à l'Europe en formation. Mais l'association ainsi présentée avait de quoi inquiéter de Gaulle, car la formule alléchante de *partnership* (ce dernier semblant se substituer au « leadership » américain, ce qui ne pouvait que satisfaire les aspirations de la France) ne changeait rien au fait que les Américains entendaient garder le monopole de la force nucléaire. En effet, on discutait depuis 1960 au sein de l'OTAN de l'opportunité d'instituer une force d'intervention intégrée, disposant d'armes classiques et atomiques (proposition du Commandant suprême, le général Norstadt). Mais c'est au printemps 1962 que s'ouvrit le vrai débat. Le secrétaire d'État à la Défense MacNamara, lors de la conférence de l'OTAN à Athènes, exposa clairement la politique de dissuasion par étapes, et dicta en quelque sorte la marche à suivre au sein de l'organisation, les États-Unis ne souhaitant pas voir se développer au sein de celle-ci une force atomique autonome (prise de position qui provoqua d'ailleurs la démission de Norstadt). Bien plus, lors de l'entrevue des Bahamas entre MacMillan et Kennedy, en décembre, fut décidée la création d'une force nucléaire multilatérale (FML) intégrant les forces britanniques (et françaises, si ce pays le voulait bien). En échange, les Américains acceptaient de livrer aux pays européens de l'Alliance atlantique des missiles Polaris immédiatement intégrés à l'OTAN et dont la mise à feu serait subordonnée à Washington. C'était, comme l'écrit Jean Lacouture, « *souffler à de Gaulle un pion essentiel de son système d'autonomie stratégique européenne* » c'est-à-dire une association nucléaire franco-britannique. De Gaulle refusa tout net. Il était cependant inévitable que la question se repose, et le débat entamé en 1962 sur la stratégie nucléaire en Europe ne pourrait être indéfiniment repoussé. Raymond Aron, dans une série de quatre articles publiés dans le journal *Le Figaro* au moment de la conférence d'Athènes posait ainsi la question[91] : « *Le problème continuera à se poser durant de longues années. Étant admis que les États-Unis ne sauraient conserver la possession et la responsabilité exclusive des armes décisives, les États occidentaux ont le choix entre deux voies : l'une qui mène à la multiplication de petites forces nationales, l'autre à la constitution de deux forces, l'une européenne, l'autre américaine, étroitement liées. Je n'hésite pas à préférer le dernier terme de l'alternative* ».

Alors qu'en mai 1963 débute à l'OTAN la discussion à propos de la FML, que les partenaires de la France regardent d'un œil plutôt favorable, la politique française se durcit encore. En juin, le commandement de la flotte atlantique est soustrait, en temps de guerre, au commandement intégré, puis c'est le cas de la défense aérienne. La France refuse à deux reprises de participer aux manœuvres ou exercices stratégiques de l'OTAN. Enfin, point d'orgue de cette politique, le gouvernement français ne signe pas le traité de Moscou (juillet 1963) interdisant les essais d'armes nucléaires « *dans l'atmosphère, dans l'espace cosmique et sous l'eau* ».

La mort brutale de Kennedy et son remplacement par Lyndon Johnson vont encore accentuer les frictions. De Gaulle est persuadé, à juste raison, qu'étant entraînés dans le conflit vietnamien, les États-Unis ne placent plus l'Europe au centre de leurs préoccupations en politique internationale. Bien plus, il redoute que les conflits périphériques ne prennent « *une extension telle qu'il pourrait en sortir une conflagration générale. Dans ce cas, l'Europe, dont la stratégie est, dans l'OTAN, celle de l'Amérique, serait automatiquement impliquée dans la lutte lors même qu'elle ne l'aurait pas voulu* » [92]. Le 7 mars 1966, le Président américain est avisé de la décision française de se retirer de l'OTAN et les troupes américaines et canadiennes quittent le territoire français. La France reste cependant membre du Pacte atlantique, demeure présente dans le Conseil de l'Atlantique Nord et continue de s'associer aux recherches liées à la technologie militaire. Cela n'enlève cependant rien à la brutalité de la décision.

On peut alors se demander avec Samy Cohen : « *Pourquoi tant d'effets de manche au sujet de l'indépendance nationale dès lors que la France ne pouvait se soustraire à un conflit en Europe et que la coopération effective avec l'OTAN était maintenue ?* » [93]. Sans doute de Gaulle s'appliquait-il à consolider une image d'indépendance vis-à-vis des États-Unis qui, en temps de paix, avait une fonction diplomatique et de prestige (de Gaulle enrageait d'ailleurs contre ce qu'il appelait le « *snobisme anglo-saxon de la bourgeoisie française* », particulièrement le monde de la presse, suspecté d'être « *arrosé* » par les largesses américaines [94]). La visite au Québec et l'encouragement à se détacher du monde anglo-saxon, lors de sa visite surprise en juillet 1967, et la célèbre phrase qu'il y prononça « *Vive le Québec libre !* » participent probablement de la même volonté. Et cette image d'une France indépendante, détachée de toute inféodation à l'hégémonie américaine, était destinée d'une part aux pays du Tiers-Monde, d'autre part à ceux de l'Est, avec lesquels il souhaitait développer une politique de coopération.

La résistance dans les domaines économique et monétaire

Si, pour la plupart des gouvernements de l'époque, le politique prime encore sur l'économique du moins officiellement, ces deux domaines sont de plus en plus étroitement liés. Les Américains ne perdent pas de vue que les problèmes stratégiques en Europe peuvent avoir des conséquences économiques importantes, à cause en particulier des commandes militaires effectuées par la Grande-Bretagne ou la France, dépendantes au niveau technologique. Car si l'on vit de part et d'autre de l'Atlantique une période de croissance, il n'en demeure pas moins vrai que la lutte pour la conquête des marchés se fait de plus en plus serrée.

Une des stratégies familières aux Américains est l'implantation d'entreprises hors des frontières nationales, et en particulier en Europe. L'offensive, interrompue par la crise de 1929 et le second conflit mondial, reprend de plus belle après 1945, favorisée par l'énorme supériorité financière et la puissance renforcée de l'appareil de production. Le plan Marshall a pu, d'ailleurs, rappelons-le, apparaître comme un moyen détourné de mettre la main sur les économies occidentales. Entre 1950 et 1970, les investissements directs des États-Unis en dehors de leur territoire ont plus que sextuplé, alors que les actifs des sociétés américaines triplent dans le même temps. Et c'est en Europe, majoritairement, que la progression est la plus forte. Toujours dans la même période, les investissements directs sur le continent sont multipliés par plus de quatorze, alors qu'en Asie par exemple, la proportion n'est que de un à cinq. Et la part de l'Europe ne cesse de grimper : de 24,33 % du total investi par les États-Unis dans le monde en 1950, elle passe à 34,42 % en 1960 et à 42,48 % en 1970, ces investissements concernant essentiellement le domaine industriel[95].

Dans ce phénomène, il faut remarquer le rôle grandissant que jouent les multinationales qui deviennent, dans les années soixante, un outil de plus en plus efficace pour le capitalisme américain. Elles savent tirer profit des avantages comparatifs de chaque zone où elles s'implantent, et, à cet égard, l'Europe présente de multiples atouts : salaires moindres qu'aux États-Unis (ce qui diminue les coûts de production), savoir-faire de la main-d'œuvre, et surtout marchés solvables sur place, du fait de la croissance forte des pays européens. Alors que le taux de croissance moyen du PNB est de 4,3 % aux États-Unis pendant les années soixante, il est de plus de 5 % pour les pays d'Europe occidentale, la Grande-Bretagne exceptée. L'offensive des multinationales en Europe date véritablement du traité de Rome. D'une part, la crainte d'un tarif extérieur commun qui risquerait de les exclure les pousse à s'implanter sur place. D'autant que le Marché Commun leur permettrait de diversifier leurs zones d'accueil, alors que jusque-là la Grande-Bretagne avait été privilégiée. D'autre part, les États-Unis voyaient dans l'Europe qui se construisait et dont le développement industriel s'affirmait, un partenaire essentiel dans le domaine de la coopération scientifique et technique, même si, jusque-là, ils avaient largement bénéficié de l'exode des cerveaux, le « *brain drain* ».

Mais si les sociétés américaines peuvent investir autant sur le continent, c'est qu'elles profitent du phénomène de l'eurodollar, dépôt libellé en dollars sur un compte bancaire situé à l'extérieur des États-Unis. En décembre 1958, la convertibilité des monnaies européennes est rétablie, faisant disparaître du même coup le contrôle des changes. Désormais les dépôts libellés en dollars se multiplient dans les banques européennes, d'autant plus que des règlements sévères découragent à la même époque l'activité bancaire aux États-Unis, et que le taux de rémunération y est plus faible qu'en Europe. Le déficit de la balance américaine contribue à augmenter ces dépôts, qui procurent des sources de financement intéressantes pour les investissements des multinationales en Europe.

Les secteurs les plus visés sont tout d'abord l'automobile, avec l'implantation de General Motors et de Ford et, dans une moindre mesure, de Chrysler. À la fin des années cinquante, 30 % du marché européen était déjà détenu par les trois groupes. Ensuite l'électronique, (et particulièrement la fabrication d'ordinateurs) qui est aussi un secteur-clé du développement économique. Le groupe IBM était présent en Europe et s'inquiétait des avancées faites dans ce domaine par de petites sociétés anglaises ou françaises comme Bull par exemple. Ce groupe n'eut de cesse de les déstabiliser, et malgré les tentatives des gouvernements nationaux, réussit à ruiner les efforts pour développer une industrie de pointe autonome dans ce domaine.

L'autre aspect de ce que l'on ne va pas tarder à appeler l'« impérialisme américain » consiste en la différence de politique entre l'Europe et les États-Unis face à l'ouverture des frontières dans le cadre du GATT. Les principes de celui-ci étaient régulièrement contournés sinon violés par le protectionnisme américain. Les « rounds » des années soixante, « Dillon » de 1960 à 1962 puis « Kennedy » de 1964 à 1967, sont de plus en plus longs et les discussions y opposent souvent la CEE (qui, lors du Kennedy Round, est représentée par une délégation commune issue de la Commission de Bruxelles) et les États-Unis. S'ils contribuent à abaisser les droits de douane et à fouetter le commerce international, ces « rounds » ne remettent pas en cause les règlements internes aux États-Unis (*Buy American Act, American Selling Price, Domestic International*

Supply Corporation...) qui offrent des aides ou exonérations fiscales aux firmes exportatrices ou bien encore assurent la préférence nationale sur le marché américain pour certains produits. La prise de conscience d'une certaine vassalisation fut lente. Au niveau communautaire, la PAC constitue une bonne réplique à la volonté américaine de pénétrer plus avant le marché européen. À cet égard, « la guerre des poulets » qui se déroule au début des années soixante montre la volonté de la CEE de mettre un frein aux ambitions US : le 30 juillet 1962, la CEE frappe d'une surtaxe les importations de poulets en provenance des États-Unis, contrevenant ainsi aux règles du GATT. Il fallut de longues négociations et la menace de représailles pour que le problème soit réglé lors du Kennedy Round.

Au niveau national, chaque pays s'efforçait de suivre la recommandation de Robert Marjolin, président depuis mars 1965 de la Commission : « *Il ne s'agit pas de fermer l'Europe à de tels investissements qui sont le plus souvent hautement profitables à nos pays, mais simplement d'éviter les excès* » [96]. Les Belges et les Allemands, qui avaient attiré au début des années soixante les capitaux américains par de multiples avantages, ne réagirent que lorsque de grandes sociétés nationales furent menacées de rachat. Mais la réaction la plus vive, bien que parfois maladroite dans ses manifestations, vint de la France. Alors que jusqu'en 1962 le bureau créé au sein du ministère des Finances pour attirer et orienter les investissements vers les secteurs ou les régions à développer s'était montré plutôt favorable à de tels investissements, un changement de politique se produisit, qui n'était pas sans relation avec les problèmes diplomatiques, en particulier le refroidissement des relations entre de Gaulle et les États-Unis, au sujet de la FML et de l'entrée des Britanniques dans le Marché Commun. À partir de 1963, se mit en place une politique sélective (mais qui n'est pas suivie avec constance, les incidences économiques se révélant négatives) qui aboutit au décret de janvier 1967 faisant obligation de soumettre les investissements directs à une déclaration préalable auprès du ministère de l'Économie et des Finances. Surtout, c'est par l'adoption de spectaculaires programmes préservés de l'influence étrangère, que se manifeste la volonté d'indépendance vis-à-vis des Américains en matière économique. Certains choix se sont révélés, avec le recul, très contestables. C'est le cas de la filière nucléaire civile, graphite-gaz avec uranium naturel, qui évite le recours à l'uranium enrichi, vendu par les États-Unis. Il faudra l'abandonner en raison de sa moindre rentabilité. On a beaucoup critiqué aussi le programme franco-britannique Concorde (mis en place après l'abandon de la Super Caravelle, jugée moins prestigieuse) qui se révèle ruineux et a alimenté la guerre économique avec les États-Unis. Le plan Calcul, édifié en 1966 et qui prévoyait le développement d'une industrie électronique par la coordination des entreprises françaises déjà engagées dans ce domaine, avait été jugé vital pour l'indépendance nationale après le refus américain de vendre du matériel nécessaire au développement du nucléaire militaire. Ce plan, strictement national, n'a pas empêché le rachat ultérieur de la société Bull et le naufrage des espoirs français dans ce domaine.

Enfin, la politique gaullienne en matière monétaire s'intègre elle aussi dans une stratégie globale de défiance de plus en plus grande. Depuis le retour des parités, la spéculation se développait sur les monnaies dites fortes, le mark particulièrement, alors que la livre sterling et dans une moindre mesure le dollar, apparaissaient plus fragiles car ils servaient à financer les opérations commerciales hors du territoire national et de ce fait connaissaient une instabilité grandissante. Les incertitudes politiques du début de l'ère Kennedy, couplées au développement de l'endettement extérieur des États-Unis, précipitent la perte de confiance dans le dollar. Une première fois, en 1960, les grandes banques centrales des pays industrialisés s'étaient groupées en un « *Pool de l'or* » pour empêcher les achats massifs du métal et en stabiliser le cours. En 1961, les huit pays concernés (États-Unis, Grande-Bretagne, Canada, RFA, France, Italie, Belgique et Pays-Bas) auxquels se joignent la Suède et le Japon créent le « *Club des Dix* » dont les membres s'engagent à fournir au FMI les quantités de monnaies nécessaires pour défendre un pays lorsque la parité de sa monnaie serait attaquée. Cela n'empêche nullement la dégradation de la situation, ce qui amène le « *Club des Dix* » à réfléchir sur une réforme du système monétaire international. Devant la lenteur des discussions, le général de Gaulle, conseillé par Jacques Rueff, ardent partisan de l'étalon-or, décide unilatéralement en février 1965 de ne plus soutenir le dollar. La France abandonne le Gold Exchange Standard en convertissant ses réserves de dollar en or, et en 1967, se retire du « *Pool de l'or* ».

On ne peut que constater la vigueur avec laquelle la France tente, du moins en paroles, de s'opposer à l'hégémonie américaine. Deux ouvrages paraissent pratiquement au même moment pour dénoncer celle-ci, déjà soulignée sur le plan culturel par un pamphlet mordant, le *Parlez-vous Franglais ?* d'Etiemble[97]. Ces ouvrages sont d'une part *Le Défi américain* de Jean-Jacques Servan-Schreiber, dont le premier chapitre commençait par ces mots chocs : « *La troisième puissance industrielle mondiale, après les EU et l'URSS pourrait bien être dans quinze ans, non pas l'Europe mais l'industrie américaine en Europe* »[98]. Il estimait que les États-Unis, bientôt libérés du boulet vietnamien, lançaient un véritable défi à l'Europe que celle-ci devait relever par « *la formation, le développement, l'exploitation de l'intelligence* »[99]. D'autre part un livre plus politique, *L'Empire américain* de Claude Julien[100], soulignait l'emprise américaine non seulement en Europe, mais surtout dans le Tiers-Monde.

L'Europe marraine du Tiers-Monde ?

La notion de Tiers-Monde, rappelons-le, date du milieu des années cinquante, exactement du 14 août 1952, lorsqu'Alfred Sauvy l'emploie pour la première fois dans un article de l'*Observateur*, intitulé « Le Tiers-Monde, une planète ». Diffusé rapidement dans les milieux intellectuels français et parmi les militants nationalistes africains, le terme a recouvert un concept politique qui prend une ampleur internationale au moment de la prise de conscience à Bandoeng d'une spécificité des peuples sous-développés et alors que le passage de « *l'ère du peuple-objet à celle des nations-sujets de l'Histoire* »[101] se libérant peu à peu de la tutelle politique européenne est en train de s'opérer.

Dans les années soixante, ne restaient çà et là que quelques lambeaux des empires coloniaux passés. Mais apparaissent très vite, après les préoccupations strictement politiques (quel modèle, quel régime adéquat, quelles élites pour faire fonctionner les nouvelles structures ?), des interrogations quant aux choix économiques à effectuer pour atteindre au développement, thème central des années soixante. Les modèles (occidental ou soviétique) allaient-ils être adaptés ? Certains en Europe, conscients des responsabilités collectives du continent, se lancèrent dans l'étude des sociétés du Tiers-Monde pour tenter d'apporter des réponses aux problèmes de la pauvreté et du sous-développement, non sans commettre des erreurs car ils extrapolèrent le plus souvent à partir des théories en vogue dans les pays développés. Et même si l'on ne peut admettre tout à fait le constat pessimiste de Sachs selon lequel la transplantation mimétique aux pays sous-développés des théories de Keynes, Schumpeter et Harrod Domar n'aurait eu pour résultat que des échecs retentissants sur le plan pratique, on doit reconnaître que le grand enthousiasme des premiers temps fit place à une nouvelle réflexion de la part des Européens de bonne volonté. Mais l'on assista surtout à une prise en main par les acteurs eux-mêmes, issus des élites locales, des problèmes propres à leurs pays, cherchant d'ailleurs dans une coopération internationale sous l'égide de l'ONU à prendre pleinement leur place dans le concert des nations. D'autant plus que leurs pays détenaient des richesses nécessaires au reste du monde et particulièrement à l'Europe, et que leurs habitants pouvaient devenir, dans un contexte de saturation éventuelle des marchés, d'intéressants consommateurs pour les produits élaborés des industries occidentales.

Ce poids économique du Tiers-Monde est doublé d'une importance géostratégique de premier plan, dans la mesure où certains leaders affirment leur volonté de « neutralisme » entre les blocs. Cette position va faire l'affaire de certains hommes politiques européens soucieux, eux aussi, à leur manière, d'imposer une troisième voie. C'est le cas en particulier du général de Gaulle. « *Coincé entre l'Ouest revêche et l'Est acariâtre, que pourrait faire le protagoniste d'une diplomatie du mouvement sinon rechercher, à travers les autres "deux tiers du monde", alliés et partenaires ?* », constate justement Jean Lacouture [102].

Et pour affirmer sa place dans le Tiers-Monde, il fallait entre autres remettre en cause la tutelle des États-Unis qui, profitant de la situation difficile de l'Europe après la Seconde Guerre mondiale, avaient remplacé l'influence de celle-ci dans beaucoup de régions du monde.

Tibor Mende est le symbole de ces intellectuels européens qui sont fascinés par ces « Nouveaux Mondes » émergeant de la recomposition d'après-guerre. Né en Hongrie, ayant fait ses études universitaires à Londres puis naturalisé français, il publie dès 1950 un premier ouvrage, qui rencontre un succès retentissant : *L'Inde devant l'orage* [103] dans lequel, après avoir analysé la situation de ce pays au lendemain du départ des Anglais, il exprime ses craintes devant les difficultés politiques, sociales et économiques que rencontre le pays « à la croisée des chemins », pouvant être entraîné malgré lui vers la tentation de suivre l'exemple de la Chine communiste. Fonctionnaire aux Nations Unies, il s'intéresse aux problèmes des pays sous-développés, de l'Asie à l'Amérique latine, pendant toute la décennie des années soixante qu'il clôture par la publication d'un ouvrage pessimiste sur l'échec de l'aide au Tiers-Monde [104]. D'autres Européens ont tenté de tirer la sonnette d'alarme : René Dumont, qui a commencé sa carrière d'agronome en étudiant la culture du riz au Tonkin, lance au début des années soixante un cri d'alarme *L'Afrique Noire est mal partie !* [105]. Il conclut cependant sur une note optimiste, estimant les prévisions de l'économiste Rostow inadéquates : « *W.W. Rostow estime* », écrit-il [106], « *à 60 ans l'intervalle qui jusqu'ici a séparé le démarrage du take off (caractérisé par un investissement dépassant déjà 10 % du produit brut) de la maturité économique (...) Ce serait peut-être vrai si les pays retardés étaient laissés à leurs seules forces ; et le désordre politique peut même différer très longtemps le premier démarrage. Dans l'hypothèse de solidarité mondiale constamment accrue, qui paraît plus que jamais probable, et compte tenu de l'accélération constante des progrès techniques, Rostow nous apparaît bien pessimiste* ».

Tibor Mende et René Dumont ne sont que deux parmi les grandes figures d'intellectuels européens s'intéressant à ce monde en devenir. Outre la figure illustre de Claude Lévi-Strauss ou celles d'anthropologues comme Georges Balandier, on peut rapidement citer certains de ceux qui contribuent à nourrir la réflexion sur ce sujet : les Français Sauvy, Perroux, Gourou, et les auteurs publiant aux Éditions ouvrières et dans la revue *Esprit* ; les Anglais Dobb, Tinbergen et les universitaires publiant à Oxford, Cambridge et Édimbourg ; le Suédois Gunnar Myrdal et tous ceux qui travaillent au sein d'organisation telles l'OCDE, l'UNESCO, la FAO, etc. commençant à mettre en évidence la théorie des échanges inégaux et les mécanismes centre-périphérie. Tous témoignent de l'énorme interrogation des intellectuels au tournant des années soixante, que des écrivains issus du Tiers-Monde ont partagée, tels le Brésilien Josué de Castro qui étudie d'abord la situation du Brésil puis publie coup sur coup, entre 1949 et 1952, *La Géographie de la Faim* puis *La Géopolitique de la Faim* ou encore les Antillais francophones Aimé Césaire ou Frantz Fanon dont l'ouvrage essentiel, *Les Damnés de la terre* est une puissante analyse de la situation coloniale.

Le roman contemporain illustre bien lui aussi les préoccupations des intellectuels face au Tiers-Monde, qu'ils décrivent le combat de révolutionnaires pour la libération de leur peuple, ou qu'ils mythifient des civilisations en voie de disparition par la faute de l'Occident [107]. Certains intellectuels vont d'ailleurs s'engager personnellement dans la lutte, séduits par des figures charismatiques telle celle de Che Guevara, comme nous le verrons plus loin.

A posteriori, certains ont pu parler de « *vulgate tiers-mondiste* » à propos des discours de cette époque, jugés comme issus «*d'une vision économiste, en fait idéologique des plus primaires* » [108] ou bien encore d'« *une idéologie à la fois confuse et simpliste mais qui en dépit ou peut-être*

à cause de cela est devenue l'élément vital et le mieux par-
tagé de l'esprit socialiste »[109]. Il n'en demeure pas moins
vrai que les travaux des chercheurs des années soixante ont
permis de mieux comprendre les transformations qui se
produisaient au-delà des océans et de proposer des pistes
pour un développement futur. Leurs recherches vont nourrir la réflexion d'une part de ceux que l'on appelle, à la
fin des années soixante, « les gauchistes », et d'autre part
dans la décennie suivante des promoteurs d'un Nouvel
Ordre économique international (NOEI).

On a pu dire que le tiers-mondisme était un « *avatar du*
marxisme et du christianisme »[110]. En effet, les chrétiens
de gauche, puis la hiérarchie catholique elle-même se sont
intéressés aux transformations subies outre-mer. À cet
égard, le Concile Vatican II marque une étape fondamentale. Il débute en décembre 1962, réunissant à Rome 2 500
Pères, ceux d'Europe occidentale ne représentant plus
qu'un tiers des votants, ce qui traduit une formidable promotion des Églises du Tiers-Monde. En avril 1963, l'encyclique *Pacem in Terris* dénonce la domination injuste
exercée sur les peuples défavorisés. Ce thème est repris en
1967 par l'encyclique *Populorum Progressio*. Avec Jean
XXIII puis Paul VI, l'Église catholique entre véritablement
dans le XXe siècle en renouant avec la défense des plus
pauvres. En octobre 1965, Paul VI se rend à l'ONU et le
mois suivant, lors du congrès eucharistique de Bombay, il
consacre six évêques des cinq continents, et adresse un
appel pour que cesse la course aux armements afin de
consacrer une partie des dépenses militaires à un fonds
mondial d'assistance, apportant ainsi un encouragement à
ces pays pour lesquels le drame du Vietnam n'est qu'une
illustration du néocolonialisme américain.

Car le coupable désigné dans l'agression contre les pays
les plus démunis n'est plus le continent européen. Depuis
le début des années soixante, ce sont les États-Unis qui sont

montrés du doigt comme les nouveaux impérialistes, malgré la volonté du président Kennedy de développer l'aide aux pays sous-développés, annoncée dans son discours inaugural du 20 janvier 1961 et concrétisée par le lancement de l'opération « *Alliance pour le progrès* » et la mise en place d'un « *Peace Corps* ». Il y a, dans le nouveau regard porté sur les États-Unis qui se débattent dans le guêpier vietnamien comme une sorte de revanche. « *Pendant 15 ans, l'Europe a enragé contre ce qu'elle estimait démagogique dans la politique américaine en Afrique et dans l'Asie du Sud-Est : simplifications arbitraires, oubli des données concrètes, clins d'œil complices pendant que les amis patinent dans la boue et le sang* »[111]. La France, en particulier n'a pas oublié la position plus que critique adoptée par les représentants américains, par exemple à l'ONU, au moment de l'affaire algérienne.

Le général de Gaulle, chantre d'une nouvelle politique vis-à-vis du Tiers-Monde

À partir du printemps 1962, libéré de l'hypothèque algérienne, réconcilié avec l'ONU (qu'il avait traitée de façon fort peu courtoise de « *machin* » lors d'une conférence de presse en 1960), assuré d'une adhésion solide de la classe politique et de l'opinion publique françaises, il peut entamer une politique ambitieuse en direction des « Jeunes Nations ». Certes, il n'est pas le seul responsable politique occidental à prendre position sur le sujet. Mais aucun ne l'a fait avec autant de vigueur. L'escalade de la guerre au Vietnam paralyse quelque peu les responsables européens, qui hésitent à prendre leurs distances vis-à-vis du grand allié américain. C'est le cas du gouvernement allemand qui se montre, et de manière indéfectible, un fidèle allié de Washington malgré les manifestations d'hostilité exprimées dans l'opinion publique et la presse. Les Italiens, s'ils expriment leur compréhension pour la position et les responsabilités des États-Unis au Vietnam, se montrent cependant plus distants, particulièrement le ministre des Affaires étrangères Fanfani. Wilson, quant à lui, tente à plusieurs reprises d'intervenir pour proposer ses bons offices, mais se heurte de plein fouet à la mauvaise humeur de Johnson : « *Si vous voulez nous aider au Vietnam, envoyez-nous des hommes et des types qui s'occupent de ces guérillas* », s'entend-il répondre en février 1965 [112]. Sur le sujet, aucune des prises de position ne fut aussi claire que celle du Général. Son premier objectif est, par la force des choses, le continent asiatique. La situation s'aggrave en Indochine à partir de 1958 et surtout 1961, au moment où l'engagement américain se précise. Le général de Gaulle, inquiet de la menace que fait peser pour l'équilibre mondial le conflit qui s'annonce, tente à plusieurs reprises, mais en vain, de mettre en garde les États-Unis contre l'escalade. La première occasion véritable qui est donnée à la France de faire entendre sa voix est la conférence de Genève de l'été 1962 sur le Laos où la délégation menée par Couve de Murville appuie l'idée d'un gouvernement d'union nationale où seraient représentées toutes les tendances, y compris les plus à gauche, afin de mettre en place un régime indépendant des blocs.

Le général de Gaulle s'exprime à plusieurs reprises et publiquement sur le Vietnam : en août 1963, alors que des incidents sanglants entre bouddhistes et forces de l'ordre y ont eu lieu en juin, puis en janvier 1964, amorçant dans le même temps un rapprochement avec la Chine populaire, car il juge qu'il ne peut y avoir de solution aux problèmes de la paix en Asie sans ce pays. Il préconise la neutralisation de l'Indochine, le respect de l'autodétermination prévue par les accords de 1954 alors que la situation dans la péninsule devient de plus en plus complexe et que le Congrès américain vote une résolution permettant une inter-

vention directe. La France, passant outre le mécontentement américain, offre une aide militaire au Cambodge qui
redoute avec raison la mainmise des États-Unis sur le pays.
Mais l'opération la plus spectaculaire fut sans conteste le
voyage que de Gaulle effectua à Phnom Penh en août 1966
à l'invitation de Norodom Sihanouk, chef de l'État cam-
bodgien qui, un an plus tôt, avait rompu les relations avec
Washington.

Le fameux discours de Phnom Penh marque un moment
décisif dans la diplomatie française. Depuis deux ans, la
France apparaissait comme le seul pays occidental à prendre
vraiment ses distances avec la stratégie américaine, sa sortie de l'OTAN l'avait montré, et les leaders des États de l'Est
asiatique l'avaient compris. Hô Chî Minh avait écrit en janvier 1966 au général de Gaulle, rappelant les engagements
de 1954 et demandant une aide diplomatique afin de les faire
respecter. À Phnom Penh, aux portes du Vietnam, devant
200 000 personnes, ce dernier condamne l'entreprise américaine et réclame la neutralisation de l'Indochine. Si le discours est reçu de manière enthousiaste dans le Tiers-Monde,
il n'eut qu'une portée limitée sur la suite des événements,
même si le rôle diplomatique joué par Paris entre les protagonistes par la suite ne fut pas négligeable.

Le rapprochement Paris/Pékin montre quelle importance
de Gaulle attache à mettre la France en vedette dans les
relations internationales. Profitant du refroidissement
Pékin/Moscou, il voit dans l'établissement de ce nouvel axe
une concrétisation possible de la troisième voie européenne.
Le 27 janvier 1964, Paris reconnaît le gouvernement de la
Chine populaire et, dans un communiqué conjoint, les deux
pays annoncent officiellement l'établissement de relations
diplomatiques entre eux.

Politique personnelle en Asie, mais également politique
de la main tendue en direction de l'Amérique latine, chasse
gardée des intérêts américains. Dans la conférence de

presse du 31 janvier 1964, dans laquelle d'ailleurs il expliquait les raisons de son rapprochement avec la Chine, de Gaulle annonçait que la France allait « *se porter vers d'autres pays qui, dans d'autres continents sont, plus ou moins largement, en cours de développement* ». Cela concerne le Mexique, où il prononce le fameux « *marchamos la mano en la mano* » en mars 1964, puis dix États visités lors d'une véritable tournée latino-américaine, à l'automne de la même année.

Politique ultrapersonnelle enfin au Moyen-Orient. Depuis l'expédition ratée de Suez en 1956, les pays arabes prennent une place de plus en plus importante dans les relations internationales, non en raison du fait que certains d'entre eux détiennent la manne pétrolière, car à l'époque, malgré la création de l'OPEP en 1961, les compagnies pétrolières font encore la pluie et le beau temps dans ce domaine, mais parce que Moscou, en appuyant et en armant les pays arabes de la zone, menace l'équilibre mondial. Le général de Gaulle, qui avait loyalement poursuivi la politique d'amitié et d'appui militaire qui était celle de la IVe République envers Israël, craint une attitude hégémonique de ce pays qui provoquerait des réactions en chaîne impossibles à maîtriser. Il entrevoit aussi, en se posant en arbitre de la situation, une nouvelle occasion de faire de la France et par contre-coup de l'Europe le champion de la paix. C'est pourquoi « *la diplomatie gaullienne se définit, au Proche-Orient, par une cordialité contrôlée à l'égard d'Israël, incité à la prudence mais constamment réapprovisionné en armes, et par un rapprochement très progressif, mais global, avec le monde arabe* »[113]. Aussi, lorsqu'Israël, s'estimant agressé par le blocus d'Akaba, entame la guerre des Six jours le 5 juin 1967, se montre-t-il très ferme en lançant un embargo sur les livraisons d'armes y compris à Israël (ce que d'ailleurs, le gouvernement britannique fait également) et en condamnant la politique menée par l'État hébreu, provoquant, et le mot est faible, l'étonnement non seulement des diplomates israéliens et occidentaux, mais encore d'une grande partie de la classe politique française. D'autant plus que lors d'une conférence de presse, le 27 novembre, il n'a pas de mots assez durs pour qualifier la colonisation juive en Palestine et l'occupation des territoires conquis en juin. Il ne l'avait peut-être pas expressément cherché, mais par cette attitude il s'acquit la reconnaissance des Arabes pour lesquels il devint « *le seul chef d'État de l'Occident sur l'amitié duquel les Arabes peuvent compter* », d'après Nasser.

De nouvelles formes d'aide ?

L'Europe pouvait certes apporter une aide diplomatique qui contribuerait à la reconnaissance du Tiers-Monde. Mais ce que les peuples attendaient surtout, c'était une aide économique au développement. La première CNUCED tenue en 1964 à Genève mit l'accent sur la réforme, souhaitée par les pays en voie de développement, du système des échanges internationaux, jugés défavorables pour eux. « *Traid, not Aid* » va d'ailleurs être le mot d'ordre de la décennie suivante. La CEE, dans le cadre d'accords économiques avec les pays tiers, avait, pour sa part, en juillet de l'année précédente, signé à Yaoundé une convention d'association avec 18 partenaires africains et malgache associés (EAMA) qui entra en vigueur un an plus tard. Cette convention fut bientôt suivie d'autres accords, avec le Nigéria, le Maroc, la Tunisie et les pays de l'Est africain. De son côté, le CAEM s'engageait dans des relations commerciales quasi exclusives avec les pays communistes du Tiers-Monde, comme la Corée du Nord ou Cuba.

Mais les accords commerciaux entre l'Europe et ces pays ne pouvaient suffire à aider au développement. C'est ainsi que l'OCDE créa en son sein un Comité d'aide au développement (CAD) pour rassembler les donateurs de « l'aide publique au développement » d'après la définition admise en 1969 et qui regroupait « *les apports de ressources fournies dans un cadre bilatéral aux PVD, ou aux institutions multilatérale par des organismes publics, dont le but essentiel est de favoriser le développement économique, ceci assorti de conditions financières favorables, c'est-à-dire sous forme de dons et de prêts dont l'élément de libéralité est au moins égal à 25 %* »[114].

Au début des années soixante, les donateurs européens étaient essentiellement la France et le Royaume-Uni (en faveur de leurs anciennes colonies). Puis les sources de l'aide se diversifièrent : des puissances sans passé colonial entrèrent à leur tour dans le camp des donateurs, comme les pays scandinaves, pour des raisons essentiellement humanitaires ou l'Allemagne de l'Ouest qui jusque-là participait très peu, mais entend désormais prouver qu'elle est entrée dans le groupe des grandes puissances. Les Pays-Bas ou l'Italie à leur tour, dans une conjoncture de croissance, purent consacrer une part de leur richesse nationale à l'aide aux pays du Tiers-Monde. Pour la période de 1966-68, la répartition de l'aide en % de leur PNB pour quelques pays était la suivante[115] :

Pays	%
France	0,69
Royaume-Uni	0,43
États-Unis	0,41
RFA	0,39
Pays-Bas	0,28
URSS	0,28
Suède	0,26

On a beaucoup critiqué l'aide au développement. Sans parler du slogan contestable lancé par le journaliste français Raymond Cartier au milieu des années cinquante « *plutôt la Corrèze que le Zambèze* », certains s'interrogent sur la validité de l'aide bilatérale qui présente des risques d'inféodation et l'on estime que seule l'aide multilatérale est véritablement utile, elle seule pouvant préserver l'indépendance des pays. Mais cette aide ne s'exprime pas seulement en dons ou prêts. Elle s'effectue aussi sous forme d'une coopération technique, dont cependant l'on peut là encore souligner les limites : « *Le recours exclusif au transfert mimétique des connaissances, sous forme de produits intellectuels et procédés technologiques finis est (...) un raccourci fallacieux vers la modernité. Il faut prendre conscience du caractère européocentrique de la science et de la technologie contemporaines* », écrit Sachs[116] dès 1966.

De même, l'assistance alimentaire, développée en principe pour venir en aide aux pays les plus défavorisés et qui provient des surplus agricoles en particulier des pays de la CEE, est accusée de décourager les producteurs locaux et de profiter exclusivement à la nouvelle bourgeoisie urbaine des pays en développement .

Mais si l'aide officielle des pays d'Europe au Tiers-Monde a suscité de graves critiques, elle n'en a pas moins généré un véritable enthousiasme de la part des jeunes Européens qui se lancent, dans le cadre d'organisations internationales ou non-gouvernementales, dans l'aide humanitaire.

Le rapprochement avec l'Est

En mars 1957, l'URSS, par une lettre aux ambassadeurs occidentaux à Moscou, marquait sa vive réprobation à l'égard de la construction européenne, qui, d'après elle, n'était qu'une des nombreuses tentatives d'union agressive

124

des pays de l'Europe occidentale contre les démocraties populaires, dans un contexte de guerre froide. Le Marché Commun représentait en quelque sorte le pendant économique de l'OTAN mais aussi, en permettant l'accélération de la croissance économique de la RFA, pouvait faire renaître le militarisme allemand.

C'est dire qu'aux habituelles tensions entre l'Est et l'Ouest s'ajoutait ainsi un point de friction supplémentaire[117]. Mais la situation, en une décennie, changea radicalement, les accords économiques entre les pays du COMECON et de la CEE se multipliant par la force des choses. La puissance des intérêts économiques allait entraîner un rapprochement diplomatique, favorisé par le nouveau contexte international.

Le nouveau contexte international

Et pourtant, la décennie avait mal commencé sur le plan des relations internationales. La pression sur Berlin avait atteint son point culminant avec l'érection du mur[118] qui allait séparer en deux la ville pendant près de trente ans. Et surtout, l'affaire de Cuba représentait une étape supplémentaire dans l'escalade entre l'Est et l'Ouest. Fidel Castro avait renversé Batista après une guerre révolutionnaire de près de deux ans. Les États-Unis ne soutinrent pas le dictateur qui quitta le pays. Mais la situation évolua rapidement, et de manière irréversible. D'un côté, Fidel Castro, socialiste réformiste au départ, infléchit de plus en plus sa politique dans un sens de radicalisation marxiste et se rapproche de Moscou, pendant que la CIA américaine apporte son soutien aux exilés cubains réfugiés sur le territoire américain. Malgré une rencontre du vice-président Nixon et du leader cubain en avril 1959, malgré le préjugé initialement favorable de Kennedy envers celui-ci, le fossé qui se creuse, fait d'incompréhension réciproque et d'espoirs déçus, aboutit à la rupture des relations diplomatiques entre les deux États, à l'opération de la baie des Cochons, tentative manquée de débarquement des exilés cubains en avril 1961, et surtout, après une accalmie passagère (la tension internationale s'étant déplacée vers Berlin), à l'affaire des fusées installées par les Soviétiques sur le territoire de l'île et menaçant les États-Unis. Après une intense activité diplomatique, les Soviétiques annonçaient le démantèlement des fusées le 28 octobre 1962. La guerre était évitée. Sans doute pas une guerre atomique, comme on l'a cru alors : une intervention des forces classiques aurait suffi et le Pentagone en avait bien mesuré les risques. Pour sa part, Moscou n'allait pas, pour une île des Caraïbes, déclencher l'Apocalypse.

La crise de Cuba a cependant permis l'entrée dans la détente. Parce qu'en Occident, la peur des « Rouges » a reculé, mais aussi parce que les Soviétiques ont pu mesurer la détermination de Washington, ainsi que sa « bonne volonté » : Kennedy accède à la demande de Khrouchtchev de démanteler les bases de fusées Jupiter installées dans le cadre de l'OTAN en Turquie, ce qui évite à ce dernier de perdre la face dans son propre camp. Sans entrer dans les controverses au sujet de l'interprétation possible de la position des acteurs respectifs dans cette affaire, il n'est pas inutile de rappeler que chacun des protagonistes mesure qu'une sorte d'équilibre de la terreur est atteint. Le premier satellite soviétique, le Spoutnik est lancé le 4 octobre 1957, remettant en cause l'invulnérabilité du territoire des États-Unis. Le 31 janvier 1958, les Américains lancent Explorer et entament la construction d'une nouvelle génération de missiles tandis que le programme de mise en chantier des sous-marins lanceurs de Polaris est accéléré. De plus, des missiles Thor et Jupiter, de moyenne portée, sont placés en Grande-Bretagne, en Italie et en Turquie (où les installations sont démantelées par la suite, comme on vient de le voir), pour contrebalancer la supériorité du bloc de l'Est dans le domaine des IRBM.

Un autre facteur va jouer en faveur de la détente. C'est le sentiment, d'un côté comme de l'autre, que l'on a fait le tour de ses alliés et que certains d'entre eux prennent des distances de plus en plus grandes. Certes, du côté américain, le soutien du général de Gaulle a été sans faille lors de l'affaire cubaine. « *Dites à votre président que la France le soutient sans réserve (...) Nous sommes à vos côtés* », dit-il à Dean Acheson envoyé des États-Unis à Paris le 22 octobre 1962 pour informer la France de la situation. Mais si la solidarité face à un éventuel danger venant de l'extérieur reste pour l'instant entière, les divergences de vue à propos de l'Alliance atlantique et du rôle que chacun y joue désormais se développent. La France s'est dotée de l'arme atomique et entame avec le général de Gaulle, nous l'avons vu, une politique d'indépendance nationale.

Du côté soviétique, le schisme chinois inquiète Moscou. Le choix d'une voie originale de développement, la politique du « grand bond en avant » remettent en cause le modèle édifié par l'URSS. En octobre 1961, les thèses chinoises sont condamnées au 22e Congrès du PCUS, alors que l'Albanie suit l'exemple chinois et que, malgré la dénonciation du traité de coopération atomique, la bombe chinoise va se construire (le premier essai d'explosion aura lieu en octobre 1964). Enfin, dans le conflit qui oppose la Chine à l'Inde à partir d'octobre 1962, l'URSS prend parti pour l'Inde contre la Chine populaire.

Les deux Grands, poussés par des contingences de politique intérieure et par la nouvelle donne internationale, s'engagent donc, après 1962, dans sa voie de la détente, et même de la coexistence pacifique : téléphone direct entre Moscou et Washington, accord sur l'interdiction des essais nucléaires signé par les Russes, les Américains et les Anglais (Traité de Moscou). Rien n'interdisait désormais aux Européens d'entamer une nouvelle politique de rapprochement entre les deux parties du continent, puisque les deux « tuteurs » donnaient l'exemple. D'autant plus que la crise de Berlin, qui a été interprétée par le chancelier Adenauer comme un échec du camp occidental, semble sonner le glas des espoirs de réunification.

Les prémices de l'ouverture

Dès novembre 1961, après son relatif échec électoral, le chancelier Adenauer, de manière symbolique, choisit comme ministre des Affaires étrangères Gerhard Schröder en remplacement de Heinrich von Brentano, trop lié à la période de la guerre froide. Il semble qu'une ère nouvelle soit en train de voir lentement le jour alors que de son côté, la RDA décide que « *les tâches économiques passent désormais avant la solution du problème de Berlin* », comme l'annonce, un an plus tard, Walter Ulbricht dans un discours prononcé justement dans la capitale, même s'il voit toujours dans l'autre Allemagne « *un nid de revanchards* ». Dès 1963, certains membres influents du SPD parmi lesquels Egon Bahr, un proche conseiller de Willy Brandt, le maire de Berlin-Ouest et le candidat désigné du parti après Ollenhauer au poste de chancelier, lancent l'idée de la « politique des petits pas » en direction de la RDA. Il s'agissait, dans un premier temps, de rendre possible une amélioration des conditions de vie des Berlinois. Certaines familles avaient été désarticulées par l'édification du mur et la situation était mal vécue de part et d'autre. Avec l'accord d'Erich Mende, un libéral entré dans le premier cabinet Erhardt au poste de ministre des « *Gesamtdeutsche Fragen* » (Affaires interallemandes), Willy Brandt signe le 17 décembre 1963 un accord avec les dirigeants de la RDA permettant aux Berlinois de la zone Ouest de se rendre de l'autre côté du mur, pour la période des fêtes de la fin d'année. Ces accords furent régulièrement reconduits. Cela eut pour effet d'alimenter les espoirs des Allemands de l'Est d'une reconnaissance de leur État et d'un statut spécifique de Berlin. Mais le gouvernement de Bonn, qui avait peut-être attendu d'autres marques de bonne volonté de la part de la RDA, ne partageait pas l'optimisme des membres du SPD et du parti libéral en un rapprochement des deux entités, porte ouverte à une éventuelle réunification.

Cependant les positions réciproques allaient évoluer, en partie grâce à la politique inaugurée à l'Est par le Président français.

Dans son souci d'indépendance nationale, le général de Gaulle souhaitait se rapprocher de ceux qu'il persistait à nommer « *les Russes* ». Jusqu'à son arrivée au pouvoir, la politique étrangère de la IVe République, fidèle membre du Pacte atlantique, avait été calquée sur celle de Washington, dans le contexte de la guerre froide. Le camp socialiste faisait peur, la déstalinisation paraissait suspecte après les événements de Varsovie et Budapest et les communistes français, qui avaient prêté main forte aux « terroristes » d'Alger et se montraient les plus farouches adversaires du retour du général, inquiétaient une partie de la classe politique et de l'opinion publique.

Cette peur du communisme, de Gaulle ne la ressentait pas de la même façon. Il avait approché Staline, reçu l'ambassadeur Vinigradov à Colombey-les-deux-Églises. Il ne craignait pas « *les Russes* », ne croyait pas à la possibilité d'une guerre mondiale déclenchée par eux. Lorsqu'il reçoit Khrouchtchev à Paris en mars 1960, « *il s'établira* », écrira-t-il plus tard, « *un réel contact d'homme à homme* ». Mais il précise aussitôt, parlant de l'éventualité, pour Moscou, de signer un traité séparé avec la RDA [119] : « *M'enveloppant de glace, je fais comprendre à Khrouchtchev que la menace qu'il agite ne m'impressionne pas beaucoup* ». Les problèmes posés par l'échec de la conférence de Paris concernant les rapports Est-Ouest en mai, l'édification du mur de Berlin puis la crise des fusées retardent l'amélioration des relations Paris Moscou. L'année 1963 voit cependant les choses évoluer brusquement. La politique de la France conduit à un isolement de plus en plus grand parmi ses propres alliés, malgré la mise en place de l'axe Paris/Bonn, après le refus de la FML et celui de l'entrée de la Grande-Bretagne dans le Marché Commun. De Gaulle a mûri l'idée que la France a un rôle spécifique à jouer dans les affaires du monde. Et les deux années qui suivent illustrent bien du côté français ce que les socialistes allemands avaient appelé « la politique des petits pas ». L'ouverture à l'Est fut envisagée de manière prudente, d'abord concrétisée, noblesse oblige, par la visite du président du Soviet suprême, Nikolaï Podgorny à Paris en février et la signature d'un accord commercial en octobre 1964. Puis, pendant l'année 1965, lors de divers discours en province (il mène sa campagne électorale), le général précise le cadre de cette ouverture : renouer les liens anciens, en réactivant « *la vieille alliance franco-russe* » et en resserrant les rapports avec les peuples de l'Europe orientale qui « *commencent à échapper à l'idéologie totalitaire* ». On est loin cependant de cet espoir grandiose d'une « *Europe de l'Atlantique à l'Oural* » maintes fois caressé qui ferait de la France le centre d'un continent garant de la paix dans le monde. Cependant, il reprend avec obstination son bâton de pèlerin. En juin 1966, il se rend à Moscou, en septembre 1967 c'est au tour de la Pologne de recevoir sa visite puis, en mai 1968, celui de la Roumanie. Ici comme ailleurs, il ne cesse de prêcher l'indépendance des pays d'Europe, pour l'instant « *répartis entre deux blocs opposés* », tandis que son ministre Couve de Murville multiplie les contacts avec les autres démocraties populaires.

Ailleurs en Europe, des voix se faisaient entendre, de plus en plus nombreuses, pour que la situation évolue dans le sens de l'ouverture à l'Est, venant par exemple de certains membres des partis sociaux-démocrates finlandais ou suédois qui poussaient à la reconnaissance par la communauté internationale de l'existence de deux États allemands. L'Autriche aussi joua un rôle important de pivot entre l'Est et l'Ouest, en particulier sous l'impulsion du chancelier social-démocrate Kreisky, au pouvoir à partir de 1970.

Les tentatives du général de Gaulle ont pu faire sourire certains observateurs qui ne manquèrent pas de souligner la distorsion entre les efforts déployés et le peu de résultats concrets récoltés. Mais ces efforts allaient permettre à d'autres de s'engouffrer dans la brèche ainsi ouverte, même si leurs objectifs n'étaient pas identiques.

La concrétisation de l'Ostpolitik

C'est de l'Allemagne de l'Ouest que le mouvement repartit. Le sentiment qui se faisait jour peu à peu était que les positions traditionnelles de la diplomatie fédérale ne pourraient longtemps être tenues. C'était vrai au sujet du problème des frontières et de la réunification, mais aussi de l'application de la doctrine Hallstein (du nom du secrétaire d'État aux Affaires étrangères à la fin des années cinquante) qui préconisait la rupture des relations diplomatiques avec quiconque reconnaîtrait la RDA, et, bien sûr, les démocraties populaires au premier chef étaient visées. D'ailleurs, avant même les négociations Brandt sur le passage, pour quelques jours, des Berlinois à l'Ouest vers l'Est, des missions commerciales s'étaient ouvertes à Bucarest en septembre 1963, puis à Budapest et Sofia en mai et octobre de l'année suivante. Un pas de plus est franchi en mai 1965, le ministre des Affaires étrangères du second gouvernement Erhard annonçant un assouplissement de la doctrine Hallstein.

La position des Églises fut déterminante pour contribuer

aux changements des opinions publiques. L'initiative vint de l'Église protestante en Allemagne de l'Ouest, qui, s'étant penchée sur le sort des expulsés et des réfugiés, préconisait le renoncement aux frontières d'avant-guerre et un rapprochement avec les Allemands de l'Est. Les évêques allemands prirent le relais en entamant un dialogue épistolaire avec leurs homologues polonais. La CDU était franchement hostile à toutes ces manœuvres et le manifesta en s'opposant par un vote au Bundestag à la venue de représentants du parti socialiste unifié est-allemand, le SED (*Sozialistische Einheitspartei Deutschlands*) invités par des membres du SPD. Elle n'obtint pas la majorité mais, le SED s'estimant offensé, la rencontre n'eut pas lieu.

C'est autant sur le problème de l'*Ostpolitik* que sur celui du malaise économique que se décida la chute du chancelier Erhard, car l'opinion perdait confiance dans un homme et un parti, la CDU, figés sur des archaïsmes jugés dépassés. Après un renversement de coalition, un gouvernement d'union nationale dirigé par Karl Georg Kiesinger est mis en place, rappelons-le, en décembre 1966 et le SPD entre au gouvernement, avec Brandt au poste de vice-chancelier chargé des Affaires étrangères. Certaines conditions semblaient être remplies pour que s'accélère la politique d'ouverture. En avril 1967, Kiesinger précisait quels étaient les domaines dans lesquels serait possible un rapprochement : accords scientifiques, techniques et culturels, facilités de circulation pour les hommes et les marchandises, échanges sportifs. Kiesinger et son homologue est-allemand, Willi Stoph échangèrent une correspondance, ce qui revenait à reconnaître officiellement l'existence des gouvernements réciproques. Parallèlement, des contacts se multipliaient avec Moscou sous le patronage du chef de l'État français, qui se portait garant de la bonne volonté des dirigeants de Bonn.

L'invasion de la Tchécoslovaquie par les troupes du pacte

de Varsovie fit ajourner la poursuite de cette politique. Mais à l'intérieur des milieux politiques allemands, des changements sans précédents avaient eu lieu, qui permettaient de ne pas remettre radicalement en cause cette politique. Certains leaders du parti libéral (FDP, qui ne participait pas au gouvernement), qui avaient les coudées franches pour agir, élaborèrent toute une série de propositions concrètes pour aboutir à un réel dégel. Cette orientation nouvelle fut acceptée par l'ensemble du parti en janvier 1968, ce qui rapprochait désormais considérablement le FDP du SPD. Un accord entre les deux partis fut signé à l'issue des élections générales du 28 septembre 1969 et Willy Brandt accéda au poste de chancelier. Le slogan du FDP « *Die alten Zöpfe müssen Weg* » (les vieilles tresses doivent tomber) s'était avéré porteur.

L'initiative du rapprochement vint de Moscou, puisque depuis septembre 1969 l'URSS n'exigeait plus comme préalable à toute négociation la reconnaissance officielle de la RDA. Cela permit à Willy Brandt de faire un pas en déclarant : « *Il existe deux États en Allemagne* ». Trois hommes contribuèrent, du côté allemand, à la bonne marche des négociations : Egon Bahr, le fidèle stratège, négocia avec les Russes, Duckwitz se chargea du dossier polonais et Walter Scheel, le vice-chancelier et ministre des Affaires étrangères, orchestra le tout. Après la signature par Bonn du traité de non-dissémination des armes nucléaires, on passa aux choses sérieuses. Les négociations durèrent de janvier à juillet 1970, retardées par des indiscrétions qui avaient permis à la presse ouest-allemande de publier prématurément certains textes qui n'étaient pas encore tout à fait prêts. Finalement le traité fut signé à Moscou le 12 août. La RFA « prenait acte » de l'existence de la RDA, la réunification restant toutefois du domaine du possible. Le problème des frontières n'était pas réglé, mais les parties renonçaient à l'emploi de la force pour éventuellement en modifier le tracé. Le traité germano-soviétique fut suivi de la signature d'accords commerciaux et de voyages de dirigeants, comme la visite de Willy Brandt en Crimée en 1971 pour y rencontrer Brejnev et la venue de Gromyko à Bonn.

Pendant ce temps, deux rencontres avaient eu lieu avec des représentants de la RDA, à Erfurt et Kassel, mais sans succès, l'Allemagne de l'Est, par la bouche de Willi Stoph, chef de son gouvernement, se montrant intransigeante et ne voulant céder sur rien. Cela ne découragea nullement les négociateurs de l'Ouest qui avaient entamé des pourparlers avec le gouvernement polonais. Un traité fut donc signé à Varsovie en décembre 1970, sur le modèle de celui signé avec les Soviétiques, qui entérinait les décisions de Moscou et permettait d'entamer le règlement du problème des réfugiés, Varsovie permettant dès 1971 à 25 000 personnes de partir à l'Ouest, moyennant un important dédommagement financier. Surtout, la RFA s'engageait à respecter la « *ligne frontière* » [120] existante, celle fixée provisoirement à Potsdam en 1945.

Le traité le plus important pour les deux Allemagnes et aussi pour la paix en Europe vit enfin le jour, après bien des péripéties, et fut signé le 21 décembre 1972. Avant cela, il y avait eu la signature d'un accord quadripartie sur Berlin en septembre 1971 qui ne nécessita pas moins de dix-sept mois de négociations. Il maintenait le statu quo, mais reconnaissait à la République fédérale le droit de représenter les Berlinois de l'Ouest sur la scène internationale. Plusieurs protocoles concernèrent la circulation du courrier, l'établissement de relations téléphoniques, la libre circulation des personnes d'abord pour les fêtes de fin d'année puis plus largement, ce qui allait permettre à Bonn d'intensifier les relations économiques.

La signature du « *Traité sur les bases de relations entre la République fédérale d'Allemagne et la République démo-*

cratique allemande » étape finale du processus, que l'on prit plutôt l'habitude d'appeler « *Traité fondamental inter-allemand* », marqua un moment historique. L'article 1 stipulait que « *La République fédérale d'Allemagne et la République démocratique allemande développeront entre elles des relations normales de bon voisinage sur les bases de l'égalité des droits* » et l'article 3 que « *La RFA et la RDA résoudront leurs litiges exclusivement par des moyens pacifiques et s'abstiendront de recourir à la menace ou à l'emploi de la force. Elles réaffirment l'inviolabilité, pour le présent et l'avenir, de la frontière existant entre elles et s'engagent à respecter sans restrictions leur intégrité territoriale* » [121]. Un an plus tard, était signé le traité germano-tchécoslovaque, et les deux Allemagnes faisaient leur entrée solennelle à l'ONU. Willy Brandt pouvait ainsi tirer les leçons du passé et ouvrir, pour les Allemands, des perspectives d'avenir : « *L'identité de la Nation et de l'État a été détruite (...) Mais elle n'avait existé en Allemagne que pendant un court laps de temps. C'est en tant que "Nation d'une civilisation" (Kultur Nation) que l'Allemagne a toujours vécu et c'est en tant que Nation d'une civilisation qu'elle conservera son identité, quelle que soit la chance pour les deux États de trouver un jour, dans le cadre d'une évolution concernant l'Europe, des formes de coexistence qui soient plus que de simples relations d'État à État* » [122].

Même si l'Allemagne, aux dires de Willy Brandt, restait encore un « *nain politique* », le tournant du rapprochement avec l'Est, entamé dès le début de la décennie, représentait une contribution considérable à l'histoire de l'Europe. C'est ce qu'avait reconnu Georges Pompidou lors d'une conférence de presse tenue le 2 juillet à Paris : « *Je crois profondément que la politique de rapprochement avec l'Est qu'a entreprise le chancelier Brandt est dans l'intérêt géné-*

ral de l'Europe de l'Ouest, de l'Europe de l'Est, et de l'Europe tout entière. Je le crois » [123].

Mais pour l'heure, un retournement, peu perceptible par les acteurs même de l'Histoire était en train de se produire, qui allait, autour de 1968, cristalliser toutes les insatisfactions masquées durant la période précédente. Les années soixante avaient été, pour l'Europe, le temps des apothéoses symbolisées par les réussites économiques des pays les plus riches, et par les avancées de quelques autres vers l'eldorado de la consommation. De grandes figures politiques avaient traversé la scène, comme de Gaulle, Adenauer, MacMillan, des écrivains et des artistes avaient balayé les vieux archaïsmes et renouvelé les modes de pensée. L'Europe travaillait, accumulait des richesses, sa jeunesse dansait sur les airs entraînants de ses idoles. Ce fut bien, d'une certaine façon, une heureuse époque.

Mais des germes de perturbations futures levaient çà et là. La croissance économique, qui devait résoudre tous les problèmes pour les matérialistes de l'Est comme de l'Ouest était-elle indéfinie ? Déjà, les plus perspicaces apercevaient des signes avant-coureurs qui ne présageaient rien de bon. Les « miracles économiques » s'essoufflaient, en Allemagne, en Italie, et les démocraties populaires s'épuisaient à vouloir en vain rattraper leurs rivaux de l'Ouest. La machine commençait à s'enrayer, les travailleurs revendiquaient une autre façon de vivre et de travailler dans ces énormes et inhumaines cités qui ont poussé comme des champignons aux quatre coins de l'Europe. Des campus universitaires montait la rumeur d'une jeunesse nombreuse, à l'écoute du monde, et prompte, dans un élan joyeux, à s'embraser pour « changer le monde, changer la vie », ébranlant les fondements des sociétés auxquelles elle appartenait et remettant en cause, sans nuances, les vieilles démocraties comme les régimes autoritaires.

Aux portes de l'Europe, le Tiers-Monde vers lequel on s'était penché avec intérêt sinon condescendance commençait à donner des leçons. Certains de ses pays, sans tapage, entamaient leur décollage économique. Des remises en cause se préparaient donc : pas à pas, arrivait le temps des doutes.

II

LE TEMPS DES DOUTES

« *Une secousse sismique ébranla les sociétés européennes. La surprise fut d'autant plus grande que la profondeur de leurs fondements historiques semblait les rendre inaltérables et que la vulgate sociologique d'alors assurait que le développement industriel consolidait les sociétés en atténuant progressivement les tensions, conflits et crises* », écrit le sociologue Edgar Morin [1]. Le développement industriel n'était assurément pas le sésame pour le bonheur. La croissance portait en elle des germes dangereux ; des campus américains montait, sur fond de guerre du Vietnam, une contestation radicale, portée par les enfants de l'abondance, qui allait traverser l'Atlantique pour embraser l'Europe : contestation de l'autorité, de la hiérarchie, des valeurs. Le glissement se situe autour de 1967. On peut parler d'une véritable conjonction de facteurs pour expliquer les dérapages de cette fin de décennie. Et plus qu'une conjonction, c'est une déflagration, car les causes accumulées entraînèrent un phénomène dynamique de relations en chaîne, sans que l'on puisse vraiment en isoler le facteur premier, ni en hiérarchiser les éléments constitutifs.

En schématisant beaucoup, on pourrait dire que l'on assista à un ralentissement de la croissance, presque imperceptible certes, mais qui ne pouvait durablement cohabiter avec les aspirations qualitatives des nouvelles générations relatives aux conditions de travail, à la sécurité de l'emploi, d'autant plus que les effets négatifs des excès de l'industrialisation et de l'urbanisation commençaient à susciter de nombreuses interrogations. Mais il faut aussi tenir compte du lent travail en profondeur qui s'effectuait à partir d'un petit cénacle d'intellectuels dans le domaine des sciences humaines et sociales et imprégnait peu à peu, avec plus ou moins de succès suivant les pays, les milieux enseignants et les étudiants frappant en grand nombre aux portes des universités, en partie du fait du rajeunissement brutal de la démographie européenne à la fin des années soixante, mais aussi d'une aspiration très forte à l'éducation. Au même moment, la revendication pacifiste, un temps endormie par la détente, renaissait avec force contre la guerre au Vietnam et ses abominations, montrées presque en direct à la télévision. Car tout circulait de plus en plus vite : les hommes, qui maintenant commençaient à franchir même le rideau de fer, les idées, véhiculées par les médias et, bien sûr, les marchandises dont certaines, venues de lointains pays, arrivaient sur les marchés à des prix si peu élevés qu'elles concurrençaient les productions européennes sur leur propre territoire. L'ère des certitudes, des situations acquises, des valeurs intangibles de la civilisation occidentale semblait s'achever.

L'Europe, dont on avait pu penser qu'elle allait retrouver une place de premier plan sur l'échiquier mondial ne pouvait échapper aux remises en cause. C'est pourquoi, réduire les profondes interrogations de la fin des années soixante au « Mai 68 » parisien, aux mouvements estudiantins qui traumatisèrent les générations plus anciennes et déclenchèrent des réflexes de peur et de rejet dans la plupart des pays européens semble insuffisant pour comprendre ce qui s'est passé à ce moment-là sur le continent. La « fusée 68 », selon une expression d'Edgar Morin, marque le début d'une période difficile pour l'Europe, confrontée à des remises en question fondamentales et dans tous les domaines. Car ce que l'on appelle à tort la « crise de 73 » par référence à l'augmentation brutale du prix du pétrole, décidée par les pays de l'OPEP, censée expliquer à elle seule les graves difficultés rencontrées par la suite par les économies occidentales, couvait bien avant cette date. Et c'est peut-être la rencontre de ce double mouvement, contestation politique radicale et fragilité économique insuffisamment perçue, qui pourrait expliquer la lenteur des réactions de la part des responsables confrontés à des problèmes en apparence sans véritable lien entre eux mais qui relevaient d'une certaine façon d'un essoufflement des modèles, conjugué à une transformation des bases sociologiques en Europe.

LES RUPTURES ANNONCÉES

Le tournant culturel du début des années soixante

Une nouvelle atmosphère

Depuis la fin des années cinquante, on observe dans les milieux intellectuels et artistiques une évolution parfois insensible, mais qui va profondément modifier les modes de pensée de toute une génération. Les scandales de l'establishment anglais (en particulier l'affaire Profumo), les désillusions provoquées par les graves dérives de la décolonisation entraînent la mise en doute des certitudes, et dans beaucoup de domaines de la pensée et de l'art, deux tendances l'emportent. D'une part, après le triomphe de l'interrogation existentielle des années cinquante, on observe un reflux de la pensée engagée qui avait dominé la vie intellectuelle depuis la Libération : « *On vit donc revenir en force un scientisme restauré, orgueilleux, méprisant la philosophie du sujet qui, à partir de la linguistique, envahit l'ensemble des sciences humaines et sociales sous le nom intimidant de structuralisme* »[2].

Et d'autre part, du fait de la remontée démographique de l'immédiat après-guerre, et du phénomène « *teenager* » qui prend de plus en plus d'importance dans la société, on assiste à un renouvellement des sources d'inspiration : en effet, les moins de 20 ans représentent 30,5 % de la population en moyenne en Europe[3] ; c'est une catégorie de consommateurs (y compris de culture) qui a ses goûts, ses loisirs et piétine allègrement les valeurs sûres du passé, même si, a posteriori, les jeunes gens qui la composent paraissent bien sages. Cette poussée des « *teenagers* » impose le yé-yé[4], la pop culture, qui ont profondément marqué la décennie.

Cette nouvelle génération explose dans les manifestations de sa joie de vivre. L'espoir d'entrer dans la société de consommation, la croyance en des lendemains qui chantent, les débuts de la libération des mœurs (débouchant sur la « *Permissive Society* » en Angleterre, véritable défoulement collectif) entraînent à des degrés divers l'Europe dans un véritable tourbillon, non sans engendrer des excès. Le phénomène des « blousons noirs », (« *Teddyboys* » en Angleterre, « *Anderumper* » au Danemark, « *Hozon* » en Hollande, « *Hooligans* » en Pologne) correspond à l'organisation en bandes de jeunes issus le plus souvent du prolétariat, mais également de la bourgeoisie bien pensante (on parle alors des « blousons dorés »). En rupture avec les valeurs traditionnelles, fascinés par le cinéma qui leur montre en même temps leur reflet (*À bout de souffle* de Jean-Luc Godard) et un modèle, ils n'hésitent pas à « casser » et leurs manifestations bruyantes lors de concerts de rock par exemple aboutissent à de violents affrontements avec la police, même si leurs joyeuses manifestations ne sont pas encore le signe d'une contestation radicale, comme ce sera le cas à la fin de la décennie.

Musique et cinéma

Le déferlement de la vague yé-yé [5] en France, le phénomène des *Swinging Sixties* ou la *Beatlemania* au Royaume-Uni furent spectaculaires. Plus qu'un phénomène musical dans le prolongement du rock'n roll américain, c'est une véritable mode qui englobe une façon de s'habiller (avec la styliste anglaise Mary Quant et la vogue de la minijupe) et aussi de se distraire, mais qui véhicule également, surtout en Angleterre où elle déferle à la fin de la décennie, avant le continent, un message de contestation sociale. Les Beatles, puis les Rolling Stones et un grand nombre de groupes musicaux (les Shadows, les Kinks) enthousiasment les foules et déchaînent les passions. La sortie du premier film des Beatles à Londres, *A hard days night* (traduit en français *Quatre garçons dans le vent*) le 7 juillet 1964, nécessite l'intervention de 500 policiers, provoquant 85 évanouissements et trois arrestations. Le phénomène de la *pop music* était né. En France, l'aventure de « *Salut les Copains* » est caractéristique d'une certaine « culture » qui se propage rapidement. En 1959, débute sous ce titre sur Europe n°1 une émission radiophonique animée par Frank Ténot et Daniel Filipacchi qui diffuse les « tubes » anglo-saxons. Un journal, intitulé comme l'émission *Salut les Copains*, sort en 1962 et tire immédiatement à 50 000 exemplaires. Un an plus tard, le tirage atteint le million. Émission et magazine ont propulsé sur le devant de la scène les jeunes de la vague yé-yé, au premier rang desquels l'idole des jeunes Johnny Halliday, présenté comme un « *Américain de culture française* » (alors qu'il est d'origine belge et se prénomme Jean-Philippe Smet), Sylvie Vartan, Richard Anthony, Sheila et bien d'autres, qui parfois ne font qu'un passage éphémère sur le devant de la scène. La première « nuit des yé-yé », organisée par *Salut les Copains* rassembla sur la place de la Nation à Paris 150 000 jeunes spectateurs. Souvent, les « tubes » de ces jeunes interprètes étaient repris de standards anglo-saxons ; pour qu'un plus large public ait accès à ces chansons, des traductions approximatives, souvent mièvres, francisaient les textes.

En dehors de la musique populaire, c'est sans doute dans le cinéma que les bouleversements par rapport aux productions passées furent les plus radicaux, ou tout au moins eurent le retentissement médiatique le plus large, dans la mesure où les autres domaines de la culture étaient moins accessibles au plus grand nombre. La fin des années cinquante fut marquée en France par la Nouvelle Vague, terme emprunté à un titre donné à une enquête sur les jeunes dans l'hebdomadaire l'*Express*. La Nouvelle Vague fut tout sauf une école. Elle puise ses sources dans les règles édictées dix ans plus tôt par Alexandre Astruc qui définissait ainsi ce qui allait devenir l'ère de la « caméra-stylo » : « *Le cinéma est en train de devenir un moyen d'expression, ce qu'ont été tous les autres arts avant lui... Il devient peu à peu un langage. Un langage, c'est-à-dire une forme dans laquelle et par laquelle un artiste peut exprimer sa pensée, aussi abstraite soit-elle, ou traduire ses obsessions exactement comme il en est aujourd'hui de l'essai ou du roman... Le cinéma s'arrachera peu à peu à cette tyrannie du visuel, de l'image pour l'image, de l'anecdote pour l'anecdote immédiate, du concept, pour devenir un moyen d'écriture aussi souple et aussi subtil que celui du langage écrit* »[6]. Tous les espaces sont ainsi explorés, ceux du rêve et de l'imaginaire, ceux de l'introspection la plus méticuleuse, de la peinture d'une société contemporaine à l'analyse des rapports amoureux.

C'est en quelque sorte faire tomber de son piédestal le cinéma américain destiné à faire oublier au spectateur sa réalité quotidienne, et qui était jusque-là le modèle incontesté. Non que les cinéastes renient leurs anciens : Hitchcock, Aldrich, Hawks, Lang restent des maîtres révérés. D'ailleurs plusieurs des jeunes auteurs de la Nouvelle Vague ont fait leurs griffes en écrivant dans des revues de critique cinématographique où ils encensaient les uns et écorchaient les autres, notamment les cinéastes dits traditionnels, comme Autan-Lara par exemple. Ils revendiquaient le droit de créer du neuf, de faire fi des conventions, d'utiliser les ressources de talents nouveaux, acteurs inconnus jusque-là du grand public et parfois non-professionnels, techniciens, éclairagistes de plateaux. Ils tournent souvent en extérieur, avec la caméra « au poing » ou sur l'épaule, ce qui donne aux images une authenticité nouvelle.

Ce sang neuf insufflé dans les veines du cinéma européen allait régénérer la production de toute une époque. Certes, on continue de tourner des films de facture traditionnelle, péplums italiens, films comiques en France, bluettes sirupeuses en Espagne, qui connaissent des succès grand public. Mais les révolutions durables viennent d'abord de la Nouvelle Vague d'expression française. Louis Malle avait ouvert la voie avec *Ascenseur pour l'échafaud*, en 1957. Claude Chabrol élargit la brèche avec une ironie décapante dans *Le Beau Serge* en 1959 et *Les bonnes femmes* en 1960, bousculant les conventions et utilisant la technique de l'improvisation, que l'on retrouve dans l'œuvre de François Truffaut en particulier dans *Les Quatre cents coups* sortis en 1959 et qui firent scandale. L'odeur du soufre n'est sans doute pas étrangère au succès des réalisateurs. Les films de Jean-Luc Godard, comme *À bout de souffle* et plus tard *Pierrot le Fou* décrivent sans fard les complexités de la nouvelle société issue de l'après-guerre, où les classes sociales se croisent et se confondent, où les valeurs traditionnelles éclatent. La morale n'est plus respectée et des films tels *Les Amants* de Louis Malle ou encore *Jules et Jim* de Truffaut, s'ils déclenchent les foudres des censeurs catholiques peuvent sortir dans les salles et attirent un public avide de non-conformisme. En Italie, le néoréalisme de l'immédiat après-guerre fait place à une nouvelle approche. Le cinéma s'éloigne de la description d'une société de pauvreté, de souffrance et aussi de dignité pour s'intéresser aux émois d'une jeunesse contemporaine du retour à la croissance et à la recherche des valeurs nouvelles. C'est ainsi que Fellini (*La dolce Vita*, en 1960), Visconti (*Rocco et ses frères*, en 1960, *Le Guépard* en 1963), Bertolucci (*Prima della Rivoluzione*, en 1964), même s'ils restent plus traditionalistes dans la facture de leurs œuvres et le choix de leurs sujets, participent à ce courant où la liberté d'expression, la vigueur des portraits, l'absence de convention dans la peinture des sentiments ou des situations l'emportent sur l'académisme. Ils n'hésitent pas non plus à braver les foudres de la censure catholique, et contribuent à faire évoluer une société qui s'éloigne peu à peu de la tutelle d'une toute puissante Église.

Le cinéma espagnol, bien que plus contraint à cause de l'étroite surveillance du régime et du manque de moyens économiques, n'en exprime pas moins un besoin de sortir de l'étouffement dans lequel est maintenue l'expression artistique. Sans parler de Luis Buñuel, exilé au Mexique et dont la production est féconde (*Viridiana*, en 1961), s'affirme en Espagne même toute une génération de jeunes créateurs, dont la production est encouragée à partir de 1963 grâce à une politique plus libérale impulsée par Manuel Fraga Iribarne. Le cinéma ultratraditionnel se perpétue et connaît des succès commerciaux, mais des metteurs en scène dits « critiques », comme Bardem, Berlanga, Fernán Gomez avaient, dès le milieu des années soixante, ouvert la voie d'un cinéma d'auteur. Et l'on assiste à une véritable explosion de ce que l'on a appelé le « nouveau cinéma espagnol », garant à l'étranger de l'aspiration à l'ouverture qui caractérise une partie de l'Espagne dans ces années-là [7]. Javier Aguirre, Vicente Aranda, ainsi que les cinéastes de l'école de Barcelone (comme l'Italien Ferreri avec *El Cochecito, El pisito*) en sont des exemples parmi d'autres. Mais le plus connu d'entre eux est sans contexte Carlos Saura dont le premier grand film, *La Chasse*, daté de 1965, le révèle à un public international.

Le jeune cinéma allemand est représenté par la figure de Volker Schlöndorff qui rencontre, avec *Les désarrois de l'élève Törless*, inspiré d'une œuvre de Robert Musil, un grand succès après avoir obtenu un prix au festival de Cannes en 1966.

Au-delà du rideau de fer, et malgré les obstacles, la diffusion de la culture occidentale se développait, par le biais de tournées de troupes théâtrales, d'artistes, de poètes, de chanteurs occidentaux, de voyages d'étudiants : par exemple l'IDHEC (Institut des hautes études cinématographiques français) procédait régulièrement à des échanges d'élèves avec des écoles similaires, telle la célèbre école de cinéma de Lodz en Pologne. Cela aboutit à l'émergence d'une génération de brillants jeunes cinéastes, tel Jan Nemes, tête de liste des représentants de la « nouvelle vague » tchécoslovaque, aux côtés de Milos Forman par exemple, qui continuera, après son départ du pays, une brillante carrière aux États-Unis. En Pologne, Andrezj Wajda, Ignac Taub, Roman Polanski incarnent la volonté de renouveau d'une partie des intellectuels, même si leurs œuvres sont reçues avec une grande méfiance. Polanski raconte ainsi l'accueil fait à son premier long métrage *Le Couteau dans l'eau* : « *Les critiques étaient prêts à démolir le film. Ils refusaient d'admettre l'existence d'un journaliste sportif polonais possédant une Peugeot et un yacht. Les membres de la Nomenklatura polonaise avaient commencé à s'enrichir rapidement et le Couteau était aussi une attaque contre les privilèges (..)*. Le Drapeau de la Jeunesse, *revue officielle des jeunesses communistes, donna le ton général de la critique en écrivant : "Rien ne nous touche particulièrement. Le réalisateur n'a rien d'intéressant à nous dire sur l'homme contemporain et l'on ne peut s'identifier à aucun de ses personnages"* »[8]. La plupart de ces jeunes talents furent obligés de s'exiler pour pouvoir donner libre cours à leur inspiration souvent originale.

La littérature

La nouvelle vague cinématographique est inséparable de ce que l'on a appelé, par analogie, le « Nouveau Roman » bien que le terme ait son existence propre. Il figure dans les titres de deux ouvrages : *Pour un Nouveau Roman* d'Alain Robbe-Grillet (1963) et *Problèmes du Nouveau Roman* de Jean Ricardou (1967). Si les cinéastes de la Nouvelle Vague du cinéma français ne peuvent en aucun cas représenter une école, il n'en est pas de même pour les écrivains qui, à partir du milieu des années cinquante, se regroupent autour de maisons d'éditions comme Gallimard ou les Éditions de Minuit, ou bien encore de revues, telle *Tel Quel*. Ces jeunes hommes et femmes en colère tournent résolument le dos, d'une part « *au désir de faire vrai* », se proposant plutôt de « *transmettre une présence et non une signification* »[9] et d'autre part à l'engagement politique, la littérature devenant de manière privilégiée un jeu de langage, dans une distinction fondamentale entre l'« écrivain » et l'« écrivant ». Issus pourtant pour la plupart d'entre eux de la gauche militante au moment de la guerre d'Algérie, ils distinguent nettement les deux champs. Les descriptions formelles, l'apparente déstructuration du récit, la rupture d'avec le romanesque ont heurté les habitudes. Mais le Nouveau Roman a puissamment contribué au renouvellement de la pensée qui est la marque des

148

années soixante même si, à l'époque, on en a regretté les excès. Et il est significatif que Nouveau Roman et Nouvelle Vague s'allient dans la réalisation de films tels *Hiroshima mon Amour* ou *L'Année dernière à Marienbad* réalisés par Alain Resnais et signés Marguerite Duras pour le premier et Alain Robbe-Grillet pour le deuxième. Le critique du *Figaro* écrivait d'ailleurs à propos du second film : « *Voici le film français dont Paris parlera sans doute bientôt, soit en bien soit en mal. C'est une histoire étrange. Des personnages qui parlent peu, ne bougent guère... On croirait un rendez-vous de fantômes en robes du soir et smoking appartenant à la haute société surnaturelle...* » [10].

Le phénomène du Nouveau Roman, à la différence de la nouvelle vague cinématographique, est typiquement français. Ailleurs, on ne trouve pas de révolution dans la production littéraire ou théâtrale, même si les écrivains continuent à fustiger l'*establishment* et les rigidités d'une société jugée trop archaïque encore. C'est le cas de John Osborne ou d'Harold Pinter en Angleterre, ou bien de Günter Grass en Allemagne.

La progressive montée en puissance de la jeunesse

Le baby-boom a vingt ans

Dès avant la fin de la guerre et dans un grand nombre de pays, l'on observe une vigoureuse reprise de la natalité. Nous ne reviendrons pas en détail sur les causes de ce phénomène [11]. Rappelons qu'il est dû, pour l'essentiel, au retour anticipé des prisonniers dans certains cas, à la démobilisation, puis à la fin des hostilités et la reprise de la nuptialité causée par les mariages différés. Cette reprise a été, de plus, encouragée par les politiques étatiques de certains pays (cartes de ravitaillement, allocations diverses, assistance médicale) et par la quasi-disparition du chômage qui avait été un des facteurs du repli démographique des années trente. Elle a eu des effets d'autant plus importants que la baisse spectaculaire des taux de mortalité infantile a permis à la plus grande partie des enfants mis au monde d'arriver à l'âge adulte.

On assiste donc partout à un rajeunissement de la population d'autant plus perceptible qu'il se conjugue avec la faible natalité d'avant-guerre. Si l'on excepte l'Italie, qui n'a pas vraiment connu de minimum, les dates d'étiage sont les suivantes pour quelques pays européens [12]

Allemagne et Royaume-Uni	1933
Suède	1934
Norvège	1936
Autriche	1937
Pays-Bas	1938
Belgique et France	1941

La proportion des moins de vingt ans dans la population totale a augmenté de façon significative entre la fin des années trente et 1967 à cause du double effet du ralentissement démographique de l'immédiat avant-guerre et du baby-boom. En une quinzaine d'années, c'est-à-dire entre 1951 et 1967, le nombre des jeunes de 15 à 25 ans a augmenté de 18 % dans la population totale, soit environ de 1,1 % par an.

On ne peut cependant pas considérer l'augmentation de la proportion des jeunes comme ayant véritablement un caractère explosif, puisqu'on ne fait que revenir à la situation antérieure aux années trente et que ce rajeunissement conjoncturel n'a pas arrêté la marche, sur le long terme, vers un vieillissement général de la population européenne. Voici, à titre d'exemple et pour quelques pays, le nombre de personnes de plus de 60 ans pour 100 habitants, en 1940 et en 1967-68 (le chiffre concernant l'Allemagne n'est pas

PROPORTION DES 20-34 ANS
DANS LA POPULATION TOTALE (1970)

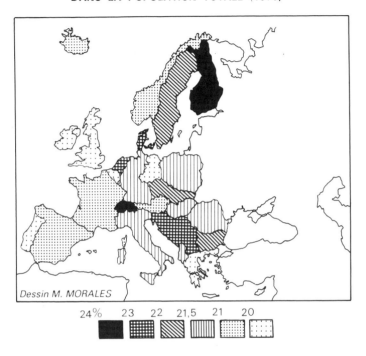

Dessin M. MORALES

24%   23   22   21,5   21   20

Source: Atlas de la population européenne, J.M. DECROLY et J. VANLAER,
Ed. de l'Université, Bruxelles 1991.

significatif en raison des changements de frontières et du problème des réfugiés) :

Pays	1940	1967-67
Autriche	13,8	20,1
Belgique	13,8	18,8
Danemark	11,8	16,9
France	15,2	18
Italie	11	14,7
Pays-Bas	11,5	14,1
Royaume-Uni	13,7	18,1

On remarque donc que la population européenne présente, dans l'ensemble, à la fin des années soixante, une caractéristique particulière : l'augmentation simultanée de la proportion des jeunes et de celle des vieux dans la population totale (avec diminution en valeur relative de la population adulte), ce qui peut expliquer la virulence de certains conflits de générations, ce mot étant pris au sens de « génération sociale », c'est-à-dire « *un groupe d'hommes appartenant à des familles différentes dont l'unité résulte d'une mentalité particulière et dont la durée embrasse une période déterminée* » [13].

Et parmi les jeunes, ceux qui vont d'abord imprimer de leur marque la fin de la décennie sont les étudiants. Car partout en Europe comme dans tous les pays développés, l'augmentation du nombre des étudiants a été proportionnellement beaucoup plus forte que celle des jeunes en général.

Les progrès de la scolarisation et l'université de masse

Dans toute l'Europe, depuis la fin des années cinquante, les pays sont confrontés d'une part au gonflement des jeunes générations, et d'autre part à la nécessité de les scolariser, du fait des exigences nouvelles de la société et du monde du travail. Certains États comme le Royaume-Uni, l'Allemagne fédérale ou encore la Belgique laissent cohabiter dans l'enseignement un secteur libre (en général confessionnel) et un secteur public. En Belgique par exemple, 62 % des élèves de l'enseignement secondaire sont encore scolarisés dans des établissements confessionnels à la fin des années cinquante [14]. Et parfois l'enseignement religieux est encore inclus dans les programmes, même si la déchristianisation se développe. Ce n'est qu'à la fin des années cinquante que la séparation administrative s'effectue entre Église et École dans certains pays scandinaves (en 1958 en Suède, en 1959 en Norvège). Les pays à forte tradition catholique comme l'Espagne, l'Italie ou le Portugal conservent bien entendu un enseignement confessionnel tout puissant.

Mais l'enseignement public et laïc progresse, même si, comme en France par exemple, l'État est obligé de s'impliquer financièrement s'il veut acquérir un contrôle accru sur l'enseignement privé (Loi Debré, 1959) et cet accroissement de l'importance de l'enseignement public, du fait de sa gratuité et des systèmes de bourses qui se multiplient, contribue fortement à « démocratiser l'école » (l'idée d'une école unique accueillant les élèves issus du primaire se concrétise dans la plupart des pays) et à gonfler le nombre de jeunes scolarisés au-delà de l'âge obligatoire. Les enseignements primaire et secondaire (technique et général) se développent donc partout en Europe : en France par exemple on passe d'un million d'élèves en 1950-51 à 3 millions en 1964-65 et à près de 4 millions en 1969 ceci dans l'enseignement secondaire [15].

La progression du nombre des étudiants à l'Université est encore plus spectaculaire par rapport à la situation antérieure, progression facilitée par la croissance du nombre de jeunes obtenant un diplôme de fin d'études secondaires et par le développement d'un système d'aide sociale dans l'enseignement supérieur avec distribution par l'État de bourses, de prêts, et la construction de restaurants et de logements étudiants. Ceci est particulièrement vrai dans les pays scandinaves, en Grande-Bretagne ou en Belgique par exemple. En Allemagne de l'Ouest, ce sont les *Länder* qui intègrent ces dépenses dans leur budget, tandis que le patronat, dans le cadre de conventions avec les salariés, participe à la distribution d'avantages sociaux pour les parents d'étudiants. Mais une enquête de l'OCDE a montré que dans les années 60-70 des pays où l'aide était très limitée comme la Grèce par exemple ont connu une croissance du nombre des étudiants aussi forte qu'ailleurs, et cela relativise l'importance de ce facteur, c'est-à-dire que le désir d'accéder à l'enseignement est très fort, même dans des familles dont les moyens sont limités. L'arrivée massive des femmes dans l'enseignement supérieur est un paramètre essentiel pour expliquer la croissance numérique des candidats aux diplômes. En quinze ans, de 1950 à 1965, le nombre des étudiantes a doublé en Europe, bien que la progression ne soit pas la même suivant les pays. L'égalité entre hommes et femmes est d'ores et déjà atteinte au début des années soixante-dix dans certains pays scandinaves et dans les pays socialistes, alors qu'en Allemagne fédérale, aux Pays-Bas, en Suisse, la proportion des jeunes femmes n'est à l'époque que de 35 %[16].

La « poussée étudiante » correspond aussi à une forte demande, de la part des administrations publiques comme des entreprises industrielles ou commerciales, de jeunes mieux formés. Car l'utilisation des progrès scientifiques et techniques implique des compétences générales plus développées de la part des cadres qui doivent pouvoir s'adapter plus facilement aux changements rapides qui affectent le monde du travail. La montée des « cols blancs » par rapport aux « cols bleus » est décisive à cet égard.

Il ne faudrait pas croire cependant que l'Université s'ouvre partout en Europe aux flots de jeunes issus de l'enseignement secondaire. D'une part, la reproduction sociale joue un rôle déterminant. Pour la France, on ne note par exemple aucune évolution entre le début des années soixante et le milieu des années soixante-dix [17] :

Sur 100 étudiants :

Catégorie du chef de famille	1960-61	1975-76
Agriculteur, exploit. ou salarié	6	6
Ouvrier	6	11
Employé	8	9
Patron ind. et commerce	18	10
Cadre moyen	19	16
Prof. lib. et cadres sup.	29	30
Autres, non déclarés	14	18

Bien sûr, il faut nuancer ces données, le pourcentage des deux premières catégories étant en diminution relative dans la population active totale, mais les chiffres sont néanmoins signicatifs de la persistante inégalité des chances devant l'accès au savoir. Et ceci est également vrai dans les démocraties populaires. Voici, pour quelques États de l'Europe de l'Est, les pourcentages d'enfants d'ouvriers, de paysans, et de membres de l'« intelligentsia » parmi les étudiants [18] :

Pays	Ouvriers	Paysans	Intelligensia	Autres
Pologne 1964	30,4	18,8	45,4	5,4
Tchécoslovaquie 1963	37,9	8,3	53,8	
Yougoslavie 1957	12,0	25,5	47,4	15,1
RDA 1965	35,0	5,9	52,4	7,7
Hongrie 1963	33,0	10,8	56,2	—

D'autre part, le système scolaire effectue, d'une façon ou d'une autre, le filtrage à l'entrée de l'enseignement supérieur. Le tableau suivant nous donne, pour quelques pays d'Europe, l'évolution du pourcentage des générations de 19 ans d'âge entrant dans l'enseignement supérieur [19] :

Pays	58-59	70-71
France	7	19
Grande-Bretagne	6,5	15,5
Pays-Bas	8	21
RFA	6	15
Yougoslavie	11,3	30,5

En Grande-Bretagne par exemple, pour devenir étudiant, on doit posséder le « *General Certificate of Education* » et présenter une liste de cinq universités dans lesquelles on souhaite être admis. Mais moins de la moitié des titulaires du GCE peuvent finalement aller à l'Université, les exclus entrant en général dans des écoles professionnelles. D'autres pays utilisent la règle du *numerus clausus* pour certaines disciplines. En Suède, il existe des facultés « fermées » (médecine, études d'ingénieurs, d'agronomie, de sciences naturelles ou de technologie) et « ouvertes » (droit, sciences économiques et sociales, mathématiques par exemple). On peut noter cependant que dans certains pays comme la France une sélection « sans douleur » se fait en amont, par une pré-orientation dès l'entrée dans le secondaire, avec distinction de sortes de filières (type I destinée en principe à poursuivre jusqu'au bout des études secondaires générales, type II et III dont les élèves s'arrêtent en fin de cycle, après la cinquième ou la troisième pour s'orienter vers l'apprentissage ou un enseignement technique court). Il n'en demeure pas moins vrai que, malgré la sélection effectuée de l'une ou l'autre manière, le nombre de postulants à une place dans l'Université augmente massivement et que cela pose des problèmes de coût à la société. Voici quel fut, pendant les 10 à 15 années précédant l'explosion de 1968, la progression annuelle en pourcentage du nombre des inscriptions, comparée à celle du coût de l'enseignement supérieur dans quelques pays[20] :

Pays	Période	Croiss. annuelle des inscriptions	Croiss. annuelle des dépenses de l'ens. sup.
All. Féd.	57-67	5	13,9
Belgique	58-67	8,6	9,1
Danemark	55-67	7,3	20,5
Espagne	50-68	6	12,4
France	58-68	9,8	12,4
Yougoslavie	62-68	9,6	18

On remarque que la croissance des dépenses dépasse de beaucoup celle du nombre des inscrits. Cela est dû aux coûts de plus en plus élevés des appareillages scientifiques et des techniques nécessaires à la formation de haut niveau, ainsi que des équipements en bibliothèques. Les universités, du fait des besoins de l'économie, doivent équiper de toute pièce de nouvelles formations dans des départements d'enseignement nouveaux, où rien n'existe au départ. Mais il faut également tenir compte des dépenses effectuées pour la construction massive de locaux aux infrastructures de plus en plus diversifiées, à proximité d'agglomérations où les prix des terrains, à cause de la croissance urbaine, augmentent, même si la politique d'installation des « campus » à l'extérieur se développe, comme à Nanterre par exemple. Si bien que l'on assiste à une véritable course-poursuite entre les besoins et les possibilités de financement de la part des organismes responsables, d'autant plus que les sources de financement propres des établissements d'enseignement supérieur tendent à se réduire par rapport à celles des pouvoirs publics. La part des donations, traditionnelles en Grande-Bretagne ou dans les pays scandinaves, diminue considérablement. Avant la Deuxième Guerre mondiale, les ressources propres des universités britanniques représentaient plus de la moitié de leur budget, elles ne constituent plus que 8 % de celui-ci en 1970. En Suède, après la nationalisation des universités (à part l'École des sciences économiques de Stockholm) les ressources provenant des donations ne représentent plus que 5 % du budget des anciennes universités. Ces chiffres pourraient faire croire que les États ou les collectivités locales qui comptent beaucoup dans des pays comme la Suisse, la RFA ou même la Grande-Bretagne, mettent désormais au premier plan de leurs préoccupations les dépenses d'enseignement, et en particulier d'enseignement supérieur. Or, et cela leur sera beaucoup reproché a posteriori, les pouvoirs publics, reflets des majorités politiques, hésitent à augmenter la fiscalité pour financer les infrastructures nécessaires à la demande universitaire. En France, les dépenses générales d'éducation représentent à la fin des années 1960, 4,5 % du PNB, à égalité avec l'Italie et pour l'enseignement supérieur environ 0,6 %. Certains pays européens sont cependant mieux placés : 7,4 % du PNB pour les pays scandinaves (avec 1,4 % pour l'enseignement supérieur), 6,4 % pour le Royaume-Uni (et 1,2 % du PNB pour l'enseignement supérieur).

Malgré ces réserves, on ne peut nier un accroissement général des charges financières supportées par les États, ce qui a pour conséquence de menacer la traditionnelle autonomie des universités par rapport à la pression des pouvoirs publics. Et c'est en partie ce qui va conduire aux protestations et aux manifestations qui se développent à partir de 1965 dans les universités.

Même si l'on peut contester l'utilisation du terme de « génération sociale » pour parler des étudiants, dans la mesure où s'opère parmi eux un renouvellement constant et où la variété des cursus interdit de présenter un modèle de pensée et de comportement commun à tous, même si de grandes divergences de mode de vie et de préoccupations journalières opposent étudiants et jeunes ouvriers ou apprentis, on ne peut nier, comme le soulignait Edgar Morin [21] à propos de Mai 68 en France, qu'une « *lutte de classe d'âge a fait rage (jeunes contre gérontes, jeunes contre société adulte)* ». Et ceci est vrai pour la plupart des pays d'Europe, car la révolte des campus a débouché sur une contestation plus globale, dans laquelle toute une jeunesse a été impliquée. Comme le souligne Robert Frank : « *La jeunesse comme nouveau type de personnage social, nouveau type d'acteur dans la société entre en scène. Ceci n'est pas nouveau au XXe siècle, mais quand, dans les décennies précédentes, on se réfère à la jeunesse et aux jeunesses et à leur poids dans l'histoire, on pense aux jeunes (au pluriel) ou aux mouvements de jeunesse de tel bord politique (...). Le phénomène nouveau est cette culture de masse des jeunes, qui existe en dehors des différentes corporations ou des différentes forces politiques (...). Donc de nouvelles pratiques sociales s'observent dans le monde de la jeunesse à partir des années soixante* » [22].

Cette jeunesse n'a pas connu la guerre, n'éprouve pas vis-à-vis des anciens la révérence dont ceux-ci étaient entourés par le passé. D'autant plus que la Seconde Guerre mondiale avec sa démesure suscite plus de sentiments d'horreur à l'égard des événements que d'admiration envers les combattants. D'autre part on note, depuis la fin des années cinquante, une très nette volonté de remettre en cause les valeurs traditionnelles héritées des aînés, le nationalisme et la religion par exemple. Le « groupe jeune » tend à se forger ses propres règles, à s'éloigner du groupe des « gérontes », à se constituer à lui seul une « subculture »[23] dont nous avons vu un des aspects avec la vague yé-yé. C'est ce que symbolise la chanson phare des Who, *My generation*, écrite en 1965, et dans laquelle on trouve cette phrase emblématique : «*I hope I die before I get old*» (J'espère mourir avant de devenir vieux).

On observe d'ailleurs un glissement progressif, en Europe comme aux États-Unis, de la signification de la culture rock. Les Beatles, anoblis par la reine d'Angleterre, avaient intégré le système et d'après certaines analyses, ôté de l'univers de la *pop music* sa violence. Les Rolling Stones et les Who prirent le relais, dans un registre beaucoup plus radical (les images de Pete Townsend cassant sa guitare sont restées célèbres). Le rock était en train de tenir lieu, pour une frange de la jeune génération, de conscience révolutionnaire, même si les chanteurs occidentaux n'avaient aucune prétention à symboliser, comme ce fut le cas au contraire en Tchécoslovaquie avec le groupe Plastic People, une véritable contestation politique. Et la contre-culture qui naît à ce moment-là dans le monde anglo-saxon est bien le signe de la dérive qui s'empare alors de la société. L'usage de la drogue, bien que très marginal, se répand dans l'« *underground* »[24] musical ou littéraire de la fin des années soixante et Londres devient la capitale européenne de la « *permissive society* », où l'on rejette pêle-mêle les tabous. Le journal *International Times*, devenu *I.T.* après le procès intenté par le « vrai » Times, lancé en 1966 avec l'aide du milliardaire *underground* Victor Herbert, faisait l'apologie de la drogue et publiait des petites annonces choquant la morale traditionnelle et ce, malgré de fréquentes descentes de police. Les dérives et les excès de l'*underground*, qu'il ne faut cependant pas généraliser, symbolisent cependant bien le fossé qui était en train de s'élargir par rapport à la morale et aux valeurs de la génération précédente, fossé qui avait commencé à lentement se creuser à partir de la fin des années cinquante, nous l'avons vu [25]. En même temps, la société de consommation qui se développe durant les Trente Glorieuses tend encore à individualiser le groupe des jeunes, devenu une cible commerciale privilégiée. Ces jeunes de plus en plus nombreux constituent un véritable marché qu'il convient de flatter, ce qui va entraîner chez certains un rejet de la société industrielle et de ses valeurs molles de confort comme le montrent très justement Georges Perec dans *Les Choses* ou le chef de file des Situationnistes Guy Debord dans *La société du spectacle*. Ainsi sont de plus en plus nombreux les adolescents tentés par des conduites « anorexiques » devant une « mère société » gaveuse, mais aussi reniant avec violence le modèle productiviste de la société capitaliste et se cherchant des modèles nouveaux.

Les remises en cause radicales

Le triomphe des sciences sociales

S'il est vrai que dans les écrits des acteurs des événements de 68 « *on ne trouve pas traces des "idées" des idéologues, ce qui contredit la thèse d'une "pensée 68"* » [26], des changements profonds s'opèrent dans les modes de pensée, véhiculés par les jeunes enseignants dans les facultés de lettres en particulier dont les effectifs augmentent beaucoup plus vite que ceux des facultés des sciences ou de médecine. Si l'on considère par exemple pour la France l'évolution des pourcentages de reçus aux diverses filières du baccalauréat, on constate, entre 1959 et 1969, une inversion de la tendance [27].

Études poursuivies	1959	1969
Littéraires	45 %	54 %
Sciences de la nature	25 %	26 %
Sciences exactes	30 %	20 %

En 1964-65, on comptait dans l'enseignement supérieur 123 000 étudiants en lettres et 101 600 en sciences ; quatre ans plus tard les chiffres sont les suivants : respectivement 196 100 et 123 400 [28].

En Espagne, la proportion des étudiants en lettres était de 17,7 % en 1964-65 et de 25,8 % en 1969-70. Et les étudiants en sciences humaines et sociales ont une image beaucoup plus « intellectuelle » de leur rôle social. Ils ont donc tendance à être plus actifs politiquement que ceux qui se destinent à des carrières plus techniques. Dans le même temps, le côté généraliste de leur formation les expose à un décalage entre leurs aspirations sociales et les emplois auxquels ils peuvent prétendre, et certains sont menacés de déclassement par rapport à leurs parents. Or dans le même temps, les sciences humaines et sociales connaissent, dans les années soixante, un renouvellement important, qui prolonge et modifie la pensée existentialiste de l'immédiat après-guerre.

La réflexion sur le marxisme se diversifie et elle est caractérisée par deux tendances qui se nourrissent d'apports philosophiques novateurs. C'est tout d'abord la théorie critique, dans le prolongement de l'école de Francfort et de son « Institut de la recherche sociale », fondé en 1923 et qui, après s'être exilé aux États-Unis en 1935, a réintégré l'Allemagne de l'Ouest en 1950 sous la direction de Max Horkheimer et de Théodore Adorno, d'autres membres restant aux États-Unis, comme Marcuse. La théorie critique est une analyse globale néomarxiste mais également inspirée de la psychanalyse, autour des notions de domination et d'autorité : « *Derrière la réduction des hommes à l'état d'agents et de porteurs de la valeur d'échange, il y a la domination des hommes sur les hommes* », écrit Adorno. Marcuse parle d'une « *non-liberté confortable* » dans les démocraties modernes et la civilisation industrielle avancée. Les plus célèbres des penseurs d'origine allemande issus de cette école se retrouvent dans tous les secteurs de la vie intellectuelle contemporaine, que ce soit dans la littérature (Léo Löwenthal), la psychologie et la psychanalyse (Erich Frömm, Bruno Bettelheim, Nathan Ackerman), le droit et la science politique (Otto Kirchheimer, Franz Neumann, Friedrich Pollok), etc. Leur rôle fondamental dans l'Allemagne conservatrice du début des années 1960 a été fondamental, l'École attaquant le « *Positivismusstreit* » ambiant, c'est-à-dire le positivisme qui insiste sur la distinction des faits et des valeurs, et l'empirisme dans les sciences sociales. L'École de Francfort a lancé des pistes de réflexion qui ont irrigué les mouvements de la contre-culture occidentale des années soixante, c'est-à-dire la critique de l'autoritarisme familial ou éducatif, la liberté sexuelle, mais aussi l'hostilité à la « pratique » politique conventionnelle.

L'autre mouvement part du structuralisme, né dans les années 1920 à Prague parmi les linguistes comme Roman Jackobson ou Nicolaï Troubetzkoy. Il a pour finalité, en analysant tous les éléments qui composent un objet, au besoin en le déstructurant, de mettre en évidence les règles de fonctionnement de cet objet. La diffusion de cette méthode nouvelle touche à toutes les disciplines des sciences sociales. Elle triomphe dans l'ethnologie et l'anthropologie avec Claude Lévi-Strauss qui publie, en 1955, un ouvrage au retentissement considérable, *Tristes Tropiques*, puis dans la littérature par le biais de la linguistique. Roland Barthes s'emploie d'abord à scruter le discours littéraire, sa recherche s'étend ensuite à une analyse sémiologique de la société des années soixante, dont il isole les éléments constitutifs. Il ne dédaigne pas s'attaquer à des manifestations aussi triviales que la mode, la musique populaire, la cuisine, rencontrant un véritable succès public.

Le structuralisme est également présent dans la psychanalyse, discipline qui acquiert en Europe une sorte de consécration et trouve en Jacques Lacan un rénovateur qui dépoussière la pensée freudienne, dans la sociologie bien sûr, avec Jean-Claude Passeron et Pierre Bourdieu qui, dans *Les Héritiers* [29] opèrent une véritable déconstruction des mécanismes de la reproduction sociale. On retrouve aussi l'empreinte structuraliste dans l'analyse philosophique dont Michel Foucault est une des figures les plus marquantes (il publie *L'Histoire de la folie à l'âge classique* en 1961 et aussi *Les Mots et les Choses*, en 1966), mais aussi chez Louis Althusser qui a marqué, par son enseignement de philosophie à l'École normale supérieure à Paris, des générations d'intellectuels.

L'application de la méthode structuraliste à tous les aspects des sciences sociales aboutit rapidement à une contestation des courants de pensée traditionnels orientés vers l'humanisme, que l'on trouve dans les disciplines enseignées de manière académique à l'université, la littérature ou histoire. Et, à cet égard, l'opposition entre Roland Barthes et le professeur Raymond Picard sur l'œuvre de Racine, ou les attaques largement médiatisées de Lévi-Strauss qui dénonce la place de l'Histoire dans la pensée occidentale [30], sont caractéristiques du fossé qui se creuse entre des modes de pensée novateurs d'une part et traditionalistes d'autre part. D'ailleurs, l'on observe que « *la lutte antimandarinale que recouvre nécessairement l'offensive structuraliste provient de lieux prestigieux mais marginaux par rapport à l'Université, Collège de France, ENS de la rue d'Ulm, École pratique des Hautes Études, CNRS... où les structuralistes occupent des positions souvent fra-*

giles et mènent des carrières contournant systématiquement l'université parisienne » [31]. Et cela rejoint les critique faites à l'enseignement universitaire dispensé dans les autres pays et que reflète le texte suivant, écrit à propos de l'université de Turin : « *L'École et l'Université italiennes sont absolument dépourvues d'imagination sociologique. Les esprits théoriques et déductifs de nos enseignants sont particulièrement récalcitrants à toute forme d'appréciation d'ordre sociologique, en tant que critère pour vérifier leurs affirmations. L'Université est une région céleste complètement coupée du reste du monde* » [32].

La contestation, partie d'une petite minorité d'intellectuels et nourrie de la critique des valeurs traditionnelles de la culture et de la société allait pouvoir s'enrichir d'apports nouveaux, venus en premier lieu des États-Unis où la publication par Marcuse de *L'Homme unidimensionnel* en 1964 va développer dans les campus une réflexion sur la société uniformisée, administrée et normatisée, et par là même aliénante. À cela, s'ajoutent les mouvements contre la guerre du Vietnam qui se développent dans un contexte de mythification des mouvements de libération du Tiers-Monde.

Les influences venues d'ailleurs

« *L'histoire blanche est l'histoire de tout pouvoir qui exclut et qui est fondé sur le pouvoir d'exclure ; en fait et en droit, il se justifie à ses propres yeux en tant que "pouvoir d'exclure"* ». C'est ainsi que s'exprimait le sociologue Gianni Scalia lors d'un séminaire à l'université de Trente, pendant l'occupation des locaux de la faculté de sociologie en janvier 1968. Cette accusation de l'impérialisme blanc, on la retrouve dans tous les mouvements d'inspiration de pensée marxiste qui observent les événements d'Amérique latine ou d'Asie pour en tirer des leçons plus générales, peut-être des modèles à transposer.

165

La réussite de la révolution castriste a été porteuse, pendant de longues années, d'espoirs pour tous les mouvements de libération des peuples du Tiers-Monde, en lutte contre leurs propres gouvernements et l'appui apporté sans discernement à ceux-ci par les États-Unis. Et la conférence tri-continentale de La Havane qui réunit en 1964 des délégués venus de 82 pays, annonçait un véritable programme à l'usage des peuples en lutte. Mais Cuba ne constitua pas seulement, pendant un temps, le pôle d'attraction majeur pour les États du Tiers-Monde. Il constitua un véritable mythe pour les jeunes Occidentaux, et ce mythe allait remplacer, à côté de celui de la Chine de Mao, l'admiration de leurs aînés pour l'URSS, dont l'image avait été ternie par les événements de 1956 et la remise en cause, non pas du marxisme, mais de la lecture univoque qu'en faisaient les générations précédentes. Alors que les jeunes se heurtaient, dans les démocraties occidentales, à des partis communistes nationaux restés staliniens dans leur essence, se développait un mouvement qui voyait, sans doute de manière inconsciente, dans les mythes tiers-mondistes une application nouvelle et pure du marxisme.

Ilios Yannakakis, ancien professeur à l'université de Prague et qui a quitté la Tchécoslovaquie en 1968, analyse ainsi le « gauchisme » des années soixante en Europe par rapport à sa perception du Tiers-Monde : « *En premier lieu, il opère un choix, en sélectionnant parmi les pays du Tiers-Monde ceux qui sont "en révolution", mais en révolution, dirait-on, de type bolchevique. En deuxième lieu, il "régénère" la vulgate marxiste en l'"épurant" du "révisionnisme" et, par la même, ravive les thèses "zinoviévistes". En troisième lieu, il teinte cette vulgate d'exotisme, ce qui a permis à la vulgate tiers-mondiste de se différencier, en apparence, de sa matrice originelle. Ainsi la vulgate tiers-mondiste peut être définie comme la version exotique de la vulgate marxiste* »[33].

Même si cette analyse apparaît un peu schématique et par là même réductrice, elle met en lumière le « triptyque » autour duquel le tiers-mondisme se structure dans les années soixante, et s'applique à la vision que les jeunes gauchistes ont de la Chine de Mao, de la révolution cubaine, et de la guerre du Vietnam qui, à leurs yeux, présentent des caractères communs : réhabilitation d'une avant-garde de la révolution permanente, groupe armé qui s'oppose, dans la conception de son action, au Parti-État amené à se scléroser dans le système socialiste traditionnel. L'affrontement final oppose alors le couple « capitalisme/impérialisme » aux guerilleros du Tiers-Monde.

Ce gauchisme tiers-mondiste, issu du marxisme, rencontre, dans les années soixante, nous l'avons vu, un mouvement « christiano-tiers-mondiste » qui conjugue préoccupations généreuses vis-à-vis des populations souffrantes des pays les plus pauvres (que l'on retrouve dans les débats autour de Vatican II) et condamnation du profit, maître mot des sociétés capitalistes. Dans ce contexte, le formidable élan que constitue, pour les milieux intellectuels, l'exemple du dynamisme révolutionnaire que certains sont allés constater sur place, n'est guère étonnant. Il y avait eu, pour les générations précédentes, le « voyage à Moscou ». Désormais, le voyage à Cuba le remplace. « *Théâtre d'une révolution originale et peut-être sans précédent* », écrivait Raymond Aron en 1961 [34], « *Cuba appartient aujourd'hui à l'histoire universelle. Les intellectuels progressistes d'Europe et d'Amérique font le pèlerinage à La Havane comme celui de Moscou ou Belgrade (...) Fidel Castro est devenu un des prophètes du camp socialiste (...) Entrée dans la légende avant d'être entré dans l'Histoire, la révolution cubaine impose à l'observateur qui se voudrait objectif une tâche difficile de discrimination entre le mythe et la réalité* ».

Dès 1962, des étudiants comme Régis Debray, Bernard

Kouchner, Serge July ou Henri Weber se rendent à Cuba, offrant leurs services avec l'impression d'être « utiles », puisque les intellectuels européens doivent, pensent-ils, servir à l'éducation théorique et à l'élaboration du modèle castriste. On filme à Cuba (Chris Marker, *La fête cubaine*), on écrit sur Cuba, les éditions Maspero se spécialisent dans l'édition et la traduction des écrits de Castro mais aussi, plus généralement, de la littérature contestataire d'Amérique latine. Mais peu à peu, au fur et à mesure que Castro, après s'être déclaré en décembre 1961 marxiste-léniniste, radicalise sa politique répressive, l'enthousiasme retombe. À partir de 1966, la figure de Che Guevara occulte, pour beaucoup, celle de Castro. Certes, on avait parlé de lui avant cette date. Il était présenté comme le numéro deux du régime, on connaissait son passé révolutionnaire : lutte contre Peron en Argentine, pour Arbenz au Guatemala ; dès 1955, il s'était trouvé avec Castro au Mexique. En 1958, à la tête de ses guerilleros, il avait contribué à la chute de Batista. On peut dire cependant qu'il entre dans la légende après que, démissionnant de ses charges ministérielles à Cuba, il commence à parcourir le monde pour « exporter la révolution ». En Afrique, il a tenté sans succès de déclencher une insurrection dans l'ex-Congo belge. Mais on ne sait pas grand-chose en fait de ses activités. Simplement, comme il avait dit « *Deux, trois, dix Vietnam* », on le voit partout où l'agitation révolutionnaire se développe. Cet activisme réel ou supposé fascine le monde des intellectuels. Sa mort, en 1967, va enflammer le mythe. Il apparaît alors comme une figure christique, celle du combattant sans attaches, mort pour la « Cause ». Auprès de lui se trouvait un Français, Régis Debray, qui est emprisonné en Bolivie, condamné à trente ans de prison, et dont l'incarcération soulève un grand mouvement de solidarité de la part des intellectuels (il est finalement libéré en 1970 après quatre ans de détention).

Le mythe révolutionnaire de Cuba, prolongé par la figure emblématique du Che, dont les posters figuraient dans les chambres des étudiants de Nanterre et d'ailleurs, est celui d'une révolution exportable, renouant avec la jeune pensée marxiste du milieu du XIXe siècle : « *Prolétaires de tous les pays, unissez-vous !* ». On retrouve partout en Europe cet engouement pour les événements d'Amérique latine, à Amsterdam, à Berlin où les étudiants de l'université, fortement politisés, terminaient souvent leurs discours par le cri de guerre de Castro « *Venceremos !* ». Et à titre d'exemple, on peut rapporter ici ces paroles, prononcées par Lionel Soto, directeur national des « Écoles d'instruction révolutionnaire de Cuba », lors de la « Semaine de la pensée marxiste », tenue le 20 mars 1963 à Paris : « *Être révolutionnaire est une condition qui ne s'acquiert pas dans l'isolement du monde, mais bien au contraire, s'obtient dans l'action et la recherche créatrices en faveur des peuples... L'humanité travailleuse qui ne s'est pas encore libérée de l'exploitation capitaliste vit actuellement dans un grand espoir : la Révolution, le Socialisme* ».

Les événements d'Asie focalisent également l'attention des intellectuels d'extrême-gauche en Europe. Le Vietnam, bien sûr, car l'engagement américain, considéré comme une intervention impérialiste, avait été condamné par le tribunal Russel (rejoint par Sartre) en août 1966 et déclenchait dans les campus américains des mouvements de protestation de plus en plus nombreux, organisés par ce que l'on appelait la « nouvelle gauche », autour du SDS (*Students for a Democratic Society*). Le *Free Speech Movement*, de Berkeley, créé en 1964 à l'université de Californie donna un peu plus tard naissance au *Vietnam Day Committee* qui fut un des moteurs déterminants de l'agitation étudiante internationale. Des « marches pour le Vietnam » sont organisées dans toutes les capitales européennes, drainant de plus en plus de monde et permettant à des jeunes venus d'horizons différents de se rencontrer et de discuter entre eux.

Le Vietnam, mais aussi la Chine de Mao qui représente par la ligne idéologique suivie par son leader un nouveau champ d'application du marxisme-léninisme dévoyé dans les pays communistes occidentaux de même qu'un modèle de société vertueuse à opposer à la société occidentale corrompue et consumériste. À partir de 1965, le maoïsme se répand en Europe, en Allemagne de l'Ouest dans la fraction gauchiste dissidente du SPD, le SDS (*Sozialistischer Deutscher Studentenbund*, Union socialiste des étudiants), en France dans des organisations groupusculaires telle l'Union des Jeunesses communistes marxistes-léninistes (UJCML), fondée à Normale sup en 1966 et éditant le mensuel « *Gardes Rouges* », ou encore à Pise, Turin, Milan ou Rome. En fait, la pensée de Mao se propage parmi une minorité de militants mais déborde aussi bien au-delà, puisqu'on la retrouve dans les revendications syndicales autogestionnaires par exemple. C'est qu'elle rejoint la confuse aspiration à se libérer du joug de l'État, tout puissant dans l'organisation politique traditionnelle, comme de tout modèle politique ancien, la commune populaire, cellule de base de la nouvelle société chinoise, rejoignant l'idéal des socialistes utopiques du XIXe siècle. On retrouve en Allemagne, comme chez les « *Provos* » libertaires des Pays-Bas le même terme de « *Kommune* », même si les organisations ainsi dénommées n'ont pas grand-chose à voir avec la Commune de Paris de 1870 ou les communes populaires de la Chine des années soixante.

La contestation politique grandissante

Ces diverses influences, sensibles dans une jeunesse, nous l'avons vu, de plus en plus nombreuse et informée, sont d'autant plus importantes qu'au niveau politique on constate un essoufflement des partis qui encadrent d'ordinaire l'opinion.

La gauche traditionnelle, communiste, socialiste, sociale-démocrate accepte le jeu politique avec ses partis, sa discipline de vote, ses alliances parfois contre nature. Elle a sacralisé l'État, que ce soit l'État propriétaire des moyens de production ou l'État du Welfare State. Elle a fait sienne les notions de planification, de centralisation et lorsqu'elle est au pouvoir, que ce soit dans les pays de l'Est ou dans les démocraties occidentales, elle s'accommode d'une bureaucratie omniprésente. Elle a foi dans le progrès scientifique et technique, dans l'industrialisation comme garantie du mieux-être des populations.

Cette gauche traditionnelle, qui se retrouve dans les syndicats, milite pour des augmentations de salaire, contre le chômage, fait grève lorsque des secteurs économiques sont menacés (comme les charbonnages, en Belgique, en France, en Grande-Bretagne), mais ne s'intéresse que très indirectement à ce qui enflamme l'imagination de jeunes « gauchistes » et des intellectuels, c'est-à-dire les luttes tiers-mondistes. Une « nouvelle gauche » unit alors, artificiellement sans doute, pacifistes et poseurs de bombes, trotskistes et maoïstes, léninistes ou libertaires. Mais ses composantes avaient en commun le refus du jeu politique traditionnel, ses membres militaient pour une déconcentration du pouvoir, que ce soit dans les universités ou les lieux de travail, dénonçaient l'« aliénation » dont était victime la classe ouvrière. Cette nouvelle gauche s'éloignait aussi des partis communistes qui, à l'image du PC français, purgeaient leur organisme de sa frange étudiante contestataire. Seul le parti communiste italien, qui avait dès 1956 condamné le culte de la personnalité, semblait adapté à l'évolution de la sensibilité d'une partie de la jeunesse, d'où l'appellation d'« Italiens » dont furent affublés les dissidents de l'Union des étudiants communistes en France, éliminés les uns après les autres, ce qui eut pour résultat la formation de groupuscules incontrôlables [35].

Cette nouvelle gauche, dont les premières manifestations furent sensibles dès 1962 aux États-Unis (date à laquelle le SDS, *Students for a Democratic Society*, exprime ses convictions dans la Déclaration de Port Huron) se développa à partir du milieu des années soixante en Europe. Elle se trouva paradoxalement « dopée » par l'arrivée au pouvoir des sociaux-démocrates seuls ou inclus dans une coalition gouvernementale. C'est le cas en Grande-Bretagne avec le retour d'un gouvernement travailliste en 1964, mené par Wilson, en RFA avec le gouvernement Kiesinger auquel participent des socialistes, en Italie où Aldo Moro forme des alliances gouvernementales auxquelles les socialistes acceptent de s'associer, en particulier Pietro Nenni qui devient vice-président du Conseil, mais aussi aux Pays-Bas où, d'avril 1965 à novembre 1966 les socialistes soutiennent le cabinet Cals. La gauche traditionnelle, si elle progresse partout aux élections, est alors considérée avec mépris comme « collaborationniste » par la nouvelle gauche. Le manifeste du premier mai 1968 des intellectuels socialistes anglais est significatif de cet état d'esprit : « *Nous sommes confrontés à quelque chose de nouveau qui nous paralyse : une politique manipulatrice qui nous a pris nos idées et les a transformées (...) Ce qui semble venir de nous se retourne à présent contre nous et devient le suppôt de l'argent et du pouvoir des tout-puissants* » [36].

Dans beaucoup de pays, les institutions semblent vieillissantes, et les partis traditionnels incapables de moderniser le système politique et social. Cette paralysie est particulièrement sensible en Italie où les hommes politiques s'occupent à des combinaisons parlementaires qui semblent avoir pour seul but de les maintenir au pouvoir, dans une période où le miracle économique qui avait masqué pour un temps les inadaptations et les blocages sociaux commence à pâlir, et ceci dès 1962. L'inflation, alimentée par la hausse des salaires et la fuite des capitaux due à la peur des socialistes, engendre un déficit persistant de la balance des paiements. La crise de la démocratie italienne est alimentée alors par les perturbations au sein des partis politiques, le parti socialiste se scindant en deux (l'aile gauche constitue le PSIUP, Parti socialiste italien d'unité prolétarienne) et la droite de la démocratie chrétienne flirtant avec des mouvements fascisants, malgré les mises en garde de l'Église.

La paralysie est sensible aussi dans les pays du Benelux, où les tentatives de réforme échouent, aux Pays-Bas sur le mode de scrutin, mais surtout en Belgique. Là, les événements prennent un tour plus sérieux, au sujet de l'épineux problème linguistique. Celui-ci oppose Wallons et Flamands et couve depuis longtemps, mais il est réactivé par le renversement de la situation : les Flamands, traditionnellement minoritaires dans le pays et se considérant opprimées, sont en train, depuis la fin de la guerre, de prendre progressivement le dessus. Parti d'un conflit social (grèves des mineurs et des sidérurgistes au début des années soixante), le débat se déplaça sur le front politique avec la constitution de mouvements qui se fédérèrent en un Parti du travail wallon en 1965. De leur côté, les Flamands, conscients de leur poids économique, poussaient à la partition du pays. L'agitation gagna Bruxelles, dont le statut bilingue fut attaqué par les uns et les autres, et Louvain où les étudiants nombreux et déjà politisés s'injuriaient et faisaient monter la pression. L'impuissance des partis traditionnels contribua grandement à pourrir la situation.

La contestation politique fut également forte en Allemagne fédérale. Dès la fin de 1966, l'opposition extraparlementaire (APO) rassembla des mouvements ne se reconnaissant plus dans la gauche traditionnelle, et dont le plus influent devint le SDS. Ce mouvement, animé par Karl

Dietrich Wolff, reçut le renfort idéologique de jeunes professeurs de l'« *Université libre* » de Berlin, adeptes de la pensée de Marcuse, mais également de ceux de Göttingen ou de Francfort, où enseignaient les sociologues de l'Institut de recherches sociales [37]. L'un d'entre eux, Jurgen Habermas, analysait ainsi la situation en 1967 : « *Ils* (les étudiants gauchistes) *désirent le renversement immédiat des structures de la société (...) Pour la première fois dans l'histoire de la République fédérale allemande, les étudiants jouent un rôle politique que l'on doit prendre au sérieux* » [38].

L'agitation politique contestant le régime en place se manifesta bien entendu en Espagne. Ceci n'était pas nouveau. Déjà, en février 1956, de violents incidents avaient opposé les étudiants aux forces armées et montré la convergence d'intérêt entre des groupes d'origines pourtant très différentes (des communistes aux monarchistes en passant par les catholiques) unis pour ébranler le régime. Le mouvement étudiant a toujours collaboré avec les mouvements d'opposition existant dans la classe ouvrière, d'obédiences communiste, socialiste ou anarchiste. Les slogans cités par les manifestants dès 1967 à Madrid, « Mort à Franco » et « Liberté » montrent bien l'enjeu n° 1 de la contestation, c'est-à-dire le renversement d'un régime abhorré.

Quant à la France, les élections de 1967, qui montrent une nette poussée à gauche de l'opinion publique, sonnent comme un avertissement au gaullisme désormais figé dans un pouvoir de type « pachydermique » [39]. Au second tour, la coalition des gauches (de type front populaire) recueille 46,4 % des voix. Grâce au scrutin majoritaire, les partis soutenant la politique gaulliste obtiennent 245 sièges (dont 43 giscardiens, dont le soutien peut être aléatoire, et qui vont devenir les arbitres de la majorité) contre 242. On est loin du raz-de-marée des élections précédentes qui avaient toujours envoyé une forte majorité de « godillots » (ainsi que le général appelait les fidèles députés gaullistes ou assimilés) à l'Assemblée nationale.

FORMES ET THÈMES DE LA PROTESTATION

On a coutume de parler des événements qui marquèrent la fin des années soixante en les attribuant à la seule année 1968 d'une part, et en en rendant responsables les étudiants. La réalité n'est pas si simple. L'agitation avait débuté avant l'année fatidique un peu partout en Europe, mais aussi dans le monde et se poursuivit au-delà. Surtout, elle constitua un révélateur pour les frustrations et les mécontentements diffus qui se développaient au sein des sociétés européennes. L'ampleur de la vague de protestations qui déferla des États-Unis en Europe entraîna dans la plupart des pays une onde de choc qui remua profondément le monde du travail, même si l'exemple de la France, où la grève paralysa le pays pendant de longues semaines et toucha, avec plus ou moins d'intensité, tous les secteurs de la production, est exceptionnel.

Lorsque l'on considère la période qui va de 1967 à 1969, on est frappé par l'universalité du mouvement. Aucun pays n'est épargné, même pas la sage Suisse gagnée par l'agitation universitaire, ni la Suède, où des manifestations contre la guerre du Vietnam se multiplient et donnent lieu à une mobilisation forte de la jeunesse. C'est une explosion de colère, violente, transnationale qui véhicule les mêmes slogans, le même vocabulaire, s'en prend aux mêmes responsables, le capitalisme technologique, la classe dirigeante, les forces de l'ordre au service de celle-ci, bien que, d'un pays à l'autre, l'ampleur et les formes de la protestation diffèrent souvent. À cet égard, n'oublions pas que les pays de l'Est ne furent pas épargnés même si, bien sûr, on y fustige, non le capitalisme mais les blocages du système politique et économique. Partout se juxtaposent trois directions pour l'action, plus ou moins fermes mais toujours présentes, même si elles arrivent parfois à se confondre. La revendication concernant l'institution universitaire et ses structures jugées archaïques, les programmes trop « académiques » (« *les vrais problèmes sont ceux dont les professeurs ont toujours cherché à détourner les étudiants* », lit-on dans un texte de Guido Viale), certains allant même plus loin et dénonçant la collusion entre milieux économiques et universitaires, ceux-ci étant accusés de préparer la jeunesse à s'adapter à un monde de l'argent : « *Allons-nous être des rouages ou des révolutionnaires ?* », peut-on lire dans un organe étudiant de Barcelone [40] ; en second lieu, l'aspiration à la liberté personnelle et à l'autonomie, le refus de toute autorité qu'elle soit professorale ou politique, dans une société jugée trop étouffante : « *Il est interdit d'interdire* », reste un slogan célèbre du Mai parisien ; enfin, l'action politique révolutionnaire devant entraîner la classe ouvrière, celle-ci ayant la mission historique de renverser les structures de la société.

La plupart du temps, le point de départ de la révolte est un sujet ayant trait à l'institution universitaire, mais si les éléments déclencheurs varient, en revanche le processus d'escalade est à peu près partout le même. Après une première manifestation, durcissement des autorités académiques qui détermine le plus souvent le renvoi d'un ou de plusieurs étudiants, ou leur traduction devant une instance disciplinaire, ce qui conduit à l'enchaînement manifestation-répression. Dans un second temps, la contestation déborde le cadre des universités, avec intervention des forces de police. Dès lors, la classe politique est sommée de se positionner par rapport à la répression. Parallèlement, les étudiants tentent d'ouvrir leurs manifestations aux « forces vitales ». La crise s'amplifie en se désectorialisant. Le degré de violence atteint par les manifestations et la répression dépend pour une bonne part de l'organisation politique propre à chaque pays, mais aussi de manière plus profonde de la façon qu'ont les sociétés de vivre différemment la violence. En tous cas, on observe que le groupe « étudiant », à niveau égal d'exactions, est moins réprimé que d'autres groupes sociaux, notamment celui des ouvriers. En effet, au regard de leur extraction sociale, il n'est pas rare de trouver dans les manifestations des enfants de responsables politiques, et en fait, les autorités oscillent constamment entre la peur de la propagation de l'agitation sociale, et l'indulgence vis-à-vis d'une « *crise tardive d'adolescence* » (expression que l'on retrouve curieusement dans la presse française, à la Chambre des Communes de Londres et même dans la bouche de Franco).

Partout le mouvement fut en apparence une flambée, nulle part il ne réussit à renverser les régimes politiques au pouvoir. Au contraire, dans certains cas, il réveilla la « majorité silencieuse » qui, organisant des contremanifestations, renouvela sa confiance aux équipes dirigeantes. On aurait tort cependant de conclure à un échec. Ici ce mot n'a pas de sens. Comparant une société à une personne humaine, on pourrait lui appliquer le principe des psychologues « on n'avance que par les crises ». 1968 connaît donc une crise qui va bouleverser progressivement mais en profondeur toutes les structures des sociétés européennes, en catalysant les aspirations souvent inconscientes des individus, en radicalisant à l'extrême les demandes, pour rendre possibles par la suite les avancées et les réajustements nécessaires. Comme le disait André Malraux : « *Vous avez perdu politiquement mais vous avez gagné culturellement* ».

Cela ne pouvait se faire sans débordements ni excès, et entraîna beaucoup de désillusions.

L'Europe de l'Ouest

L'Italie ouvre la voie aux mouvements de contestation, puis ceux-ci éclatent un peu partout et simultanément. Il est donc très difficile de mener une étude strictement chronologique des événements. Nous avons préféré les regrouper, certes d'une manière qui peut paraître artificielle, mais qui n'a pour objectif que la clarté du récit.

La contestation étudiante dans les pays anglo-saxons

Alors que le mouvement étudiant italien ou français, disons latin pour simplifier, entraîna les masses, en Allemagne de l'Ouest, au Benelux, au Royaume-Uni, en Autriche la lutte contre les valeurs traditionnelles et les classes dirigeantes fut circonscrite à l'Université. Peut-être faut-il voir dans ce fait une influence moindre de l'idéologie marxiste, mais surtout un encadrement plus fort de la part du mouvement syndical. Il faut aussi considérer l'attitude des autorités en place qui, comme aux Pays-Bas, pourtant réputés conformistes, tolèrent un certain désordre et surent très tôt accompagner les transformations sociologiques subies par la nation : abaissement de l'âge de la majorité de 23 à 21 ans en 1963, puis à 18 ans en 1968, véritable réforme de l'enseignement reconnaissant l'autonomie de gestion des universités et une plus grande liberté pédagogique. De même, la municipalité d'Amsterdam accueillit dès 1966 des gauchistes en son sein.

Cela ne veut pas dire que la contestation radicale resta circonscrite à un cénacle d'intellectuels ou d'étudiants. Mais on n'assista ni à Londres, ni à Amsterdam, ni en général dans les agglomérations ouvrières, à des mouvements sociaux de grande ampleur. Et pourtant, on ne peut nier l'engagement politique des étudiants. Là comme ailleurs, l'opposition à la guerre du Vietnam rassemble les mouvements d'extrême gauche, « *Démocratie 66* » fondée par Hans Guijters, Jan Terbouw et Hans Van De Merlo aux Pays-Bas, « *Comité Solidarité Vietnam* » de Tariq Ali à Londres, ou le « *Radical Student Alliance* » de la London School of Economics, qui avait inauguré à l'automne 1966 son action en s'opposant au nouveau directeur venu de Rhodésie. On peut encore citer « *Jeune Garde socialiste de Belgique* », qui en 1966 met en place une « *Conférence des Organisations d'Avant-Garde d'Europe* », regroupant non seulement des fédérations d'étudiants socialistes de divers pays, mais également des groupes gauchistes révolutionnaires [41]. Et partout, c'est la protestation contre la guerre du Vietnam qui, en s'amplifiant, fut le catalyseur des divers mouvements de protestation commençant à se développer ça et là.

En RFA, le premier noyau d'agitation se situait à Berlin où l'« *Université libre* » (créée en 1945 parce que l'Université Humboldt se trouvait désormais en zone russe) constituait depuis longtemps un foyer de fermentation. Là en effet, se côtoyaient des étudiants venus de l'Allemagne de l'Est (dont l'importance numérique avait beaucoup diminué depuis quelques temps : de 1/3 des effectifs en 1956, à 5 % dix ans plus tard) et des réfractaires au service militaire venus de toute l'Allemagne de l'Ouest [42]. Ils avaient en commun la déception face à toute idéologie traditionnelle et le refus des modèles de sociétés offerts de part et d'autre du rideau de fer. Les gauchistes, en novembre 1967, avaient créé une sorte d'anti-université, la « *Kritische Universität* » qui constitua un laboratoire où s'expérimentait la société dont les étudiants et leurs professeurs rêvaient.

Si l'on estime à un peu plus de 2 % la proportion des

gauchistes actifs dans l'ensemble des universités alle-mandes, il faut cependant tenir compte du fait que les 3/4 des étudiants allemands étaient favorables aux actions et aux manifestations de leurs camarades. Il n'en était pas de même du reste de la population allemande, et en premier lieu à Berlin, où le fossé des générations était très creusé et où des contre-manifestations répondirent, en février 1968, aux défilés contre la guerre au Vietnam, les dirigeants syndicaux eux-mêmes condamnant l'action étudiante. Si bien que, d'une certaine manière, les étudiants se trouvè-rent isolés et rejetés par le reste de la société, plus que dans d'autres pays européens à la même époque.

La tentative d'assassinat sur la personne d'un des chefs du mouvement étudiant, Rudi Dutschke, illustre bien la situation spécifique de l'Allemagne fédérale à ce moment-là. Dutschke avait quitté l'Allemagne de l'Est avant la construction du mur de Berlin. Chrétien de gauche, il avait travaillé en usine plutôt que de faire son service militaire et dénonçait la dictature du parti communiste avant son pas-sage à l'Ouest. Inscrit à l'« *Université libre* » de Berlin en 1961, après avoir suivi l'enseignement de Marcuse à Ber-keley, il s'était engagé dans l'action, dénonçant le parle-mentarisme, le libéralisme, et on l'avait surnommé Rudi le Rouge partout où il allait, prêchant les thèses du SDS. Le 18 avril 1968, un an après l'assassinat d'un étudiant de Ber-lin lors d'une manifestation contre la venue du Shah d'Iran, un peintre en bâtiment tire sur Dutschke et le blesse griè-vement. Aussitôt le mouvement étudiant s'enflamme partout en Allemagne, rendant responsable en particulier la presse bien pensante du groupe Springer qui, possédant le maga-zine *Bild Zeitung* et les 3/4 des quotidiens de Berlin, avait mené une campagne d'opinion contre les étudiants. Toutes les universités furent touchées, le fils de Willy Brandt fut même arrêté à Berlin, mais jamais le mouvement n'entraîna le monde des travailleurs sur la voie de l'agitation violente ou de la grève. C'est ce qu'avait compris le gouvernement qui réagit avec vigueur et fit voter le 30 mai les « lois d'exception » mettant en particulier sur pied un tribunal d'exception qui assumerait les pleins pouvoirs en cas de situation grave. L'agitation allait cependant se poursuivre, sous d'autres formes beaucoup plus éclatées et parfois dangereuses pour la société allemande, nous le verrons.

Aux Pays-Bas, l'agitation se développa durant les mois de mai et juin 1968, organisée par les groupes de « *provos* » dans les villes étudiantes et dura jusqu'à l'année suivante, relayée par les « *kabouters* » (lutins) moins politisés et qui souhaitaient secouer le conformisme de la société par des manifestations joyeuses et pacifiques. La Belgique, préoccupée surtout, nous l'avons vu par le problème linguistique, ne fut pas épargnée par la flambée protestataire qui prit racine dans la participation de certains leaders à la manifestation internationale contre la guerre au Vietnam en février 1968 à Berlin. Elle s'amplifia comme partout ailleurs, durant les mois de mai et juin, particulièrement à l'université libre de Bruxelles, dont les locaux furent occupés par les étudiants. Durant l'automne, de violents affrontements opposèrent les étudiants de droite et de gauche entre eux et aussi au gouvernement qui, jusque-là, avait adopté, comme son homologue néerlandais, une prudente réserve mais dut recourir à la force pour séparer les manifestants.

Le cas de la Grande-Bretagne est un peu particulier. L'agitation étudiante, brouillonne et provocatrice, s'insère dans un mouvement plus général qui dénote un profond malaise social. Certes la législation anglaise avait, depuis l'arrivée au pouvoir des travaillistes, accompagné les revendications sociales pour plus de libertés dans des domaines aussi sensibles que le divorce, l'avortement ou le droit pénal (la peine de mort est suspendue depuis 1965 à titre expérimental, et supprimée définitivement en 1969). Mais la société anglaise semble craquer de partout. D'un côté, les manifestations étudiantes avaient pris de l'ampleur en mars 1968 avec la marche sur l'ambassade américaine, à Grosvenor Square, alors que, depuis l'année précédente, les ferments gauchistes très actifs à la London School of Economics s'étaient peu à peu répandus dans les autres établissements de la capitale, puis à Leicester, Birmingham, Essex, etc. Partout on observe le même scénario qu'ailleurs en Europe : contestation de l'autorité, boycott des cours des professeurs jugés réactionnaires, occupation des locaux.

Mais cette agitation se doublait d'autres remous, qui touchèrent une plus vaste couche de la population. Les étudiants, en effet, s'opposèrent de manière virulente à la propagande raciste du leader conservateur Enoch Powell qui travaillait au même moment le monde ouvrier. Lors du célèbre discours de Birmingham, prononcé le 20 avril 1968, il assimila la situation menaçant le Royaume-Uni à ce qui se passait aux États-Unis, c'est-à-dire la flambée de violence dans les ghettos noirs, et brossa aux travailleurs britanniques un tableau dramatique de l'avenir : les Britanniques « *se retrouvent dans la position d'étrangers dans leur propre patrie. Ils voient leurs épouses dans l'incapacité d'obtenir un lit d'hôpital au moment d'accoucher, leurs enfants privés de place à l'école...* »[43]. La forte tension raciale se concrétisa le 1er mai par des affrontements opposant militants antiracistes et ouvriers powelliens (dockers et forts des halles en particulier), et se poursuivirent en juillet à Whitehall.

D'autres graves événements se préparaient, qui contribuèrent à disloquer un peu plus la société. Le Pays de Galles, l'Écosse et surtout l'Ulster voyaient se réveiller l'agitation régionaliste, qui allait aboutir dans cette dernière partie du royaume à une véritable guerre civile.

En Autriche enfin, les principaux agitateurs se regroupaient autour du groupe artistico-estudiantin des « actionnistes viennois » qui multiplièrent, à partir de 1967-68, les provocations à caractère scatologique, pornographique et morbide destinées à choquer le « conformisme bourgeois ».

Dans les pays latins

Nous avons vu que dès 1966 et de façon sporadique, des mouvements de protestations agitaient certains milieux universitaires, signes avant-coureurs d'un séisme plus violent. C'est le cas de l'Italie où l'université de Trente est le théâtre de conflits répétés : grèves prolongées, occupation des locaux. Les objectifs sont d'abord internes à l'université, et les mêmes que partout ailleurs : reconnaissance de la représentation étudiante dans les organes de gestion, réforme des programmes, etc. Le mouvement gagne la faculté d'architecture de Milan, Pise et Turin. Ce qui ressort de la lecture des documents émis par les étudiants au cours des nombreuses réunions qui les rassemblent est une volonté constante de « *lutter contre toutes les déterminations à travers lesquelles le capital se manifeste à l'Université* » comme le proclament les thèses de Pise, rédigées par les étudiants de l'École normale supérieure[44]. Ils font une lecture marxiste de la société dans laquelle ils se trouvent et voient dans l'université « *un terrain de bataille particulièrement important entre la direction bourgeoise de la société et les forces qui s'y opposent* ». C'est aussi le cas à Turin, où les « *Guardie Rosse* » maoïstes et les situationnistes « *Ucceli* » (les oiseaux) formaient l'avant-garde du mouvement. Regroupés en commissions pour aborder certains sujets « *traditionnellement écartés de l'enseignement universitaire* », les étudiants, parfois aidés par des professeurs (à Turin par exemple, Guido Viale ou Luigi Bobbio), approfondissaient des thèmes tels « psychanalyse et répression », ou bien « fonctions et tâches de la philosophie », mais aussi « sociologie de la recherche scientifique », « école et société », et bien sûr « Vietnam » et « Amérique latine », le travail, teinté d'une méfiance certaine pour la « praxis livresque » prenant parfois l'allure de « contre-cours ». Le mouvement culmina une première fois en mars 1968 avec 500 000 étudiants grévistes dans toute l'Italie, mais les incidents les plus violents eurent lieu à Rome. Là s'affrontèrent les étudiants mobilisés contre la guerre du Vietnam, et d'une part des groupes néofascistes venus du nord de l'Italie, et d'autre part la police qui, les 16 et 17 mars, chargea les étudiants réunis sur la Piazza di Spagna et qui se dirigeaient vers la faculté d'architecture, à la Villa Giulia. Les troubles firent, à Rome seulement, plusieurs centaines de blessés. Une accalmie se produisit en mai, mise à profit par le Parti communiste pour tenter, lors de rencontres avec les leaders du mouvement, de comprendre leurs objectifs et de constituer un bloc de forces progressistes, bien que certains membres du PCI, comme Giorgio Amendola, dénonçaient dans l'organe du Parti, *Rinascita* « l'infantilisme » des étudiants, et se moquaient des méthodes employées pour mener la lutte, en particulier la construction de barricades, tactique remontant au XIXe siècle et donc dépassée. Les élections législatives, qui eurent lieu le 19 mai, provoquèrent aussi une diversion, sans entraîner de changement sensible dans la répartition des voix.

Mais l'agitation reprit à l'annonce des événements de France. À Milan le recteur de l'université catholique fut séquestré, les locaux du *Corriere della Serra* attaqués (cela rappelle ce qui s'était passé à Berlin contre le *Bild Zeitung*). À Florence, Gênes, Turin, les drapeaux du FNL vietnamien, des fanions anarchistes fleurirent les défilés organisés en solidarité avec les étudiants français en lutte. L'agitation reprit à l'automne mais entre-temps elle avait changé de nature. En effet, le « Mai rampant » italien qui se prolongeait avait, contrairement à ce qui s'était passé en Allemagne, rencontré un écho tout à fait favorable dans une partie de la classe ouvrière constituée de jeunes déracinés des zones rurales, transplantés dans les grandes agglomérations industrielles et travaillés par la propagande libertaire. Des premières grandes grèves avaient eu lieu à Gênes, à Trieste en 1967 et à l'usine Marzotto en Vénétie au début de l'année suivante. Les syndicats avaient été dépassés par l'ampleur du mouvement. Mais c'est pendant le dernier trimestre de 1969 qu'une vague de grèves perturba l'Italie tout entière. Rome fut paralysée. Le mouvement ouvrier, rejoint par la frange la plus contestataire des étudiants, se manifestait ainsi de manière radicale. Cependant les centrales syndicales reprirent peu à peu le contrôle des éléments extrémistes alors que le PCI, faisant montre d'une grande ouverture d'esprit, réussit à canaliser l'opposition d'extrême-gauche. Certes, les attentats du 12 décembre qui causèrent la mort de quatorze personnes à Milan clôturèrent de façon bien sanglante ces trois mois d'agitation sociale. Mais ils correspondaient à une dérive violente dont on pouvait déjà discerner les ramifications bien au-delà de l'Italie, en Allemagne et en Espagne par exemple.

Les événements du « Mai français » s'ils présentent des similitudes avec la situation italienne, en diffèrent par l'extension générale, pour une durée très limitée, du mouvement au-delà des enceintes universitaires et parce qu'il a fait vaciller, là encore très brièvement, le pouvoir politique en place. Et pourtant la France, en ce début d'année 68, paraissait étrangement calme par rapport au bouillonnement quasi international qui agitait le monde universitaire. Dans un article devenu célèbre, P. Viansson-Ponté écrivait le 15 mars 1968 dans le journal *Le Monde* : « *Ce qui caractérise actuellement notre vie publique, c'est l'ennui. Les Français s'ennuient. Ils ne participent ni de près ni de loin aux grandes convulsions qui secouent le monde (...) La jeunesse s'ennuie. Les étudiants manifestent, bougent, se battent en Espagne, en Italie, en Belgique, en Algérie, au*

Japon, en Amérique, en Égypte, en Allemagne et en Pologne même. *Ils ont l'impression qu'ils ont des conquêtes à entreprendre, une protestation à faire entendre, au moins un sentiment de l'absurde à opposer à l'absurdité. Les étudiants français se préoccupent de savoir si les filles de Nanterre et d'Antony pourront accéder librement aux chambres des garçons, conception malgré tout limitée des droits de l'homme ».* Le danger, souligné à la fin de l'article, était que la France risquait de « *périr d'ennui* ». Derrière la provocation, l'appréciation de l'état de la société française n'était pas erronée. Le réveil allait venir d'un petit groupe d'« agités » qui distrairaient un temps le peuple de son apathie. Mais l'été viendrait qui rétablirait la stabilité et le calme social après des élections où « *la France qui s'en fout* » avait rejoint le camp de l'ordre à l'heure du scrutin [45].

La France cependant avait, dès 1965, connu des manifestations contre la guerre du Vietnam. L'année suivante, un Comité Vietnam était mis en place et coordonnait l'activité de cellules de base présentes dans les lycées et les universités. Des groupuscules issus de l'UEC, comme les trotskistes de la Jeunesse communiste révolutionnaire commençaient à s'implanter un peu partout. Mais d'autres mouvements, plus « spontanéistes » (on se souvient des « Mao-Spontex »), anarchistes et libertaires, ne regroupant parfois que quelques adeptes, étaient en train de se mettre en place. C'est le cas du groupe des « enragés » de Nanterre, autour de Daniel Cohn-Bendit, un étudiant né en France d'immigrés venus d'Allemagne, mais ayant opté pour la nationalité allemande afin d'échapper au service militaire. Il s'était fait remarquer à Nanterre par son insolence et son sens de la répartie en particulier lors de mouvements de grève des cours pour protester contre les conditions de travail à l'université. Mais c'est le 22 mars, à la suite de l'arrestation de membres du Comité Vietnam, qu'est véritablement déclenchée l'agitation étudiante. Pendant le mois d'avril, Nanterre est le lieu d'incidents de plus en plus nombreux (la tentative d'assassinat de Dutschke y est pour quelque chose), dans une atmosphère politique enfiévrée, la gauche ayant déposé le 17 une motion de censure. Nanterre fermée, l'agitation se déplace à la Sorbonne où, le 3 mai les forces de l'ordre interviennent pour faire évacuer les lieux occupés par les étudiants de l'UNEF à l'appel de son vice-président, Jacques Sauvageot et des Nanterrois. Les badauds sont dispersés sans ménagement par les CRS et l'engrenage provocation-répression est lancé, avec un point d'orgue, la journée du 13 où, pour protester contre la répression dont les manifestants des jours précédents ont fait l'objet, et aussi parce que la gauche traditionnelle tentait de récupérer le mouvement, une grande manifestation déferle de la place de la République à Denfert-Rochereau, où se retrouvent les uns derrière les autres les leaders du mouvement étudiant, des professeurs, des syndicalistes, des hommes politiques. Le nombre des participants est estimé à 200 000 par la police, à un million par les organisateurs. Pour une fois, on ne nota pas d'incident grave avec la police. Tout semblait rentrer dans l'ordre, l'opposition de gauche s'étant fait entendre, ce qui est de bonne guerre en ces circonstances. C'était méconnaître l'état de mécontentement latent d'une grande partie des travailleurs, excédés par les conditions de travail difficiles, les salaires jugés insuffisants alors qu'on parlait, au niveau gouvernemental, de croissance et de grandeur nationale. Des grèves éclatèrent dans toute la France, touchant tous les secteurs, dans lesquelles on remarque l'efficacité de jeunes syndicalistes de la CFDT.

De Gaulle, revenu d'un voyage officiel en Roumanie, décide que les choses doivent être prises en main. Cohn-Bendit, parti pour quelques jours prendre la température de la révolte en Allemagne, est interdit de séjour. C'est le signal d'une véritable insurrection au Quartier latin, aux cris de « *Nous sommes tous des juifs allemands !* » ; le 24 mai des bandes de casseurs sillonnent le centre de la capitale, brûlant et pillant sur leur passage. Alors, pour arrêter l'escalade, le gouvernement entame des négociations avec les syndicats (qui vont aboutir aux accords de Grenelle, le 30), la Gauche tente une nouvelle fois de récupérer le mouvement en mettant en avant le tandem Mendès France/Mitterrand qui pourrait assumer un gouvernement provisoire. De Gaulle se tait. Il disparaît même trois jours, parti lui aussi en Allemagne, alimentant les plus folles rumeurs. La France profonde, la « majorité silencieuse » s'est brusquement sentie orpheline. Lorsqu'il revient, il décide de dissoudre l'Assemblée, donnant ainsi habilement la parole au peuple. Dans une atmosphère de déliquescence, le travail reprend peu à peu (en raison du succès de Grenelle) et une Chambre « introuvable » d'une majorité de 360 sièges sur 485 pour la droite est élue le 30 juin.

Bien sûr, le coup de théâtre final ouvrait une période de retour à la normale, accentuée par le départ en vacances des acteurs de mai. Cependant la secousse avait été si violente que l'onde de choc allait se prolonger bien au-delà de l'été.

Les pays autoritaires de la péninsule ibérique connurent eux aussi des mouvements importants qui contribuèrent grandement à la déstabilisation des régimes en place. Se préparait ainsi, par une exemplaire collaboration des forces étudiantes, ouvrières, politiques et religieuses progressistes, l'avènement de la démocratie. L'agitation n'avait pas cessé en Espagne depuis 1965. La « *Caputxinada* », c'est-à-dire l'entrée de la police en 1966 dans un couvent de Barcelone où s'étaient réfugiés des étudiants, est un des épisodes les plus fameux de ces affrontements entre forces de l'ordre et étudiants, tantôt à Madrid, tantôt à Salamanque ou dans d'autres universités témoins de l'agitation estudiantine. Le gouvernement eut beau fermer les locaux, arrêter étudiants et professeurs suspectés d'encourager ceux-ci, la rébellion s'amplifia. À partir du 30 avril 1968, de véritables émeutes, auxquelles participaient des ouvriers organisés en « conseils » illégaux, affrontèrent la police à Madrid, Séville, Bilbao, etc. Malgré la démission du ministre de l'Éducation remplacé par un modéré, Villar Palasi, malgré la reconnaissance des associations étudiantes (au sein desquelles il était cependant interdit de s'occuper de politique), l'agitation continuait, qui allait aboutir à la proclamation de l'état d'urgence en janvier 1969. L'Espagne s'acheminait vers une épreuve de force.

Quant au Portugal, la formation du gouvernement Caetano, chargé par le chef de l'État l'amiral Tomas de remplacer Salazar en septembre 1968, avait correspondu à une réactivation des luttes populaires. La classe ouvrière répondant à l'appel du Parti communiste et des organisations clandestines, déclencha des grèves qui perturbèrent l'activité politique. De leur côté, et malgré la répression dont ils étaient l'objet, les étudiants, en particulier ceux de la prestigieuse université de Coïmbra, menaient une lutte le plus souvent souterraine contre la guerre d'Angola, refusant de faire leur service militaire, l'année 1969 étant la plus agitée au niveau des luttes étudiantes. Ainsi se préparait la future « révolution des œillets » à laquelle allaient participer, quelques années plus tard, les forces vives de la nation.

La contestation dans les démocraties populaires

Des remous persistants dans le camp socialiste

Il est hasardeux de rapprocher ce qui se passe dans les pays occidentaux à la fin des années soixante, explosion de contestation de la part d'une jeunesse qui peut s'exprimer dans le cadre de démocraties libérales indépendantes de toute emprise extérieure, et les mouvements divers qui agitent les pays de l'Est, qu'ils viennent d'une base lassée des contraintes et des blocages économiques ou politiques, ou d'équipes dirigeantes soucieuses de s'éloigner de Moscou. Il faut cependant reconnaître que certaines similitudes apparaissent à l'étude des faits, et que les événements qui se produisent au-delà du rideau de fer sont, tout comme à l'Ouest, le signe d'un essoufflement des modèles et d'une crise qui accélère des évolutions déjà perceptibles dans la période précédente.

Nous avons vu que l'ère khrouchtchevienne avait permis au révisionnisme de s'affirmer. Les autorités en place, dans la plupart des démocraties populaires, avaient manœuvré entre compréhension et reprise en main, mais, dans l'ensemble, elles ne souhaitaient pas de révolution politique véritable. Or, le système bureaucratique hérité de Staline se sclérosait. Les réformes économiques conduisaient à une ouverture, certes modeste, mais cependant perceptible et le repli, pour un temps, de l'Union soviétique après le départ de Khrouchtchev poussa les partis communistes nationaux à repenser en d'autres termes les rapports avec ce pays.

C'est dans les Balkans que se manifestent avec le plus de vigueur les tendances à l'émancipation. Le signal avait été donné par l'Albanie qui avait pris ses distances dès 1961 et s'était rapprochée de Pékin. Puis la Roumanie, en février 1963, avait refusé toute planification supranationale dans le cadre du CAEM. La mort du chef historique Gheorghiu-Dej, en mars 1965, ne changea rien à la volonté d'indépendance du pays. Nicolae Ceaucescu continua en cavalier seul, menant une politique diplomatique particulière, ne rompant pas avec Israël en 1967 et établissant avec la RFA des relations officielles la même année. La Yougoslavie du maréchal Tito mène aussi une politique originale. On se souvient que ce pays a toujours fait preuve d'une indépendance certaine vis-à-vis de Moscou, bien qu'à partir de 1955 il se soit rapproché de l'Union soviétique. L'élimination de Rankovitch (le représentant de l'aile conservatrice du parti)[46] permit à la Yougoslavie de s'engager plus avant dans l'ère des réformes, par l'octroi d'une plus grande autonomie aux six républiques la composant et une réorganisation du parti dans un sens plus libéral. Mais cette politique qui s'accompagne d'une accélération de la réforme économique avec développement de l'économie de marché et appel aux capitaux étrangers ne va pas sans une grande anarchie et une certaine liberté retrouvée permet que se développe une agitation étudiante comparable à celle qui, au même moment, se produit dans les autres pays d'Europe.

Depuis un certain temps déjà, les milieux intellectuels s'agitaient. Les articles de la revue *Praxis*, dans laquelle écrivaient à Zagreb les révisionnistes, sont jugés trop hardis et la revue est suspendue pour huit mois dès 1966. Cela n'empêche pas le développement d'une presse contestataire et Belgrade devient le centre de l'agitation universitaire qui éclata le 2 juin 1968, avec une violence inattendue : le 3, lors d'une manifestation dans les rues de la capitale, des échauffourées opposent la police aux étudiants, faisant de nombreux blessés de part et d'autre. Les facultés de philosophie et de sociologie sont occupées, puis le rectorat, les étudiants tentant de rameuter les ouvriers et dénonçant la « bourgeoisie rouge », c'est-à-dire la caste dirigeante dont les timides réformes étaient jugées tout à fait insuffisantes. Ils ne remettaient pas en cause dans leur ensemble le régime en place, mais visaient à améliorer le système, exigeaient que le pouvoir mette en adéquation sa volonté de réforme et la réalité. François Fejtö présente ainsi leurs revendications : « *Que la République socialiste soit plus sociale (juste répartition du travail, sanction contre les nouveaux riches (...), mesures d'urgence pour l'absorption du chômage et pour l'emploi de jeunes techniciens) mais aussi qu'elle soit plus libre et démocratique (démocratisation du parti, des organes d'information, liberté de parole et de réunion, extension de l'autogestion aux établissements d'enseignement supérieur qui ont conservé leurs structures autoritaires* [47]) ». Les étudiants avaient reçu le soutien d'une partie du corps professoral et même de certains hommes politiques. La situation s'envenimait cependant. On pouvait craindre que les ouvriers, touchés par les difficultés économiques, se soulèvent enfin et surtout que se rallument les querelles nationalistes.

Le maréchal Tito, âgé de 76 ans et seul garant de l'unité du pays, comptant par ailleurs sur son prestige demeuré intact, s'adressa au pays par l'intermédiaire de la télévision. De façon hardie, il reconnut la justesse des revendications et conclut : « *Si je ne suis pas capable de régler la question, je ne dois plus rester à mon poste* ». Les étudiants, satisfaits dans l'ensemble (sauf en philosophie et en sociologie, où le mouvement continua un certain temps) des réformes annoncées, qui répondaient à leurs revendications et débordaient largement le cadre universitaire, reprirent les cours. Ces réformes allaient aboutir à la réforme de la Constitution, votée en juillet 1971.

L'éphémère révolte polonaise n'eut pas le même succès. Tout était parti de l'interdiction de continuer les représentations de la pièce *Les Aïeux*, jouée à Varsovie, pièce écrite par Mickiewicz au XIXe siècle et dénonçant l'oppression russe de 1831. Cette pièce était pourtant inscrite aux programmes scolaires et avait été jouée maintes fois déjà. Cette mesure ridicule suffit à déclencher une véritable révolte en février et mars 1968, après l'arrestation de jeunes manifestants qui protestaient contre cette interdiction. Courageusement, la section du syndicat des écrivains de Varsovie, réunie en assemblée extraordinaire, demanda la reprise de la pièce et, plus généralement, condamna les ingérences du pouvoir et de la censure, tandis que l'agitation des étudiants s'amplifiait. S'ils ne condamnaient pas le socialisme, s'ils demandaient comme leurs homologues yougoslaves l'amélioration du système existant et la reconnaissance des libertés fondamentales, les étudiants de Varsovie se mirent néanmoins en grève, présentant aux autorités leurs revendications en 17 points et furent suivis par ceux de Cracovie, Poznan, Lodz et Katowice. L'agitation s'étendait en province.

Le gouvernement, aidé par la presse écrite et la télévision, joua sur plusieurs points. D'une part, et dès le début des événements, les « sionistes » et les intellectuels juifs furent vigoureusement dénoncés. C'était caresser « dans le sens du poil » l'antisémitisme toujours présent dans l'ensemble de la population polonaise. Plusieurs fonctionnaires juifs dont les enfants avaient participé aux manifestations furent d'ailleurs révoqués. D'autre part, on dressa systématiquement les ouvriers contre les jeunes étudiants, soulignant les privilèges dont ceux-ci jouissaient dans la société, en particulier le report du service militaire. Enfin le général Mieczyslaw Moczar, ministre de l'Intérieur dénonça un complot international orchestré par les États-Unis et fomenté en Allemagne de l'Ouest contre la Pologne.

Dans ces conditions, il n'est pas étonnant de constater que le monde ouvrier, excepté à Varsovie et Gdansk où des affrontements eurent lieu entre jeunes ouvriers et policiers, resta à l'écart du mouvement, et l'on a attribué à ce phénomène le relatif échec du mouvement étudiant. Or, il ne faut pas oublier, d'une part, que *« la tension est surtout grande à l'école polytechnique de Varsovie. Or c'est là que le pourcentage de fils d'ouvriers est le plus important »* [48] et, d'autre part, que si étudiants et ouvriers ne se rejoignent pas encore, les coups de boutoir contre le régime allaient permettre de faire évoluer la situation. Mais en 1968, le fruit n'était pas encore mûr. Pour preuve, l'indifférence gênée qui accueillit le suicide par le feu d'un professeur d'université de Varsovie Ryszard Siwiec qui, le 8 septembre 1968, en plein milieu de la Fête des moissons, dans un stade où étaient rassemblées 100 000 personnes dont les dignitaires du parti, Gomulka en tête, s'immola par le feu pour protester contre les événements de Tchécoslovaquie[49] et la « normalisation » qui se développait dans son pays. Mais « *son acte allait rester sans écho* »[50].

Deux ans plus tard, alors que Gomulka, fort du succès remporté en politique étrangère avec la signature du traité germano-polonais mais muré dans un immobilisme obstiné, n'avait rien vu venir, une explosion de colère souleva les chantiers navals de Gdansk, Gdynia et Szazecin en décembre 1970 devant la hausse des prix et les restrictions de salaires. L'affrontement fut violent entre forces de l'ordre et émeutiers (une centaine de morts et plus de mille blessés), les arrestations nombreuses. Les Soviétiques, très inquiets, sommèrent le gouvernement de trouver une solution à la crise, alors que les troubles s'étendaient au nord du pays. Gomulka démissionna de son poste de Premier secrétaire, remplacé par Edouard Girek ; le chef de l'État et le président du Conseil furent remplacés à leur tour. Bien que, lors des événements de décembre 1970 les étudiants aient refusé de marcher avec les ouvriers (juste retour des choses par rapport à ce qui s'était passé deux ans plus tôt ?), on ne peut nier que l'évolution du régime polonais doive beaucoup à la fermentation qui s'était exprimée à plusieurs reprises déjà mais s'était réveillée grâce aux étudiants en 1968.

Les événements de Tchécoslovaquie dépassent de beaucoup un simple mouvement contestataire de la jeunesse. Ils sont exemplaires des courants qui parcourent d'une façon plus ou moins souterraine l'ensemble des démocraties populaires au cours des années soixante. C'est-à-dire la recherche d'une voie nationale pour le socialisme, inaugurée par Tito du temps même de Staline, et que les conduites particulières de la Chine, de l'Albanie, de la Roumanie avaient approfondie, chacune d'une manière propre, au temps de la déstalinisation. Les partis communistes nationaux l'avaient compris, mais gênés par les pesanteurs bureaucratiques et le système centraliste, ou par crainte d'une intervention soviétique comme en Hongrie en 1956, ils tentaient de canaliser le mouvement.

La Tchécoslovaquie a l'ambition de réussir là où d'autres ont échoué. Les événements de 1968 sont l'aboutissement de tout un processus qui débute en 1962, au lendemain du XIIe congrès du Parti communiste tchécoslovaque. Le gouvernement avait assoupli sa politique, des intellectuels victimes des purges antérieures se trouvaient réhabilités, et les échanges commerciaux et culturels avec le monde occidental étaient renoués. Mais comme toujours lorsqu'un régime autoritaire lâche du lest, la critique se développe et la contestation s'engouffre dans la brèche. L'Union des écrivains, jusque-là bien tenue en main par le Parti, commence à être contestée en son sein par de jeunes écrivains qui protestent contre le sort réservé en Union soviétique aux dissidents Daniel et Siniavski. Là comme ailleurs, le fossé est perceptible entre gérontes et jeune garde, celle-ci, dont les rangs se renforcent, osant mener une sorte de fronde, tant dans des publications littéraires qu'au sein même de l'Union.

Par ailleurs, l'opposition est particulièrement forte chez

les Slovaques, mécontents du peu de respect de leur auto-nomie pourtant reconnue officiellement. Enfin, les étudiants avaient profité, pour se faire entendre, des journées de pre-mier mai, en 1965 et 66, criant parfois des slogans inju-rieux contre les autorités. Or, les réformes appliquées par Novotny au début de 1967, qui étaient, déjà en retrait par rapport à ce que réclamaient les économistes réformistes (il faut dire qu'ici on retrouve une opposition de générations entre les économistes souhaitant une accélération des réformes dans le cadre même du socialisme et les tenants de l'immobilisme néostalinien), furent appliquées avec mauvaise volonté par la bureaucratie. D'autant plus que l'URSS connaît au même moment un durcissement des positions antirévisionnistes et que le gouvernement Novotny s'apprête à lui emboîter le pas : pour preuve le rétablissement de la censure, décidé en janvier 1967, et les tracasseries dont furent l'objet les journalistes de la radio et de la télévision, et la brusque pénurie de publications occidentales dans les librairies.

La première grande fronde a lieu à l'issue du IVe congrès des écrivains tenu en juin 1967 alors que le feu couvait depuis quelques mois et que Jiri Hendrych, le numéro 2 du parti chargé des questions idéologiques, multipliait les mises en garde contre l'éloignement de la ligne idéolo-gique. Il était présent d'ailleurs au congrès lorsque l'écri-vain Ludvik Vakulik prononça un long discours jugé historique car il donna le signal de la révolte. Il y critiquait l'interprétation totalitaire du socialisme et dénonçait la mainmise du Parti sur la vie culturelle du pays. Il concluait par ces mots terribles : « *Ma critique du pouvoir dans cet État n'est pas une critique du socialisme. Je ne crois pas que l'évolution que nous avons connue était nécessaire et je n'identifie pas ce pouvoir avec le socialisme, auquel il essaie lui-même de s'identifier* » [51]. Alors que Vzaculik et d'autres écrivains étaient exclus, que la revue *Literarni*

Noviny, organe de l'Union des écrivains passait sous contrôle gouvernemental, que Milan Kundera et d'autres étaient sanctionnés, les feuilles clandestines reproduisant le fameux discours commençaient à circuler à Prague. Des étudiants prirent la parole au congrès du CSM (*Syndicat tchécoslovaque de la jeunesse* qui jusque-là contrôlait étroitement les étudiants) et bientôt des incidents opposèrent policiers et étudiants.

Au même moment, conscients que la situation risquait de s'envenimer et de leur échapper, les membres du Parti communiste prièrent Novotny de démissionner. C'est Alexandre Dubcek qui, lors du plenum du Comité central, le 30 octobre 1967, donna le signal de la curée. C'est lui qui, le 5 janvier de l'année suivante, fut nommé Premier secrétaire, Novotny restant chef de l'État, tout au moins jusqu'en mars. On assista alors à une véritable explosion de la société que Dubcek, communiste sincère, tenta de contenir. Il fallait éviter au pays le drame survenu en Hongrie en 1956. Et cet homme fut pris entre deux feux : sa volonté de ne pas couper les ponts avec Moscou et de maintenir la contestation dans un cadre défini et contrôlé, et sa crainte de perdre la confiance des forces vives de son pays. Dans le but de répondre aux espoirs de libéralisation qui s'exprimaient dans tout le pays, le Parti communiste, après avoir purgé ses rangs des partisans de Novotny, présenta un programme d'action intitulé « La Voie tchécoslovaque du socialisme » qui contenait une autocritique et proposait une série de réformes allant dans le sens de la libéralisation. On sépara en outre le Parti du gouvernement, Oldrich Cernik devenant président du Conseil des ministres. Cependant toutes ces modifications dans les sphères dirigeantes s'accompagnaient d'une grande effervescence parmi les non-communistes : la presse publiait des prises de position libérales, des organisations politiques indépendantes se mettaient en place (comme le KAN, « Club des sans-parti engagés ») et certains, comme Vaclav Havel[52] réclamaient la création d'un parti d'opposition.

La question centrale du printemps de Prague était posée : « *Le processus de démocratisation est pour l'instant dirigé d'en haut, par l'élite au pouvoir, qui est elle-même extrêmement antidémocratique et qui n'a aucun intérêt direct à la démocratie. La démocratisation n'a de sens qu'en tant qu'étape sur la voie de la démocratie, ce qui est une grande différence* », avait déclaré le philosophe Ivan Svitak dans un rapport à la conférence de l'Union des artistes de cinéma et de télévision, à la fin du mois de mars[53]. Le Parlement avait adopté en juin la loi sur la réhabilitation des condamnés politiques et aboli toute forme de censure, et un article publié par *Literarni Listy* (qui avait succédé à *Literarni Noviny*) sous le titre « Deux mille mots » s'en prit aux « *vieilles forces* » et appelait la classe ouvrière à la rescousse.

Les dirigeants des autres démocraties populaires et ceux de l'URSS (où la ligne dure de Brejnev l'emportait) comprirent le message. La *Pravda* du 11 juillet dénonça cet article comme « *une plate-forme des forces qui, en Tchécoslovaquie et au-delà des frontières, sous couvert de bavardages sur le libéralisme, la démocratisation, etc., tentent de tirer un trait sur toute l'histoire de la Tchécoslovaquie depuis 1948* »[54], alors qu'un mouvement populaire de soutien à Dubcek, qui apparaissait de plus en plus comme le héros de l'indépendance nationale, se développait dans le pays.

À Varsovie, les membres du pacte mettent en garde les dirigeants tchèques. Fièrement, ceux-ci rejettent les critiques. Il y eut encore deux rencontres avant l'invasion du pays par les forces du pacte de Varsovie au mois d'août, à Cierna et Bratislava. Mais les jeux étaient faits, semble-t-il, la décision d'en finir au moins de la part des Russes et des

Allemands de l'Est étant prévisible depuis quelques semaines.

Normalisation et répression

Dans la nuit du 20 au 21 août, la Tchécoslovaquie fut envahie (les troupes du pacte, y ayant fait des manœuvres en juin et juillet connaissaient parfaitement le terrain), Dubcek et Cernik emmenés en URSS.

La population, suivant les consignes officielles, avait gardé son calme, mais la presse écrite, la radio et la télévision diffusèrent des messages de protestation. C'est alors que commence une véritable résistance légale. Le maréchal Svoboda (qui avait remplacé Novotny à la présidence de la République en mars 1968) refuse de nommer un nouveau gouvernement à la botte des envahisseurs, la majorité des membres du Parti refuse de collaborer avec l'occupant, et bien plus, un congrès extraordinaire et clandestin, réuni sous la protection de la milice ouvrière dans une usine à Prague, confirme Dubcek dans son poste de premier secrétaire. Toutes les organisations du pays condamnent à leur tour l'invasion et Moscou doit se rendre compte que si l'opération a été un succès militaire, elle a échoué sur le plan politique. De son côté, pour débloquer la situation, Svoboda se déclare prêt à négocier. Il se rend à Moscou, obtient la participation de Dubcek et des membres du gouvernement arrêtés avec lui. Un compromis est signé le 26 août, qui sonne le glas des espérances, car c'est un accord « munichois ». En effet, comme le souligne Fejtö, les dirigeants tchèques « *ont assumé une tâche éminemment ingrate dans laquelle ils jouaient d'avance perdants car tout ce qu'ils feront pour montrer à la population que l'essentiel du programme de janvier reste en vigueur indisposera les Russes et tout ce qu'ils feront pour complaire à ces derniers provoquera des protestations de plus en plus vigoureuses chez leurs propres partisans* »[55]. C'est le début d'une période trouble où Dubcek, « *homme de bonne volonté égaré au royaume des cyniques* »[56] tente de faire face, malgré son état d'épuisement. En fait, les ingérences de Moscou sont de plus en plus manifestes (d'autant plus que des troupes restent sur place) et l'habileté des Soviétiques à diviser le personnel politique non moins réelle. Bientôt le pays est coupé en deux. D'une part, les conservateurs qui ont relevé la tête et font entendre leur voix de plus en plus fort, d'autre part les intellectuels, les étudiants, les jeunes ouvriers qui pressent Dubcek de continuer les réformes. C'est dans ce climat délétère qu'a lieu le suicide par le feu d'un jeune étudiant de philosophie, Jan Palach, le 19 janvier 1969.

Cette mort tragique symbolisa pour le monde entier la courageuse résistance des peuples tchèque et slovaque, mais n'empêcha pas la marche vers la « normalisation » de se poursuivre : suppression, au début d'avril, de l'hebdomadaire du Comité central, *Politikaet*, blâme à l'organe du Parti *Rude Pravo*, remplacement de Dubcek par Gustav Husak, chef du parti communiste slovaque, au poste de premier secrétaire (il avait enregistré la leçon, affirmant a posteriori que les troupes soviétiques étaient venues pour défendre la liberté et le socialisme), interdiction définitive des revues *Listy* et *Reporter*, organes de l'Union des écrivains et de celle des journalistes. Les purges touchèrent massivement le Parti et d'abord les membres issus du monde ouvrier, mais aussi des intellectuels. Ceux-ci perdirent leurs postes dans les universités ou les instituts. Vaclav Havel par exemple, se retrouva employé dans une brasserie. Toute l'administration, le système policier et judiciaire furent également épurés. Comme en Pologne, la propagande se livra à un violent antisémitisme, criant aussi au complot venu de l'étranger. À leur tour, les milieux syndicaux furent touchés. Des manifestations spontanées, en août 69 furent réprimées par les blindés tchécoslovaques.

Progressivement, les acteurs du printemps de Prague étaient poussés vers la sortie : Dubcek fut nommé ambassadeur à Ankara en décembre 1969, puis relevé de ce poste et exclu du PC un an plus tard. Cernik démissionna de son poste de président du Conseil en janvier 1970 et fut exclu du parti quelques mois plus tard. La chappe de plomb était retombée.

Jiri Hajek, ministre des Affaires étrangères de l'équipe Dubcek, analyse, dix ans après les événements de Prague, l'intervention des Soviétiques comme un élément essentiel nécessaire à la détente qu'ils souhaitent poursuivre avec l'Ouest : celle-ci « *paraissait devoir engendrer une volonté de plus en plus affirmée de resserrement de l'unité, une discipline plus stricte, des tendances plus marquées à l'uniformisation... des États alliés. La base rationnelle de cette conception était la volonté de créer toutes les conditions d'une communauté d'attitudes et de démarches préalables aux contacts bilatéraux et multilatéraux requis par le processus de détente* » [57].

Des prolongements

Si les troubles ont touché, de manière plus ou moins spectaculaire, les pays de l'Europe à la fin de la décennie, ils accélèrent des évolutions perceptibles déjà auparavant. Et même si la reprise en main a été générale, et si, en apparence, tout est rentré dans l'ordre, les étudiants, après quelques manifestations d'arrière-garde, reprenant leurs cours, les ouvriers, là où ils avaient manifesté par la grève, obtenant partiellement satisfaction, des modifications profondes continuèrent à affecter les sociétés.

En mai 1968, les étudiants de Nanterre réclamaient le droit d'aller visiter les jeunes filles dans les cités universitaires qui n'étaient pas mixtes. Dans la plupart des pays, la scolarité séparait encore filles et garçons. Une des conséquences des événements de 1968 fut d'accélérer le mouvement vers la libération sexuelle qui s'était développé après la Seconde Guerre mondiale suivant trois exigences : « *Que la sexualité puisse être dissociée de la procréation, qu'elle ne soit pas l'apanage des seuls adultes, qu'elle ne soit pas enfin soumise à des normes désignant les sources autorisées du désir et du plaisir* »[58] ; et depuis le début des années soixante, dans la plupart des pays d'Europe (sauf ceux trop fortement soumis à l'emprise de l'Église catholique) des progrès quant à la contraception avaient été enregistrés, la « pilule » étant par exemple commercialisée en France dès 1967. Mais pour le mouvement féministe des années soixante-dix, développé en Europe à la suite du « *Women Lib* » américain, le ton change radicalement : la lutte des femmes s'intensifie pour que leur soit reconnue la maîtrise de leur corps en particulier le droit à l'avortement (il fallut attendre la loi Veil de 1974 pour que soient libéralisées les conditions de celui-ci en France), mais également pour que l'égalité entre les hommes et les femmes entre enfin non seulement dans la loi, mais encore dans les faits. La plus grande facilité pour les femmes de demander le divorce, la reconnaissance pour celles-ci du droit parental allaient être, surtout dans les pays de forte tradition catholique, un des combats de la décennie suivante. Et les gouvernements allaient devoir se conformer, par des prises de position résolument progressistes, à ces nouvelles exigences de la part de la moitié du corps électoral. Cette dynamique fut irréversible et concerna tous les pays d'Europe, à plus ou moins longue échéance. De même, la libération sexuelle passa par la revendication que l'homosexualité sorte enfin de la marginalité dans laquelle elle était cantonnée jusque-là.

Une autre conséquence des mouvements de 68 fut le glissement d'une partie des gauchistes vers la constitution de modèles dits « alternatifs ». La fièvre libertaire, le refus des contraintes imposées par la société, la dénonciation des effets pervers du capitalisme entraînèrent une frange de jeunes étudiants, le plus souvent déjà engagés dans de brillantes études, à suivre le slogan des campus américains « *peace and love* ». Certains quittèrent les universités, tentèrent de vivre en communautés imitées de celles de Californie, dans un utopique « retour à la terre ». D'autres partirent sur les routes vers les lieux mythiques de la sagesse, rejoignant l'Inde et le Népal, vers Katmandou, expérimentant en chemin les drogues qui permettraient de faciliter le voyage initiatique, et notamment les hallucinogènes comme le LSD, qui est popularisé à cette époque. De multiples expériences furent tentées dans tous les pays, des « lieux de vie » où se côtoyaient des jeunes de nationalités différentes s'installèrent dans des endroits retirés, dans les campagnes désertées par l'exode rural ou à la montagne. La musique, reflet des préoccupations de la jeunesse contestataire, connut, elle aussi, des bouleversements : du rock agressif et révolté des années soixante, on passa à des formes musicales « planantes », plus expérimentales, comme en composaient les *Pink Floyd* (l'album *Ummagumma*, sorti en 1969, en est l'exemple le plus abouti) ou le groupe *Genesis* par exemple. Le « *Flower Power* » (décrit dans la comédie musicale *Hair*, montée à Paris en 1969 avec Julien Clerc en vedette) marque aussi des changements vestimentaires importants dans les couleurs, les plus « psychédéliques », et aussi dans les formes, pattes d'éléphants aux pantalons, style « *baba cool* » et mode androgyne.

De ces recherches vers une vie plus « authentique » débarrassée de l'esclavage de la société de consommation allait naître le mouvement écologique, particulièrement vivant en Allemagne fédérale et aux Pays-Bas ainsi que dans les pays nordiques, luttant aussi bien pour la sauvegarde des espèces animales ou végétales menacées que contre les pollutions menaçant la planète, et d'abord le danger nucléaire. Les groupes écologiques allaient se multiplier dans la plupart des pays à partir du milieu de la décennie soixante-dix.

LE DÉBUT DES ANNÉES DE PLOMB POUR L'EUROPE

L'Europe, après les perturbations qui l'avaient affectées, entrait dans une période délicate, durant laquelle les certitudes antérieures allaient se trouver remises en question.

« *La prospective des années soixante posait que le passé était archiconnu, que le présent était évidemment connu, que le socle de nos activités était stable, et que, sur ces fondements assurés, l'avenir se forgeait dans et par le développement des tendances dominantes de l'économie, de la technique, de la science* », écrit le sociologue Edgar Morin qui ajoute : « *Le grand progrès apporté par la décennie soixante-dix a été la reconnaissance de l'incertitude. C'est bien le premier sens qu'apporte avec lui le mot "crise" : le surgissement de l'incertitude là où tout semblait assuré, réglé, régulé, donc prédictible. Les économistes et sociologues bourgeois des années soixante croyaient que la société industrielle puis post-industrielle reposait sur du roc, que nous étions quasi à la fin de l'histoire, au moment d'accomplissement presqu'ultime de la "bonne société" celle qui établit paix, sécurité, bien-être, bien-aise pour tous ses ressortissants* » [59].

En effet, après la crise de 68 qui remettait en cause les valeurs traditionnelles de la société, aussi bien d'ailleurs à l'Est qu'à l'Ouest, et dont l'esprit allait souffler longtemps encore, se profilait une crise économique d'un type nouveau, une crise « *insolite* » selon l'expression de Jean Bouvier, qui allait, faute de traitement précoce et énergique, s'envenimer progressivement et non seulement perturber les rapports entre agents économiques, mais encore remettre en cause l'équilibre international. « *Les conditions de base de la vie économique ont changé et les idées qui devaient interpréter cette évolution sont restées à la traîne* », constatait l'économiste américain Galbraith en 1978 [60].

En 1970, des personnalités venant de divers pays et d'horizons différents, milieux d'affaires, politiques, universitaires se réunissaient dans le « Club de Rome » pour tirer la sonnette d'alarme. Une brusque panique s'était emparée d'observateurs qui, se basant sur les travaux des chercheurs du Massachussets Institute of Technology (MIT), prédisaient l'épuisement des ressources de la planète à brève échéance et préconisaient l'arrêt volontaire de la croissance (croissance zéro). Ces thèses malthusiennes, prolongées par le rapport Meadow de 1972, encore plus alarmiste, sont significatives d'un état d'esprit contrastant fortement avec l'optimisme affiché pendant la période précédente.

Les États européens, ayant à faire face à des difficultés d'un type nouveau, c'est-à-dire non seulement à un ralentissement conjoncturel de l'activité économique mais encore à la dérive de la contestation politique et sociale vers des manifestations radicales, se trouvent démunis. Et l'élargissement du Marché Commun de six à neuf pays ne manifeste pas, comme on pourrait le croire, un renouveau de l'idée européenne mais représente plutôt l'aboutissement d'un processus en train de s'essouffler. C'est que face aux menaces, chacun adopte des solutions adaptées à sa propre situation, et la tentation de faire cavalier seul pour mieux « s'en tirer » conduit, à terme, à une exacerbation des rivalités dans une compétition économique d'autant plus acharnée qu'elle est vitale pour chacun des pays concernés.

Cet essoufflement de l'élan européen, on le constate également au niveau mondial. L'Europe avait tenté de jouer, aidée par la figure emblématique du général de Gaulle, un rôle de premier plan sur la scène internationale. Ces temps là semblent révolus. La conjoncture a changé et dans un contexte assez ambigu, on assiste à un retour du dialogue privilégié Moscou/Washington, par-dessus l'Europe, alors que le Tiers-Monde, après les espoirs de développement rapide nourris dans les années soixante, se montre beaucoup plus agressif dans le nouveau contexte économique et politique mondial.

Le ralentissement économique

Les germes de crise au cœur de la croissance

Depuis la fin de la Seconde Guerre mondiale, les pays d'Europe, comme d'ailleurs l'ensemble des pays industrialisés, n'avaient pas connu de crise cyclique majeure, telles celles qui avaient perturbé la croissance de la production depuis la Révolution industrielle et dont la crise de 1929 avait été certainement la plus spectaculaire. Certes, on pouvait parler de « pauses » ou de « fluctuations », mais les phases d'expansion permettaient de rattraper sans dommages un taux de croissance annuel de l'ordre de 5,5 % pour les pays de l'OCDE de 1958 à 1973. Nous avons tenté de rappeler[61] les raisons pour lesquelles les économies industrielles occidentales avaient bénéficié d'une conjoncture favorable, la politique économique menée par les États remportant des succès incontestables. Pourquoi alors, à la fin de la période, ces difficultés croissantes qui vont faire basculer les économies occidentales, par l'intermédiaire du révélateur que constitue la crise pétrolière, vers une instabilité accrue, un état de malaise et de déséquilibre ?

Il faut tout d'abord noter que les perturbations qui touchèrent les pays occidentaux se produisirent également dans les pays de l'Est, bien que l'on ne puisse assimiler les deux phénomènes. Si les symptômes peuvent paraître similaires, et le parallélisme tentant à développer, la crise (ou plutôt « les » crises, comme le démontre Michel Drach[62]) dans les démocraties populaires présente bon nombre de traits spécifiques qui la distinguent de ce qui se passe à l'Ouest, et se développe par ailleurs quelques années plus tard.

Dans l'un et l'autre cas, il est très difficile, même avec vingt ans de recul, de hiérarchiser et même de classer les causes des perturbations qui aboutirent à la crise et contribuèrent à sa prolongation. Nous tenterons simplement de mettre l'accent sur certains points qui semblent essentiels pour comprendre la suite, sans entrer dans les débats théoriques qui continuent à opposer les économistes néo-keynésiens d'un côté, libéraux de l'autre, marxistes enfin, tout en adoptant les positions défendues par Lorenzi, Pastré et Toledano : « *Contrairement à ce que l'on croit généralement, la crise n'est pas apparue juste après le choc pétrolier (...). Le déclenchement aurait dû se faire à travers une crise financière interne nationale ou à travers une crise des changes plus grave que celles qui eurent lieu en 1972-73. La situation politique a voulu que cela se fasse à propos d'une augmentation brutale du prix d'une ressource rare. Toutes les conditions étaient cependant remplies pour que ce qui aurait pu, à d'autres moments, n'être qu'un accident conjoncturel devienne l'une des crises les plus graves que le capitalisme ait connues* »[63].

On peut tout d'abord mettre en avant les difficultés rencontrées par le système productif. Les manifestations ouvrières qui ont accompagné le mouvement étudiant dans certains pays européens, de même que des signes internes aux entreprises montrent que l'on assiste à une réelle crise du taylorisme. Pour preuve l'augmentation du nombre de journées perdues pour cause de grève : même si l'on excepte l'année 1968, celui-ci est multiplié par quatre en

France des années cinquante à 1971. Significative également est la montée de l'absentéisme : de 1964 à 1973, il passe pour les industries minières et métallurgiques françaises de 6,5 à 9,5 %. Mais le phénomène est général. Pour l'ensemble de l'industrie ouest-allemande, il augmente de 4 à 11 % dans la période 1966-72. Le turn-over, c'est-à-dire la rotation du personnel, s'accroît aussi de façon inquiétante, car il augmente les coûts de recrutement et de formation. Il est de 100 % dans les fonderies Fiat en Italie, de 40 % dans l'usine Ford à Langley au Royaume-Uni par exemple [64].

Ces phénomènes ont accru de façon inquiétante et stérile le coût du travail et contribué à écraser les gains de productivité, même si l'on peut discuter du poids réel de leur effet sur la crise. L'épuisement de ces gains de productivité est le second signe de dérèglement général du système productif. Voici pour quelques pays l'évolution en pourcentage de ces gains de productivité sur le long terme [65] :

Pays	1950-70	1970-75
France	4,7 % par an	3,6
RFA	5,1	3,1
Royaume-Uni	2,4	2
Pour référence :		
États-Unis	2,1	1,4
Japon	7,7	4,1

Les analyses les plus complètes sur ce sujet ont été effectuées pour les États-Unis, mais on peut sans risque généraliser à l'Europe leurs conclusions : les dépenses liées à la recherche et au progrès technique s'accroissent, l'utilisation et la combinaison des facteurs de production ne sont pas suffisamment rationalisées. Ajoutons à cela que les gains de productivité nécessitaient une croissance continue de la production. Or celle-ci, dans des secteurs majeurs de l'économie, va se trouver momentanément menacée, ce qui a pour conséquence une baisse du taux de profit, sensible à partir de 1964 aux États-Unis et de 1968-69 en Europe, et qui s'explique aussi par la hausse de la part des salaires dans les coûts de production. Le taux de profit passe, pour la France, de 10,4 % en 1969 à 9,6 % en 1973, de 12,9 % à 11,5 % en RFA, de 3,4 % à 1,3 % dans le Royaume-Uni [66]. Le problème est d'autant plus préoccupant que l'on assiste à un changement dans les normes de consommation, ou tout au moins à une relative saturation des besoins en biens de consommation durables (automobiles, équipement ménager par exemple) dont la production était un facteur entraînant pour l'industrie, au profit des services (santé, loisir, éducation, transports, etc.) dont on observe une part grandissante dans la structure de la consommation. Or la productivité des activités tertiaires est moindre que celle des autres secteurs de l'économie, si bien que l'on a pu parler pour le tertiaire de « travail improductif » [67].

Tous ces facteurs de dérégulation jouent d'ailleurs en interdépendance et leurs effets se potentialisent.

Le dérèglement du système monétaire international

On constate une concomitance (sinon une relation de cause à effet) entre le ralentissement de la croissance et l'aggravation de la détérioration du système monétaire international comme si, à un moment donné, les rouages de la machine économique se grippaient les uns après les autres.

En 1965, le président Johnson avait rendu beaucoup plus difficile la sortie de capitaux des États-Unis. Les banques américaines ne pouvaient donc plus prêter à l'étranger. Cela fit flamber le marché des eurodollars, ceux-ci étant le seul moyen pour les États comme pour les entreprises et les particuliers d'obtenir du dollar à l'extérieur des États-Unis. À partir de 1966, les banques américaines vont à leur tour emprunter des eurodollars, faire monter les taux, attirer ainsi les prêteurs sur le marché, prêteurs qui se détournent alors des marchés monétaires nationaux d'Europe. C'est une menace pour les réserves des banques centrales, ce qu'avait compris, nous l'avons vu, le général de Gaulle, le premier Européen à avoir vivement réagi. Comme l'écrit Jean Denizet en 1971 : « *On ne peut parler alors de marché monétaire international unique lié à la convertibilité. Il y a manipulation du marché international par un des partenaires, manipulation couplée avec l'isolement de son propre marché monétaire. Il y a violation caractérisée des conditions de la concurrence internationale d'une part (par l'imposition aux autres des taux d'intérêt que l'on n'accepte pas chez soi)... en second lieu les États-Unis ont donné à leurs partenaires dans la gestion de leurs marchés monétaires des problèmes pratiquement insolubles dans l'établissement de contrôles* » [68].

La situation se dégrade rapidement à partir de 1967, les détenteurs d'eurodollars suivant l'exemple français en achetant de l'or ou même des devises fortes. La livre est dévaluée, l'encaisse-or des États-Unis s'effondre, mais cette fois le pool de l'or est débordé (il disparaît d'ailleurs peu après) et le Congrès américain suspend la convertibilité externe du dollar en or. Parallèlement à cette mesure, le Fonds monétaire international, reprenant l'idée de Keynes au moment de Bretton Woods, institue lors de la conférence ministérielle du groupe des Dix tenue à Stockholm en mars 68, les Droits de tirage spéciaux (DTS) pour venir en aide aux États-Unis. La France ne vota pas cette mesure, et Michel Debré justifia cette position en remarquant que les DTS ressemblaient plus « *à des liquidités qu'à du crédit* » [69]. Mais l'on se passe de l'avis de la France et le dollar fut, grâce à cette mesure, stabilisé pour un temps. Cela n'empêcha pas la prolifération de cette monnaie due à la sortie de capitaux des États-Unis (la balance commerciale se détériora alors que les investissements à l'étranger continuèrent à se développer) et à l'activité des banques européennes (dont certaines filiales américaines) qui, en recyclant les dollars, font grossir la masse des eurodollars. Nixon refusa la dévaluation et supprima, le 15 août 1971 la convertibilité totale du dollar. En même temps, il fit appliquer des mesures protectionnistes aux frontières.

Cela entraîne une instabilité grandissante des monnaies, par la généralisation des changes flottants. Les marchés ferment, les gouvernements prennent des mesures d'urgence pour empêcher que les manipulations sur le dollar ne menacent leur propre monnaie. Finalement, les États-Unis, dans le cadre des accords de Washington de décembre 1971, acceptent de dévaluer le dollar alors que les autres monnaies sont réajustées pour être en fait réévaluées par rapport à celui-ci. Le système des parités fixes semble rétabli, mais en réalité au profit des États-Unis qui dopent ainsi leurs exportations. De plus, les marges de fluctuation entre les monnaies sont élargies, ce qui ne peut que nuire au Marché Commun car ces fluctuations faussent les mécanismes d'égale concurrence et introduisent de trop fortes inégalités entre les États membres. La CEE risque l'éclatement. Pour l'éviter, les accords de Bâle, en mars 1973, réduisent les marges de fluctuation entre les monnaies européennes. C'est ce que l'on a appelé le « serpent européen ». Mais il apparaît que certains pays ne peuvent respecter les limites imposées : l'Italie, puis les pays entrants (Irlande et Royaume-Uni) sont obligés de laisser flotter leurs monnaies au-delà même des limites fixées lors des accords de Washington. Les États-Unis, quant à eux, dévaluent une nouvelle fois, ajoutant à l'anarchie. Comme l'explique Renaud de la Genière, ancien gouverneur de la Banque de France, « *Le régime des changes flottants a prévalu au début des années soixante-dix. Qu'en est-il résulté ? À l'expérience, pas grand-chose de bon. Depuis 1970, nous constatons, par un contraste frappant avec la période antérieure, beaucoup plus d'inflation dans tous les pays, des déséquilibres extérieurs considérables, des mouvements de capitaux très importants liés à ces déséquilibres, un ralentissement du taux d'expansion »* [70].

*Des États plus ou moins bien armés
face à la montée des problèmes économiques*

L'économie allemande paraît être, en Europe, la mieux préparée à résister aux difficultés à venir. Elle connaît certes depuis le milieu des années soixante un ralentissement de la production couplé à une montée du chômage, ce qui entraîne Karl Schiller, ministre de l'Économie, à faire voter une loi de Stabilité en 1967 destinée à renforcer la codification de la politique économique et des rapports sociaux, et qui s'accompagne d'un soutien raisonnable de la demande interne. Cela a pour résultat d'atténuer les difficultés conjoncturelles. Mais il faut souligner aussi le bon effet de la spécialisation favorable de l'économie allemande face à la demande mondiale, ainsi que de la réputation de ses produits, ce qui lui permet de garder ses parts de marché. Les grands groupes allemands, dès la fin des années soixante, s'étaient préparés à la mondialisation de l'économie, par une stratégie de concentration des pouvoirs au sein de grandes entreprises étroitement liées aux grandes banques. Dans le même temps, les PME, bien implantées sur le territoire national, solides grâce à l'accumulation de capital effectuée sur plusieurs générations, et tournées dès l'origine vers les ventes à l'étranger, peuvent supporter un ralentissement momentané de leur activité.

Mais il faut aussi parler du mark, dont la montée peut certes menacer les performances commerciales à l'exportation, mais qui, par sa solidité, va devenir la seconde monnaie de réserve mondiale dans les années soixante-dix, renforçant la confiance dans l'économie ouest-allemande sur les places internationales, même si les grandes réformes impulsées par le gouvernement Brandt butèrent sur une rapide dégradation de la situation budgétaire à partir de 1973, ceci étant dû en partie à l'explosion des dépenses publiques.

Loin du « bon élève » européen, la Grande-Bretagne, dont les performances, nous l'avons vu, sont inférieures à celles de ses partenaires, s'enfonce dans un marasme perceptible bien avant 1973 puisque, depuis 1955, son taux de croissance est deux fois moins important que celui des autres pays européens. Les achats à l'étranger dégradent la balance commerciale et perturbent périodiquement la monnaie ; les taux de rentabilité du capital fixe, après avoir régulièrement décliné (de moitié entre 1960 et 1972) s'effondrent à partir de cette année-là. Les industries anglaises apparaissent vieillies et peu adaptées aux nouvelles exigences du marché mondial. Lord Kaldor soulève même la question « iconoclaste » dans la patrie du libre-échange, alors que le pays s'engage dans une plus étroite coopération économique avec ses partenaires de la CEE : « *Seul le protectionnisme peut sauver l'Angleterre puisque l'industrie a besoin de protection dans deux cas : quand elle est dans son enfance et quand elle est dans sa vieillesse* » [71].

La France, comme l'Italie dans une moindre mesure, après avoir enregistré des gains de productivité rapides qui ont permis à la fois d'améliorer le financement des entreprises et d'accepter des augmentations raisonnables de salaires, connaît un brusque freinage de ses performances qui n'est pas dû essentiellement, comme on pourrait le croire, aux seuls accords de Grenelle de 1968 (puisque le choc de l'accroissement salarial put être rapidement absorbé) mais à un moindre dynamisme du secteur industriel qui souffre désormais d'une part d'un manque d'investissement, ce qui se traduit par un vieillissement de l'appareil industriel, d'autre part d'un retard de l'adaptation des structures, ce qui est porteur de germes de crise pour l'avenir. Et ce, d'autant plus qu'ici plus qu'ailleurs, la persistance d'une politique budgétaire active qui avait, dans la période précédente, accompagné la croissance (les rentrées fiscales épongeant les dépenses sociales), entraîne désormais une aggravation du déficit public, et, du fait de la faiblesse de l'épargne nationale, une rapide dégradation de la balance des paiements.

Tous les États européens, dans une plus ou moins grande mesure, voient à la fin des années soixante se déformer le « carré magique » symbole de l'équilibre entre croissance, inflation, chômage et échanges extérieurs. Poussées inflationnistes (on parle d'inflation rampante pour la période) et inquiétudes quant au chômage, qui commence à croître dans des secteurs menacés des industries traditionnelles, n'épargnent aucun pays.

À l'Est, les débuts de la décennie soixante-dix, s'ils apportent l'espoir d'une plus grande ouverture à la suite de la détente, amènent aussi une augmentation rapide de l'endettement, car les besoins, en particulier, en matière de technologie, se révèlent importants. Ces pays pouvaient espérer, en développant une croissance intensive, relever leur niveau de vie et développer les exportations de manière à rembourser leurs emprunts. Mais cet endettement, qui fait plus que doubler au début des années soixante-dix (il est même multiplié par sept pour la Pologne entre 1970 et 1975) devient un poids trop lourd, au fur et à mesure que l'on s'aperçoit que les effets escomptés des mutations technologiques ne portent pas leurs fruits avec assez de rapidité. Dans le même temps, le poids des exigences de mieux-vivre de la part de la population (particulièrement sensible lors des émeutes de Gdansk en Pologne) conduit les gouvernements à accroître les importations pour couvrir les besoins. Des facteurs d'aggravation de la situation, telles les difficultés rencontrées par l'agriculture, ou le retour, après les essais de décentralisation des années soixante, à la planification centralisée, entraîneront les pays de l'Est, à partir de 1976, vers une crise profonde, structurelle, conjoncturelle et politique.

Les difficultés internes des États

Nouvelles équipes, politiques nouvelles ?

Le ralentissement de l'activité économique survint à un moment où, dans la plupart des pays d'Europe, après les perturbations de la fin des années soixante, l'on assista à un renouvellement des équipes dirigeantes et à un véritable tâtonnement face aux politiques à mener, tant sur le plan national qu'international. Le changement le plus spectaculaire est peut-être celui survenu en Suède, où, le 9 octobre 1969, Olaf Palme succède à Tage Erlander au pouvoir depuis 23 ans. Mais cette même année, Georges Pompidou remplace le général de Gaulle à la tête de l'État français, Willy Brandt est élu chancelier en RFA. Quelques mois plus tard, en juin 1970, les conservateurs l'emportent lors des élections législatives en Angleterre et Edward Heath constitue le nouveau cabinet. Dans les pays du Benelux, des gouvernements orientés à gauche se forment, en janvier 1973 en Belgique sous l'autorité du socialiste Leburton, en mai aux Pays-Bas avec Joop Den Uyl et un peu plus tard au Luxembourg avec Gaston Thorn. Gomulka cède sa place à la tête du parti communiste polonais en 1970 et en 1971, c'est la fin, en RDA, de l'ère Ulbricht avec l'arrivée au pouvoir d'Erich Honecker.

Ces changements ne sont pas anecdotiques. Ils clôturent

une époque, sont significatifs des réponses de la classe politique traditionnelle aux nouvelles interrogations posées en 1968, même s'ils ne bouleversent pas de fond en comble les orientations politiques des États. On note cependant certains indices montrant une véritable volonté de changement : outre la relance de l'idée européenne et le rapprochement des deux Allemagnes, les politiques menées par les nouvelles équipes se veulent différentes de celles du passé, du moins dans leur esprit. L'exemple le plus significatif est celui de l'arrivée au pouvoir du chancelier Brandt, envisagé par ses partisans comme une véritable renaissance, une nouvelle « année zéro ». Son nom reste bien sûr d'abord attaché à l'*Ostpolitik*. Mais sur le plan intérieur, ses initiatives, fondées sur la volonté d'« *oser plus de démocratie* », selon sa propre expression, se révélèrent également novatrices. Un premier axe pour les réformes se situa sur le plan du travail : la confédération syndicale DGB obtint la révision de la loi sur le statut des entreprises de 1952 dans le sens d'une plus grande démocratie, de plus d'humanité dans la vie professionnelle et d'une plus grande justice sociale. Cela entraîna bien sûr beaucoup de méfiance de la part des employeurs mais évita l'agitation ouvrière, d'autant plus que les salaires avaient été augmentés dans le même temps. Un autre point fort des réformes devait se situer au niveau de l'enseignement, que les gouvernements précédents avaient tenté de restructurer sans grand succès, du fait de l'autonomie des *Länder* en cette matière. Cependant une loi-cadre sur l'enseignement supérieur fut votée en 1971 par le Bundestag mais rejetée par le Bundesrat à majorité CDU. Ce dont Brandt se montra le plus fier cependant, ce fut l'active politique sociale avec la réforme sur des retraites, celle du code pénal et de la législation familiale, l'augmentation des prestations sociales. Mais, malgré sa réélection en 1972, sa popularité décline, en partie à cause de l'agitation terroriste mais également du fait que sa politique se révéla brouillonne et coûteuse au moment où la crise économique se profilait à l'horizon.

On retrouve la même volonté de changement avec l'arrivée au pouvoir de Georges Pompidou en France. Celui-ci choisit comme Premier ministre Jacques Chaban-Delmas, qui bénéficiait du double avantage d'être un gaulliste historique, ce qui rassurait, mais aussi de présenter l'image d'un libéral. C'est ainsi que, reprenant l'idée de « participation » émise par de Gaulle après les événements de 68 et qui s'était concrétisée par la loi d'orientation sur l'enseignement supérieur et par la tentative de réforme régionale, il propose des objectifs destinés à « débloquer la société » : réforme des conventions collectives, politique contractuelle associant les syndicats aux décisions gouvernementales concernant les mesures sociales, indexation du salaire minimum sur la croissance (SMIC), etc. La « *nouvelle société* » qui se met en place doit tenir compte des revendications émises lors des événements de mai et qui concernent une amélioration qualitative du cadre de vie et des conditions de travail. Mais ce nouveau souffle s'épuise bientôt, le départ du Premier ministre en juillet 1972 inaugurant un retour à une conception plus autoritaire du pouvoir, alors que les positions politiques se durcissent : le Parti socialiste, rénové et remusclé sous la direction de François Mitterrand signe avec le PC un programme commun de gouvernement, alors que la situation intérieure se dégrade, gâtée par des conflits sociaux dont celui des usines Lip, en faillite, que les ouvriers vont occuper et tenter de remettre en marche.

Partout les équipes gouvernementales se heurtent aux problèmes financiers et économiques, alors que les difficultés les plus spectaculaires proviennent de la contestation radicale, menée par des mouvements issus des troubles de la fin des années soixante.

En effet, les démocraties européennes sont parcourues par des courants de pensée et d'action divers, marginaux le plus souvent, qui illustrent ce qu'écrivait en 1967 le sociologue norvégien Rokkan concernant le clivage de la société, issu d'une mutation qui oppose le centre et la périphérie : « *Le centre-édificateur d'une culture nationale et la résistance croissante des populations assujetties et ethniquement, linguistiquement ou religieusement distinctes, en province et dans les périphéries* »[72]. Mais ce clivage n'existe pas seulement à ce niveau. Il sépare aussi ceux (partis ou individus) qui acceptent le jeu normal des institutions comme régulateur de la vie sociale et ceux qui, mettant en avant l'individu comme source absolue de souveraineté, rejettent toute forme d'autorité étatique, et dont la pensée se rattache au mouvement anarchiste du XIXe siècle.

Cette opposition centre-périphérie est mise en évidence par Marcuse qui fustige dans son ouvrage, *L'Homme unidimensionnel*, un pouvoir politique technocratique, totalitaire, que ce soit à l'Est ou à l'Ouest et qui dépouille l'individu de son statut de « sujet ». Elle s'est exprimée de façon explosive et désordonnée autour de 68, contre une « normatisation » et une uniformisation de plus en plus sensible des sociétés et va se poursuivre dans la décennie suivant, en empruntant des formes d'expression le plus souvent violentes. « *Je crois* », écrit Marcuse, « *qu'il y a pour les minorités opprimées un "droit naturel" de résister et d'employer des moyens illégaux, dès que les moyens légaux se sont montrés insuffisants* ». C'est légitimer la violence révolutionnaire contre celle, plus sournoise mais non moins destructrice, de l'État. C'est ce qu'exprime le « Groupe du Premier Mai » espagnol qui déclare vouloir reprendre le flambeau de l'anarchisme international : « *Tant pour les anarchistes européens que pour ceux qui résident dans d'autres continents, ce ne sont pas les motifs d'agir qui manquent, ni les possibilités pratiques de témoigner leur présence et de montrer un chemin à suivre. Particulièrement dans cette Europe hypocritement indifférente et complice réelle des crimes commis quotidiennement à l'intérieur de ses frontières...* » [73]. C'est alors l'engrenage vers le terrorisme, qui va frapper les sociétés occidentales de plein fouet et qui est une déviation de l'anarchisme authentique car il fait se rejoindre dans « *une exaltation fanatique de l'action individuelle devenue nihiliste* » [74], l'extrême gauche, dressée contre l'ordre établi, et l'extrême droite, acharnée à maintenir par tous les moyens le pouvoir établi contre la menace révolutionnaire.

Le terrorisme est utilisé tout d'abord pour défendre la cause autonomiste dans les pays où l'État centralisateur s'est employé à gommer les différences, en particulier linguistiques. Notons d'emblée que le terrorisme n'est pas le seul moyen et de loin, pour faire aboutir les revendications autonomistes. Là comme ailleurs s'opposent les « légalistes » qui pensent agir dans le système, acceptant l'élection comme moyen de se faire entendre des autorités comme des citoyens, et les « radicaux », dont l'action violente peut menacer la paix sociale : le dilemme par exemple se posa lorsqu'en 1977 furent organisées des élections libres au Pays basque espagnol. L'« ETA politico-militaire » tenta l'expérience et joua le jeu, tandis que la fraction « ETA-militaire » s'enfonça dans la lutte armée.

Cette revendication autonomiste rejoint le discours nationaliste comme nous l'avons vu à propos de la Belgique, ou bien l'anarchisme lorsque certains pensent arriver au dépérissement de l'État par le fédéralisme et l'autogestion. Il n'est pas question de retracer ici toutes les luttes des autonomistes en Irlande, Belgique, Finlande, Italie, Espagne ou en France dans la période qui nous intéresse. Nous nous bornerons simplement à noter quelques faits caractéristiques de ce mouvement qui va embraser, et pour longtemps, les pays occidentaux.

L'agitation autonomiste puise ses racines dans une tradition ancienne. À cet égard le cas de l'Irlande est significatif de la genèse de ces prises de conscience centre/périphérie. L'Eire a vu, en 1948, aboutir le processus d'indépendance engagé depuis le siècle dernier. Mais reste l'Ulster, province isolée du « continent », déchirée par les oppositions entre catholiques et protestants, et qui souffre de marasme économique malgré les subsides britanniques. L'IRA (armée de libération de l'Irlande) décide, en 1956 de mettre fin au combat clandestin. Mais la situation se dégradait. Le Premier ministre d'Irlande du Nord, O'Neil, tente à partir de 1963 d'atténuer les clivages culturels, politiques et sociaux qui faisaient en fait des protestants les maîtres du pays. Cela ne fait qu'exacerber les tensions qui aboutissent en 1968 à la création d'une « Association pour les droits civils en Irlande du Nord » (NICRA). Des marches de protestation sont organisées et en octobre, de violents affrontements opposent les manifestants catholiques et les contre-manifestants protestants soutenus par la police, à Londonderry. C'est le signal d'une véritable guerre civile qui ensanglante le pays. Le gouvernement britannique doit envoyer des renforts et prendre en main l'administration directe du pays en 1972. L'IRA, qui avait retrouvé un second souffle, se divise alors entre modérés qui décident le cessez-le-feu, et « provisoires » qui basculent dans le terrorisme. On observe alors une montée de la violence meurtrière : 213 attentats en 1970, 1 756 en 71, 10 628 en 1972. 146 soldats et policiers et 122 civils sont tués cette seule année, mais également se multiplient coups de mains contre les banques ou demandes de rançons pour financer l'achat des armes. Attentats, prises d'otages, pillages touchent désormais le territoire britannique.

Des revendications autonomistes s'expriment en Espagne également où deux ensembles de provinces réclament particulièrement la reconnaissance de leur identité, la Catalogne et le Pays basque. Jusqu'à la fin du franquisme cependant, l'agitation violente des autonomistes se confond avec la lutte menée par les divers mouvements syndicaux et politiques contre le régime. Mais l'assassinat, en décembre 1973, du Premier ministre, l'amiral Carrero Blanco par un commando de l'ETA montre bien la plus grande détermination des Basques à recourir à la violence. Les procès de Burgos (la série avait commencé en 1970 par celui de seize personnes accusées de meurtre d'un policier et ne se termina qu'en 1975) assurèrent un très grand retentissement à leur cause.

En France, le nationalisme basque s'exprime à partir du début des années cinquante par la création de l'association « Enbata » (vent venant de la mer, annonciateur de tempête) qui fait son entrée sur la scène publique en 1963 par la publication d'une Charte. Certains de ses membres aident activement les réfugiés basques espagnols, ce qui les rend suspects aux yeux des autorités. C'est alors que commence, à partir de la fin des années soixante, une radicalisation des jeunes militants. Des groupuscules se développent un peu partout dont le plus important est « Iparretarrak » (ceux d'ETA du nord) qui naît en 1972 et qui, dans son premier bulletin, annonce clairement ses intentions : il faut « *renverser le capitalisme, détruire toutes les relations sociales héritées de la société bourgeoise (...) par la combinaison de la lutte de masse et de la lutte violente, armée ou non* »[75]. Le Pays basque n'est pas le seul lieu de l'agitation séparatiste en France. Le 3 octobre 1972 s'ouvrait, devant la Cour de sûreté de l'État, le procès de onze nationalistes bretons, membres du FLB (Front de Libération de la Bretagne) accusés d'avoir commis dix-huit attentats en un an. Le FLB s'était fait connaître dès 1966 par l'attaque d'un commissariat de police, pour protester contre « *une centralisation jacobine sclérosée* » et un système socio-culturel jugé colonial. La Corse connaîtra plus tard à son tour l'agitation autonomiste grâce aux menées du FLNC (Front de Libération de la Nation Corse).

Mais le terrorisme ne s'exerce pas seulement pour cette cause. Il est aussi le fait de groupes qui se réclament d'une internationalisation de la violence. L'idéal tiers-mondiste avait fait place dans l'esprit de certains jeunes, à la fin des années soixante, à une admiration pour de nouveaux héros tels les Palestiniens en lutte contre Israël et qui portaient alors le fer en Europe. En effet, après la guerre israélo-arabe de 1967, de nombreux détournements d'avions, et surtout l'attentat de Munich, lors des Jeux olympiques de 1972, perpétré par l'organisation « Septembre noir », font de nombreuses victimes. C'est en Allemagne de l'Ouest que se constitue une véritable bande organisée pour la guérilla urbaine, la « Fraction armée rouge »[76] dont les membres, issus de l'agitation gauchiste de 68, s'illustrent dès cette époque par des pillages ou des incendies. En 1970, l'évasion spectaculaire d'Andreas Baader, organisée par la journaliste pacifiste Ulrike Meinhof et l'avocat Horst Malher, marque le début de la cavale des membres de la FAR qui, partis s'entraîner au Moyen-Orient, puis revenus au pays, vont se comporter plus comme une bande de gangsters que comme un groupe révolutionnaire. Les chefs historiques, arrêtés en juin 1972, ne seront jugés qu'après de longues années d'instruction, pendant lesquelles le terrorisme continue à faire parler de lui, alimentant un climat de peur dans le pays. Jugés en 1975, les membres de la « bande à Baader » seront trouvés morts un peu plus tard dans leurs cellules.

Les terrorismes « rouge » (révolutionnaire) et « noir » (néofasciste) perturbent aussi gravement la démocratie italienne en organisant de spectaculaires attentats tels ceux qui ensanglantent Milan et Rome, le 12 décembre 1969. Les Brigades rouges, formées au début des années soixante-dix, vont développer par la suite une tactique d'enlèvements systématiques, culminant en 1978 avec celui d'Aldo Moro.

Alors que les démocraties nordiques, très rompues à la pratique de l'écoute et du consensus social, avaient réussi à protéger leurs enfants de ces débordements violents et voués à l'échec, et que les habitants des pays de l'Est, encore fermement tenus en main, étaient préoccupés de grapiller quelques libertés supplémentaires ou d'obtenir des améliorations de leurs conditions de vie encore précaires, les pays de l'Europe occidentale voyaient une frange, certes très minoritaire, de leur jeunesse basculer dans le nihilisme, la désespérance et les conduites suicidaires.

La fin du grand élan sur la scène internationale

Les tentatives de relance européenne

Les événements de la fin des années soixante avaient donc entraîné des perturbations importantes en Europe, à un moment où la croissance commençait à s'essouffler. Dans un contexte international difficile, il était peut-être temps de reprendre le chantier de la construction européenne, d'autant plus que le principal obstacle était désormais levé, puisque le général de Gaulle a quitté la scène politique.

En effet, le 28 avril 1969, de Gaulle se retirait. Après un bref interim, son ex-Premier ministre, Georges Pompidou était élu président. Il avait choisi avec soin son personnel politique et à cet égard, la nomination de Maurice de Schumann aux Affaires étrangères était tout un symbole. Gaulliste de la première heure, il était aussi fervent européen et ami de l'Angleterre. Cela ne signifiait pas cependant que le nouveau président fût prêt à laisser ouvrir toutes grandes les portes du Marché Commun. Dès son arrivée au pouvoir, il précisait sa position. Après avoir abordé le problème de la relance de la construction européenne à Six, bloquée depuis un certain temps, il déclarait : « *Reste le problème de l'élargissement, c'est-à-dire en fait celui de la candidature britannique et d'un certain nombre d'autres candidatures qui se sont également présentées. Sur ce point, je voudrais dire que nous n'avons pas, en dépit de quelques mécomptes récents, d'objection de principe à l'adhésion éventuelle de la Grande-Bretagne ou de tel pays dans la Communauté, mais nous pensons qu'il convient d'abord que les Six, entre eux, se mettent d'accord sur les conditions de cette adhésion et les conséquences qu'elle pourrait avoir sur l'avenir et sur la nature même de la Communauté. Car jusqu'ici, on s'est souvent abrité derrière ce qu'on appelait le veto de la France, pour dissimuler les réalités (...) L'adhésion d'un certain nombre de pays pose au départ des questions difficiles et entraîne ensuite pour la Communauté des changements profonds* »[77].

Georges Pompidou avait donc remis, prudemment certes, le dossier européen en chantier. Quelques mois plus tard en décembre, à l'initiative du Président français, était réuni un sommet des chefs d'État et de gouvernement à La Haye. Le passage de la phase transitoire à la phase définitive de la construction était annoncé, ainsi que la levée du veto français à l'élargissement, justifiée, dit Pompidou à son retour, par « *un climat de compréhension réciproque entre les Six* »[78].

Une des conditions favorables à la relance était le renouveau des équipes politiques en Europe, ce qui avait eu lieu. On se souvient qu'au même moment, de nouvelles équipes gouvernementales étaient arrivées au pouvoir en Allemagne fédérale et aussi au Royaume-Uni (avec Edward Heath).

Le nouveau Premier ministre anglais était un Européen convaincu, et l'*Economist* pouvait écrire, au lendemain de l'élection qui avait eu lieu le 22 juin 1970 : « *La première et principale tâche à laquelle devra s'atteler Mr. Heath est de faire entrer la Grande-Bretagne dans la Communauté européenne* »[79]. Il est vrai que le gouvernement précédent avait préparé le terrain. En février, il rendait public un Livre blanc qui traitait des conséquences économiques de cette éventuelle entrée, et qui se terminait ainsi : « *Ce Livre blanc prouve que des négociations s'imposent pour déterminer les conditions auxquelles on pourrait saisir l'occasion d'être admis* »[80]. L'affaire ne traîna pas. Les négociations s'ouvrirent le 21 juillet 1970 en vue de l'adhésion britannique, et le 21 en vue de celles de l'Irlande, du Danemark et de la Norvège. Elles furent plus faciles que les précédentes, car les Anglais renonçaient à bon nombre de leurs prétentions, en particulier en ce qui concernait la PAC. Elles portèrent surtout sur la durée des périodes transitoires et les aménagements nécessaires pour que les nouveaux membres puissent adapter leurs économies aux règles de la CEE. Alors que le 23 juin 1971, un accord était enfin signé à Luxembourg entre les Six et la Grande-Bretagne, les ultimes difficultés vinrent de celle-ci : l'opinion manquait d'enthousiasme, l'opposition travailliste estimait que le gouvernement avait lâché trop de lest et réclamait un référendum sur le sujet. Le gouvernement s'en tint à un vote des Communes qui, en octobre, approuvèrent l'accord. Le traité pouvait être signé le 22 janvier 1972 à Bruxelles. Dans cette année 1972, les référendums organisés pour l'approbation du traité furent partout positifs ; seule la Norvège dit non, à 53,5 % des voix.

Le sommet de Paris, les 19 et 20 octobre 1972, semblait ouvrir une ère nouvelle dans la construction de l'Europe. La déclaration des chefs d'État et de gouvernement débutait par un préambule solennel : « *L'heure est venue pour l'Europe de prendre une claire conscience de l'unité de ses intérêts, de l'ampleur de ses capacités et de l'importance de ses devoirs... Les États membres de la Communauté, éléments moteurs de la construction européenne, affirment leur intention de transformer, avant la fin de l'actuelle décennie, l'ensemble de leurs relations en une Union européenne* »[81]. L'union économique et monétaire devait être achevée au plus tard le 31 décembre 1980.

L'accent était mis en premier lieu sur la politique monétaire, négligée jusque-là. En effet, si la coopération monétaire avait commencé à s'ébaucher en 1964, elle fut stoppée net par la crise de 1968-1969. Sa relance, au moment de la réunion de La Haye en décembre 1969, fut suivie de l'acceptation, par le Conseil des ministres des Six, du « plan Barre » sur l'harmonisation des politiques économiques, et du « rapport Werner » prévoyant la mise en place d'ici 1980 d'un « *ensemble monétaire individualisé* ». Mais ces bonnes intentions, confirmées par la conférence de Paris d'octobre 1972, restèrent en partie lettre morte, du fait de la difficulté des transferts de responsabilité du plan national au plan communautaire, aggravée par les désordres monétaires internationaux intervenus dès la fin des années 1960 et qui rendirent impossible, nous l'avons vu, toute politique tendant à des parités fixes entre les monnaies, ce qui était une condition nécessaire à toute poursuite d'une politique d'intégration. Le second point abordé au sommet de Paris fut la mise en place d'une politique énergétique commune qui devait garantir « *un approvisionnement sûr et durable dans des conditions économiques satisfaisantes* ». La crise pétrolière, pendant laquelle les États tentèrent de tirer chacun pour soi leur épingle du jeu, perturba gravement cette belle ambition. D'autre part, certains aspects de la politique européenne, négligés jusque-là, furent l'objet d'attentions particulières. Ce fut le cas de la politique régionale, pour laquelle un fonds de développement devait être mis en place avant le 31 décembre 1973, la politique sociale et enfin la politique industrielle et scientifique.

Mais la plupart des bonnes résolutions restèrent pour un temps lettre morte, la crise brisant net l'élan européen. Dès octobre 1973, alors que plusieurs États émettaient de sérieux doutes sur la possibilité de poursuivre l'union économique et monétaire, le président Pompidou lança l'idée d'un nouveau sommet européen. Celui-ci eut lieu à Copenhague les 14 et 15 décembre dans une atmosphère lourde, car les événements du Moyen-Orient remettaient en cause, malgré les déclarations de bonnes intentions, la solidarité entre les États eux-mêmes, reposaient la question de la sécurité européenne et accentuaient les divergences de vues entre l'Europe et les États-Unis, qui entendaient depuis un certain temps reprendre les choses en mains. « *L'unité de l'Europe ne doit pas se faire aux dépens de la Communauté atlantique* », avait sèchement déclaré Henry Kissinger le secrétaire d'État américain à la veille du sommet de Copenhague [82]. Et il fut particulièrement écouté par les Anglais dont le nouveau Premier ministre Harold Wilson, porté au pouvoir par le succès travailliste de février 1974, était beaucoup moins européen que ses prédécesseurs. Il fallut la fin de la décennie pour que la Communauté retrouve un dynamisme suffisant qui lui permette d'envisager de nouvelles intégrations.

La reprise du dialogue entre les deux Grands et la relative mise à l'écart de l'Europe

La fin des années soixante et les débuts de la décennie suivante virent la reprise d'un dialogue bilatéral États-Unis/Union soviétique, facilitée par le sérieux de l'*Ostpolitik* menée, nous l'avons vu, par le gouvernement de l'Allemagne de l'Ouest. Du côté occidental, malgré les protestations des différents gouvernements lors de l'intervention des forces du pacte de Varsovie à Prague en 1968, on avait fini par analyser l'événement comme l'effet de la volonté des deux grandes puissances de maintenir dans la zone des pays développés (donc essentiellement l'Europe) un *statu quo* qui ne se limite pas à l'aspect territorial mais entend respecter les caractéristiques politiques des deux blocs. Jiri Hajek écrit à ce sujet : « *Dans cette expression de la volonté soviétique de recourir aux moyens les plus sévères pour anéantir dans son camp certaines tendances qui pourraient pourtant se révéler attractives pour certains pays capitalistes et affaiblir leur stabilité politique, les dirigeants de la bourgeoisie conservatrice décèlent comme une assurance voilée ou inconsciente : l'URSS et ses alliés orthodoxes ont dépensé tant d'énergie et de moyens – sans parler de leur crédit moral – pour venir à bout des formes sous lesquelles le socialisme aurait pu s'avérer "exportable" en Occident, qu'on peut en déduire qu'ils ne songent plus du tout à y "exporter" leur système social* » [83].

Des rapports privilégiés s'instauraient entre les deux Grands, alors que les relations entre l'Europe et les États-Unis entraient dans une phase nouvelle et que se trouvait posé avec acuité le problème de la défense sur le continent. Dans un discours prononcé en juillet 1969, le président Nixon précisait les principes de la nouvelle politique extérieure qu'il entendait mener pour son pays : les États-Unis, s'ils maintiennent leur protection à leurs alliés en cas de menace nucléaire en Europe, ne peuvent pas prendre en charge toutes les forces nécessaires à leur défense. En 1971, il se fit encore plus clair : « *Ce sont nos intérêts qui conditionnent nos engagements et non l'inverse* ». Les États-Unis étaient en effet à la recherche d'un nouvel ordre international, plus stable que le précédent, garanti par une diplomatie de l'équilibre entre eux-mêmes et l'URSS qui avait su placer ses pions en Afrique et au Moyen-Orient et se sentait assez forte pour ne pas se froisser de la visite effectuée par Nixon à Pékin en février 1972. Plusieurs initiatives, venues soit de Moscou (qui voyait un intérêt puissant à la reprise du dialogue, pour des raisons en particulier économiques) soit de Washington, aboutirent à la signature des accords de Moscou, du 22 au 30 mai 1972.

D'une part, le traité signé le 26 était l'aboutissement d'un processus entamé en août 1963 avec le traité sur l'interdiction partielle des essais nucléaires, poursuivi par la signature, le premier juillet 1968, du traité sur la non-prolifération des armes nucléaires, auquel étaient associés les pays d'Europe (sauf la France, l'Espagne et le Portugal, de leur propre fait). Mais cette fois les négociations tenues à partir de 1969 et la signature de l'accord SALT I (*Strategic Arms Limitation Talks*) se déroulèrent en face à face. C'est la première fois que les deux grandes puissances ne demandait rien à d'autres pays, et furent les seules à conclure. Contrairement aux traités signés précédemment (à Téhéran en 1943, à Moscou en 1963), la Grande-Bretagne n'avait pas été conviée, signe qu'elle n'était plus considérée comme « faisant partie du club ».

Mais les accords de Moscou avaient aussi une autre portée. Un texte, signé conjointement le 29 mai, définissait en 11 points les bases des futures relations mutuelles des États-Unis / URSS. Un article du journal *Le Monde* commentait ainsi l'événement : « *Les Super-Grands ont les moyens de ne pas trop se préoccuper des réactions de leurs protégés respectifs (...) Ils en sont venus à se reconnaître mutuellement comme les seuls interlocuteurs sérieux parce que les seuls de même taille* » [84]. Et Michel Jobert pourra parler de « *condominium* » entre les deux Grands, appréciation confirmée par l'atmosphère qualifiée d'amicale d'une nouvelle rencontre tenue à Washington en juin 1973.

Les accords de Moscou, s'ils représentaient pour l'Europe une garantie supplémentaire pour sa sécurité, n'en signifiaient pas moins une sorte de mise à l'écart, ce que Kissinger comprit puisqu'il suggéra au président Nixon de déclarer 1973 « Année de l'Europe ». Il est vrai qu'allait s'ouvrir la Conférence sur la sécurité et la coopération en Europe (CSCE), voulue par les pays du pacte de Varsovie (les Soviétiques en avaient lancé l'idée dès 1954). Réunie en juillet 1973, elle se termina deux ans plus tard par les accords d'Helsinki. Ce qui aurait pu constituer les prémices d'une ère nouvelle en Europe, fondée sur un développement de la confiance mutuelle, fut gravement terni par les événements du Moyen-Orient à la fin de 1973, par la crise économique qui se généralisait, mais aussi par la volonté des Soviétiques de faire de la CSCE une négociation de bloc à bloc. Seul Michel Jobert, le ministre français des Affaires étrangères, avec des accents gaulliens, continuait à mettre en garde ses partenaires contre la tentation de « *consentir à l'abandon de soi-même, aux fausses sécurités, au désarmement moral, celui qui émousse l'esprit de résistance, qui trompe la vigilance et conduit à la servitude. Il faut que l'opinion publique sache qu'une conférence aussi prestigieuse, aussi attendue soit-elle, peut à l'inverse de ses ambitions égarer les esprits par de fausses assurances...* », déclarait-il lors de l'ouverture de la conférence, le 4 juillet à Helsinki [85].

Certains ont pu parler d'une « *Europe assoupie* [86] » pour qualifier son attitude dans les années 1973-1974. Il est vrai aussi qu'au niveau politique, les interlocuteurs européens n'étaient pas en position de force. Georges Pompidou, très affaibli par la maladie, n'était plus que l'ombre de lui-même lorsque, moins d'un mois avant son décès, le 2 avril 1974, il rencontra Brejnev en URSS. Willy Brandt, mis en cause par la découverte d'une affaire d'espionnage dans laquelle était impliqué son propre chef de cabinet, dut démissionner en mai, tandis qu'à Londres

Edward Heath laissait sa place au travailliste Harold Wilson. Le coup de boutoir du choc pétrolier allait bien montrer l'état de fragilité dans lequel se trouvait désormais le continent européen.

Le choc déstabilisateur

Il suffit de comparer les chiffres du tableau suivant [87] pour comprendre pourquoi, dans les années soixante, en dehors des commodités qu'il offre (fluide, il est aisément transportable par tubes, alors que le charbon est sale et difficile à acheminer) et de l'épuisement des ressources minières en Europe, le pétrole a triomphé partout en tant que source d'énergie :

Prix comparés du charbon et du pétrole brut depuis la Seconde Guerre mondiale (en dollars actuels par Tonne Équivalent Charbon).

	1955/57	1958/60	1970-72
Charbon			
RFA	13,11	14,75	19,90
France	19,80	18,20	25
Pétrole (prix à l'export)			
Arabie saoudite	9,13	9,24	10,18
OPEP	8,94	8,11	8,11

Le pétrole est abondant, bon marché, un véritable « or noir » qui permet de développer des secteurs industriels entraînants comme la chimie et la construction automobile, et nourrit la croissance des années cinquante-soixante. Mais il était illusoire de croire que la situation allait se perpétuer, dans un contexte ressenti comme néocolonialiste dans lequel les grandes compagnies, se servant des pays producteurs, tireraient seules les bénéfices de l'exploitation de cette source d'énergie dont les prix n'augmentaient pas alors que, dans le même temps, le prix des produits industriels achetés par les pays producteurs aux États industriels suivraient une pente inflationniste (surtout à partir du début des années soixante-dix avec les incertitudes qui pèsent sur le dollar). L'OPEP (Organisation des pays exportateurs de pétrole) était née en septembre 1960 par une sorte de réflexe d'autodéfense contre la véritable dictature exercée par les compagnies pétrolières qui venaient d'imposer deux baisses des prix coup sur coup. Dans les années soixante, les experts de l'OPEP, formés dans les universités occidentales, influencés par la théorie de l'exploitation et par les idées de l'argentin Paul Prébich (qui joua un rôle essentiel au sein des CNUCED) virent dans la manne pétrolière que détenaient leurs pays une arme qui allait se révéler efficace. À partir du 17 octobre 1973, en pleine guerre du Kippour, les ministres arabes de l'OPEP (constitués en OPAEP, Organisation des pays arabes exportateurs de pétrole) prennent une série de décisions qui aboutirent à un quadruplement du prix du produit. Cette décision intervenait après la prise de conscience de la dégradation rapide du revenu réel provenant de la vente du pétrole, à la suite des fluctuations à la baisse du dollar, monnaie de règlement international. Une série de relèvements des prix s'était d'ailleurs déjà produite à partir des accords de Téhéran, en février 1971 et, en juin 1973, un règlement prévoyait même l'indexation du prix sur onze devises internationales. La guerre du Kippour, véritable guerre sainte des pays arabes unis pour faire restituer, par Israël, les territoires occupés en 1967, dépasse donc largement un simple problème de frontières. Israël est devenu, pour beaucoup de pays du Tiers-Monde, une « tête de pont » de l'impérialisme américain. Le Moyen-Orient constitue d'autre part un nouveau lieu d'affrontement, certes beaucoup plus feutré et souterrain que les précédents, entre les deux Grands, puisque Moscou (bien qu'il ait proposé une action conjointe à son partenaire américain pour régler d'une manière globale les problèmes du Proche-Orient) soutient Damas, Bagdad et Le Caire. Et cela est vrai même si les accords de Moscou sont le signe, nous l'avons vu, d'un changement de climat dans les relations entre les États-Unis et l'Union soviétique.

Force est alors de constater que l'Europe est singulièrement absente de la scène internationale sur ce plan-là. Certes, les Français et les Britanniques gardent des liens avec leurs anciens protectorats. Certes les intérêts économiques et financiers détenus par les compagnies pétrolières ou les sociétés allemandes, anglaises ou néerlandaises dans cette partie du monde sont de poids. Mais au niveau diplomatique, le champ est laissé libre aux ambitions des deux Grands, tandis que les terroristes palestiniens trouvent dans les démocraties d'Europe la liberté d'agir et les appuis nécessaires à leurs entreprises. L'Europe va alors être entraînée dans le tourbillon de l'augmentation du prix du pétrole et atteinte par l'embargo qui frappe certains États jugés favorables à Israël, comme les Pays-Bas, dont le complexe pétro-portuaire de Rotterdam constitue la bouche d'approvisionnement d'une grande partie des pays d'Europe continentale. Certains analystes ont pu voir dans le premier choc pétrolier des intentions machiavéliques venant d'autres instigateurs que les pays arabes : « *Une volonté délibérée soit des grandes compagnies pétrolières d'augmenter leurs profits et de rentabiliser les investissements permettant d'ajuster le rythme à long terme de l'offre de pétrole à celui de la demande, soit du gouvernement américain de renforcer la compétitivité des États-Unis vis-à-vis de l'Europe et du Japon* »[88]. Quoi qu'il en soit, la soudaineté du « rattrapage », qui pourtant rétablissait l'équilibre des termes de l'échange, provoque des effets immédiats et déstabilisateurs pour l'Europe. L'inflation, rampante jusque-là, va grimper (pour de multiples raisons qui seront analysées à propos de la période suivante) à des taux que l'on croyait ne voir jamais revenir, et atteint dès 1974

13,6 % en France et 16,1 % en Grande-Bretagne (mais seulement 6,9 % en RFA, en raison de la solidité du mark). Mais aussi le choc pétrolier entraîne une réduction de l'activité industrielle du fait que le renchérissement du prix de l'énergie retentit sur les autres postes de la consommation, aussi bien des entreprises que des ménages.

L'Europe s'enfonce durablement dans la crise.

À TITRE PROVISOIRE

Peut-être devrait-on, à ce moment de notre travail, réfléchir sur ce qu'est véritablement l'Europe ou ce qu'elle pourrait être dans le futur. Cette question, maintes fois soulevée est reprise dans un ouvrage collectif aux signatures prestigieuses[1] et dans lequel le géographe Yves Lacoste, réintroduisant utilement une rapide analyse géographique et géologique du continent et après avoir présenté les diverses acceptions du terme, définit non plus une Europe de l'Atlantique à l'Oural, comme l'avait fait le général de Gaulle, mais une Europe de l'Atlantique au Pacifique, distinguant alors trois entités : Europe de l'Ouest, Europe médiane (qui comprendrait les ex-démocraties populaires et les Balkans, ce qui est conforme à la perception des populations), Europe de l'Est (composée de la « Fédération » de Russie), la distinction entre elles s'établissant « *selon la stabilité ou l'instabilité des frontières d'États et selon leur coïncidence ou leur non coïncidence avec les aires des diverses nationalités* »[2].

Cette vision neuve et hardie, née du « débat de société » développé depuis ces dernières années autour de la notion d'Europe ouvre de nouvelles perspectives sur l'évolution possible, à moyen terme, du « continent ». Elle n'est peut-être pas irréaliste.

Car au début des années soixante-dix, qui aurait pu prévoir qu'une dizaine d'années plus tard les portes s'ouvriraient grandes entre ce que l'on appelait alors l'Europe de l'Est et l'Europe de l'Ouest, et que, le communisme officiel s'effondrant, le mot d'ordre serait « *retour à l'Europe* », selon le slogan électoral du Forum civique en Tchécoslovaquie lors des élections du printemps 1990 ?

Une Europe devenue, selon Jacques Rupnik « *un critère, un but, un rêve* », mais aussi une tâche « *digne de Sisyphe* »[3] à mener à bien.

NOTES

LA PUISSANCE RETROUVÉE

[1] Ce sont les titres des quatrième et cinquième chapitres de l'ouvrage de Leruez J. et Surel J., *La Grande Bretagne*, t. III, *Les temps difficiles, 1914-1977*, Paris, coll. Histoire Contemporaine, Hatier, Paris, 1978.

[2] Chiama J. – Soulet J.F., *op. cit.*, 1982, p. 15.

[3] Grosser A., *L'Allemagne de notre temps, op. cit.*, p. 465.

[4] Fejtö F., *op. cit.*, tome II, p. 232.

[5] Voir p. 48.

[6] Parent J., *op. cit.*, p. 33.

[7] Sudentrop L.A., *The age of affluence, 1951-1964*, Londres, Bogdanov et Skidelsky, 1970, pp. 32-35, cité par Leruez et Surel, *La Grande Bretagne, op. cit.*, p. 154.

[8] De Gaulle Ch., *Discours et Messages*, t. IV, *Pour l'effort*, Paris, Plon, 1970, pp. 163 et suiv.

[9] *Le Monde*, 15 décembre 1967.

[10] Voir p. 23.

[11] Schneilin G. – Schumacher H., *Économie de l'Allemagne*, Paris, Cursus-Colin, 1992, p. 65.

[12] Voir p. 128 (tome III).

[13] Voir p. 107.

[14] Tableau des 50 compagnies les plus importantes du Norden dans Alexanderson G., *Les pays du Nord*, Paris, PUF, 1971, pp. 140-141.

[15] Fourastié J., cité par Droz B. – Rowley A., *op. cit.*, p. 355.

[16] Veblen T., *La Théorie de la classe de loisir*, Gallimard, 1970, mais aussi Galbraith J.K., *Le Nouvel État Industriel*, Calmann-Levy, 1964. Pour la France, les analyses d'Edgar Morin ou Pierre Bourdieu dans ce domaine sont essentielles.

[17] Gardes F., « L'évolution de la consommation marchande en Europe et aux États-Unis depuis 1960 », in *Consommation* n° 2, 1983.

[18] D'après Froment R. – Gay F.J., *L'Europe occidentale d'économie libérale*, Paris, Sirey, 1970, p. 16.

[19] D'après Trotignon Y., *La France au XXᵉ siècle*, tome 1, Paris, Dunod, p. 250.

[20] Léon P., *op. cit.*, p. 254.

[21] Il sera question plus loin des investissements américains en Europe, p. 107.

[22] Juillard E., *L'Europe rhénane*, Paris, Colin, 1968, cité par R. Froment et F.J. Gay, *op. cit.*, p. 7.

[23] Article de Peemans J.P., « Spécificités et contradictions de la modernisation agricole en Europe centrale et orientale », in *L'Europe du Centre, op. cit.*, p. 135.

[24] Lavigne M., *op. cit.*, p. 12.

[25] Fejtö F., *op. cit.*, tome II, p. 191.

[26] Chiffres cités par Tepitch J., *Marxisme et agriculture : le paysan polonais*, Paris, Colin, 1973, p. 48.

[27] Article de Louis Kawan : « Les relations diplomatiques entre la Communauté européenne et les pays de l'Europe centrale depuis les années 50 », in *L'Europe du Centre, op. cit.*, p. 158.

[28] Touraine A., *La Conscience ouvrière*, Le Seuil, Paris, 1966, p. 123.

[29] Halbwachs M., *La Classe Ouvrière et les Niveaux de Vie*, Paris, Alcan, 1913.

[30] Parodi M., *L'Économie et la Société française depuis 1945*, Paris, Colin, 1981, pp. 228-229.

[31] Castel R., *Les Métamorphoses de la Question sociale. Une chronique du salariat*, Paris, Fayard, 1995, p. 384.

[32] Martinet G., *Sept syndicalismes, Grande-Bretagne, RFA, Suède, Italie, France, États-Unis, Japon*, Paris, L'histoire immédiate-Seuil, 1979, p. 210.

[33] Mendras H., *La Fin des Paysans*, Paris, Colin, 1967, p. 17.

[34] Évoqué plus haut, p. 44.

[35] Valenti Vilà J., *La Péninsule ibérique*, coll. Magellan PUF, Paris, p. 156.

[36] Mendras H., *op. cit.*, p. 245.

[37] Michelet C., *Les Palombes ne passeront plus*, (Des Grives aux Loups, /2), Paris, Laffont, 1980, p. 450.

[38] Daumas M., «L'Évolution de la question agraire en Espagne», in *Méditerranée*, n° 4, 1979, cité par Di Meo G., *Les Démocraties industrielles, Crises et Mutations de l'Espace*, Masson-géographie, 1988, p. 193.

[39] Mendras H., *op. cit.*, p. 249.

[40] D'après P. Léon, *op. cit.*, p. 110.

[41] C'est le cas de D. Bertaux (*Destins personnels et structures de classe*, PUF, Paris, 1977) ou des auteurs de l'ouvrage collectif intitulé *La Petite bourgeoisie en France*, Maspero, Cahiers n° 270-271, Paris, 1975, dont les thèses sont évoquées par Maurice Parodi.

[42] Touraine A., *La Civilisation industrielle (de 1914 à nos jours)*, *Histoire Générale du travail*, tome IV, Nouvelle Librairie de France, Paris, 1964, p. 214.

[43] Golthorpe J., *The Affluent Worker*, Cambridge, 1968-69, cité par F. Bédarida, *La Société anglaise, 1851-1975*, Arthaud, Paris, 1976, p. 328.

[44] Pontiel F., *Les Bourgeois et la Démocratie sociale*, 1914-1968, Paris, Albin Michel, 1971, p. 378.

[45] Léon P., *op. cit.*, p. 104.

[46] Burgelin H., *La Société allemande, 1871-1968*, Paris, Arthaud, 1969, p. 253.

[47] Dans l'ouvrage collectif, dir. Burguière A. et Revel J., *Histoire de la France, Les Formes de la culture*, Seuil, Paris, 1993, p. 293.

[48] Léon P., *op. cit.*, p. 114.

[49] Kaelble H., *Vers une société européenne*, Paris, Belin, 1988, p. 58.

[50] « L'économie et la population de la Grèce », in *Notes et Études Documentaires*, n° 2984, La Documentation française, Paris, 1963, p. 60.

[51] Cité par Baron J., « La fin des bidonvilles », in *L'Histoire* n° 148, p. 94.

[52] Froment R. et Gay F.-J., *op. cit.*, p. 75.

[53] Monnet J., *op. cit.*, tome 2, p. 645.

[54] *Op. cit.*, p. 192.

[55] Lacouture J., *De Gaulle, t. III ; Le Souverain*, Paris, Seuil, 1986, p. 313.

[56] Lettre de J. Monnet à K. Adenauer, citée dans ses *Mémoires, op. cit.*, p. 653.

[57] Cité dans « France Allemagne, 1948-1988 », *Un Nouveau chapitre de leur Histoire, Chronologie-Documentations*, Bonn, Europa Union Verlag GmbH, 1988, p. 23.

[58] Sur ce point, voir J. Lacouture, *op. cit.*, chap. 28 et t. 3, ch. 11.

[59] Schwarz H.-P., in *France Allemagne, op. cit.*, p. 22.

[60] Termes employés lors de l'allocution télévisée du général de Gaulle du 31 mai 1960.

[61] Discours devant l'Assemblée consultative du Conseil de l'Europe, 14 janvier 1964, et cité par Brugmans, *op. cit.*, p. 216.

[62] Berg E., *La politique internationale depuis 1945*, Paris, Economica, 1989, p. 155.

[63] Expression de Lacouture J., *op. cit.*, p. 306.

[64] Cité par Grosser A., *op. cit.*, p. 256.

[65] Sur le récit que fait le Président de son voyage et de l'accueil reçu, voir dans le tome III de *Discours et Messages*, Paris, Plon, 1970, pp. 179 et suiv.

[66] Adenauer K., *Mémoires*, Hachette, 1967, t. III, p. 289.

[67] François Seydoux alors ambassadeur à Bonn et Geoffroy de Courcelles, ambassadeur à Londres entre autres, cités par Lacouture, *op. cit.*, p. 326.

[68] Schlesinger A.M., *Les 1 000 jours de Kennedy*, Paris, Denoël, 1966, p. 464.

[69] Lacouture J., *op. cit.*, p. 334.

[70] Peyrefitte A., *C'était De Gaulle*, Paris, Fayard, 1994, p. 346.

[71] Idem, p. 348.

[72] Couve De Murville M., *Une Politique étrangère*, 1958-1969, Paris, Plon, 1971, pp. 410-411.

[73] Cité dans Viansson-Ponté P., *Histoire de la République Gaullienne*, t. II, *op. cit.*, p. 62.

[74] De Gaulle Ch., *Discours et Messages*, t. V, *Vers le Terme*, op. cit., p. 169.

[75] Préambule de la déclaration des chefs d'État ou de gouvernement au sommet de Paris, *Bulletin des Communautés européennes*, oct. 1972.

[76] Conférence de presse du 16 mai 1962.

[77] Moreau G., *La CEE*, Paris, Sirey, 1992, p. 26.

[78] Sicco Mansholt, ministre de l'Agriculture des Pays-Bas de 1945 à 1958, puis à partir de 58 jusqu'en 73, membre puis vice-président de la Commission de Bruxelles, joua un grand rôle dans l'élaboration de la PAC.

[79] Georges P., *Panorama du Monde actuel*, Paris, Coll. Magellan-PUF, 1969.

[80] Weber E., *Une Histoire de l'Europe, Hommes, Culture et Société*, tome II, Paris, Fayard, 1987, p. 751.

[81] Conférence tenue à Genève en 1964 et réunissant 17 États afro-asiatiques et latino-américains.

[82] Grosser A., *Les Occidentaux, op. cit.*, p. 290.

[83] *Pour une Politique Étrangère de l'Europe*, Paris, coll. Jean Moulin, Seuil, 1966, p. 62.

[84] Le début du chapitre 13 de l'ouvrage de Lacouture J., (*op. cit.*, tome III) intitulé « Nos cousins d'Amérique », fait le point sur ce sujet.

[85] De Gaulle Ch., *Mémoires d'Espoir, Le Renouveau, 1958-1962*, Paris, Plon, 1970, p. 214.

[86] Parmentier G., « L'Alliance Atlantique et la Défense Européenne » in *La Défense de l'Europe*, sous la direction de Girardet R. Coll. Questions au XXᵉ s., Bruxelles, Complexe, 1988, p. 47.

[87] Idem, p. 227.

[88] Le texte en entier est cité par Grosser A., *Les Occidentaux, op. cit.*, pp. 241-242.

[89] Cité par Berstein S. et Milza P., *Histoire de la France au XXᵉ s.*, t. IV, Bruxelles, coll. Questions au XXᵉ siècle, Complexe, 1992, p. 304.

[90] Voir *infra*, p. 90.

[91] Aron R., « Le Débat stratégique », in *Histoire et Politique*, Paris, Julliard, 1985, p. 465.

[92] Propos tenus lors de la conférence de presse du 21 février 66 annonçant le retrait de la France de l'OTAN.

[93] Cohen S., « L'épée atomique », in *L'Histoire, Spécial les Années De Gaulle*, 1958-1974, n° 102, p. 41.

[94] Peyrefitte A., *op. cit.*, p. 389.

[95] Les chiffres cités sont tirés de Léon P., *op. cit.*, p. 494.

[96] Cité par Grosser A., *Les Occidentaux, op. cit.*, p. 286.

[97] Etiemble, *Parlez-vous Franglais ?*, Paris, Gallimard, 1964.

[98] Servan-Schreiber J.-J., *Le Défi américain*, Paris, Grasset, 1967, p. 17.

[99] Idem, p. 293.

[100] Julien C., *op. cit.*

[101] Sachs I., *La Découverte du Tiers-Monde*, Paris, Nouvelle Bibliothèque Scientifique, Flammarion, 1970, p. 126.

[102] *Op. cit.*, p. 428.

[103] Tibor Mende, *L'Inde devant l'orage*, Paris, Seuil, 1950.

[104] Tibor Mende, *De l'Aide à la Recolonisation, Les leçons d'un échec*, Paris, Seuil, 1972.

[105] Dumont R., *L'Afrique Noire est mal partie*, Paris, Seuil, 1962.

[106] *Idem*, p. 261.

[107] À ce sujet, on pourra lire l'ouvrage de Moura J.-M., *L'Image du Tiers-Monde dans le roman français contemporain*, Paris, Écriture-PUF, 1992.

[108] Yannakakis I., « Le Tiers Monde de Lénine à nos jours »in *Le Tiers Mondisme en question*, sous la direction de Rony Brauman, Paris, coll. Liberté sans frontière-Orban, 1986, p. 36.

[109] Ringel C., *L'Occident et le Tiers Monde. De la fausse culpabilité aux vraies responsabilités*, Paris, coll. Liberté 2000-Laffont, 1982.

[110] Brucker P., « Tiers Monde, culpabilité, haine de soi », in *Le Tiersmondisme en question, op. cit.*, p. 82.

[111] Moussa P., *Les États-Unis et les nations prolétaires*, Paris, Seuil, 1965, p. 37.

[112] Cité par Grosser A., *Les Occidentaux, op. cit.*, p. 303.

[113] Lacouture J., *op. cit.*, p. 491.

[114] Gabas J.-J., L'« aide au développement », in *Tiers Monde, Controverses et Réalités*, sous la direction de Brunel S., Paris, Economica, 1987, p. 385.

[115] D'après Couet J.-F. – Lignières R., *Les Pays Sous Développés*, t. II, Paris, Hatier, 1979, p. 12.

[116] Sachs I., *op. cit.*, p. 85 (son ouvrage a été traduit en français cinq ans plus tard).

[117] L'URSS a publié par le biais de l'Institut de l'Économie mondiale un long document sous forme de « *XVII thèses sur le Marché Commun* », évoqué dans l'article de L. Kawan déjà cité, p. 156.

[118] Voir *infra*, p. 200 (tome III).

[119] De Gaulle Ch., *Mémoires d'Espoir, Le Renouveau, op. cit.*, p. 241.

[120] Le terme de « ligne frontière » fut longuement discuté car il semblait une marque de réticence de la part des Allemands aux yeux des négociateurs polonais.

[121] Krebs G. – Tournadre J.-F. – Wittie B., *La RFA, textes et documents*, Paris, Colin, 1974.

[122] Cité par Berg E., *op. cit.*, p. 232.

[123] Cousté P.-B. – Visine F., *Pompidou et l'Europe*, Paris, Librairie technique, 1974, p. 108.

LE TEMPS DES DOUTES

[1] Morin E., *Penser l'Europe*, Paris, Gallimard, 1987, p. 153.

[2] Winock M., *Chronique des années 60*, Paris, Seuil, 1987, p. 48.

[3] Voir *supra*, p. 149.

[4] La mise au point la plus récente sur la culture de masse des années soixante en France est parue dans la revue *L'Histoire* n° 182, de novembre 1994, sous le titre « La France des années 60 », p. 17.

[5] Selon le terme du sociologue Edgar Morin.

[6] Astruc A., *L'Écran français* n° 144, cité par Berstein S., Milza P., *Histoire de la France au XXᵉ siècle*, t. IV, Bruxelles, Complexe, Questions au XXᵉ s., 1992, p. 240.

[7] Sur le sujet, lire l'étude de Larraz E., *Le cinéma espagnol des origines à nos jours*, Paris, Éd. du Cerf, 1986, pp. 167 et suiv.

[8] Polanski R., *Roman*, Paris, Laffont, 1984, p. 203.

[9] Gœtschel P. – Loyer E., *Histoire Culturelle et Intellectuelle de la France au XXᵉ Siècle*, Paris, A. Colin, 1994, p. 138.

[10] Chauvet L., envoyé spécial au festival de Venise, *Le Figaro*, 30 août 1963.

[11] Voir *infra*, p. 131 (tome III).

[12] *Population*, nov.-déc. 1970, Paris, INED, p. 1281.

[13] D'après Mentré F., *Les générations sociales*, Paris, Éd. Brossard, 1920.

[14] Asselain-Delfaud-Guillaume..., *op. cit.*, p. 134.

[15] Asselain-Delfaud-Guillaume..., *op. cit.*, p. 135.

[16] Devèze M., *Histoire contemporaine de l'Université*, Paris, SEDES, 1976, p. 37.

[17] Parodi M., *L'économie et la Société française depuis 1945*, Paris, Colin, 1981, p. 277.

[18] D'après Markiewicz-Lagneau J., *Éducation, égalité et socialisme*, Paris, Éd. Antropos, 1969, p. 105.

[19] *Idem*, p. 439.

[20] *Idem*, p. 65.

[21] Morin E. – Lefort C. – Castoriadis C., *Mai 1968, La Brèche, suivi de Vingt ans après*, Bruxelles, Complexe, 1988, p. 83.

[22] Frank R., Lettre d'information n°1 du *Bulletin de l'IHTP « Les années 68 »*.

[23] Selon le terme de Lipset S.M., *Students in Revolt*, Boston, HMC, 1969.

[24] Terme né à New York vers 1964.

[25] Voir p. 141.

[26] Il existe à ce sujet des divergences d'appréciation entre Castoriadis C., (*op. cit.*, p. 89) et les auteurs de *La Pensée 68*, c'est-à-dire Ferry L. et Renaud A., Paris, Gallimard, 1985.

[27] Sauvy A., *La Révolte des Jeunes*, Paris, Calmann-Levy, 1970, p. 240.

[28] *Idem*, p. 239.

[29] Ouvrage publié en 1964 aux éditions de Minuit.

[30] Au sujet des débats entre structuralisme et histoire, lire le chapitre 10 de l'ouvrage de Bourdé G. et Martin H., *Les écoles historiques*, Paris, Points-Seuil, 1993.

[31] Gœtschel P. – Loyer E., *op. cit.*, p. 140. Et sur les rapports complexes entre histoire et sciences sociales, lire l'article de Jacques Revel intitulé « Histoire et sciences sociales, une confrontation instable » in *Passés recomposés, champs et chantiers de l'Histoire*, Paris, Autrement, 1995, p. 69.

[32] Viale G., « Contre l'Université », in *L'Hypothèse révolutionnaire*, Paris, Mercure de France, 1968, p. 131.

[33] *Le Tiers Mondisme en question, op. cit.*, p. 45.

[34] Article paru dans *Le Figaro* du 7 mars 1961.

[35] Sur ce point, l'ouvrage de Rotman P. – Hamon H., *Génération*,

tome II, *Les années de rêve*, fait une analyse complète et très documentée de l'extrême gauche française dans les années soixante.

[36] Caute D., *1968 dans le Monde*, Paris, Laffont, 1988, p. 87.

[37] Voir p. 162.

[38] Cité par Caute D., *op. cit.*, p. 95.

[39] Terme employé par Roman P. dans un article de la revue *L'Histoire*, n° 1842, p. 45.

[40] Fabre P., *Le Mouvement étudiant à Barcelone, 1965-1975*, Thèse de Doctorat, IEP Paris, 1992, p. 65.

[41] Des développements sur ce sujet se trouvent dans l'ouvrage de Dreyfus-Armand G. et Gervereau L., *Mai 68. Les mouvements étudiants en France et dans le Monde*, Paris, Biblioth. de document. internationale contemporaine, 1988. Et aussi dans le livre de Dreyfus M., *L'Europe des socialistes, op. cit.*, p. 265.

[42] Le fait d'habiter à Berlin exemptait automatiquement du service militaire.

[43] Le discours entier est cité par Marx R., *L'Angleterre de 1945 à nos jours*, Paris, coll. Cursus-Colin, 1991, p. 111.

[44] *L'Hypothèse révolutionnaire, op. cit.*, p. 172.

[45] À l'occasion de l'anniversaire de mai 68 le journal *Le Monde* daté du 3 mai 1978 retrace longuement les « 27 jours qui ébranlèrent la France », dans un remarquable article écrit par Viansson-Ponté. En outre, la littérature très abondante qui relate les événements, les témoignages des acteurs qui ont publié sur le sujet nous épargnent la peine d'y revenir en détail.

[46] Voir *infra*, p. 241 (tome III).

[47] *Op. cit.*, p. 241.

[48] Chiama J. – Soulet J.C., *op. cit.*, p. 301.

[49] C'est par un documentaire bouleversant de Maciej Janus Drygas, tourné en 1991 intitulé « *Écoutez mon cri* », que l'on a appris les faits après un silence de plus de 25 ans.

[50] À ce propos, l'interview du cinéaste dans le journal *Le Monde* du 12 janvier 1995.

[51] Le texte intégral de ce discours est cité par Tigrid P., *Le Printemps de Prague*, Paris, coll. Combats-Seuil, 1968, p. 165.

[52] Dans une interview donnée au journal *Le Figaro* du 15 avril 1968.

[53] Cité par Tigrid P., *op. cit.*, p. 226.

[54] Cité par Fejtö F., *op. cit.*, p. 268.

[55] Idem, p. 281-282.

[56] Expression employée par Michel Tatu dans le journal *Le Monde* daté des 5 et 6 janvier 1969.

[57] Hajek J., *Dix ans après, Prague, 68-78*, Paris, Combats-Seuil, Paris, 1978, p. 173.

[58] Mossuz-Lavau J., dir., *Nouvelle Histoire des Idées Politiques*, Paris, Hachette, 1987, p. 535.

[59] Morin E., *Pour sortir du XX*e *siècle*, Paris, Points-Nathan, 1981, pp. 319 et 326.

[60] Galbraith J.-K. – Salinger N., *Tout savoir ou presque sur l'Écono-mie*, Paris, Points-Seuil, 1978, p. 25.

[61] Voir p. 261 (tome III).

[62] Drach M., *La Crise dans les Pays de l'Est*, Paris, La Découverte, 1984.

[63] in *La Crise au XX*e *siècle*, Economica, Paris, 1980, pp. 24-25.

[64] Ces statistiques sont empruntées à l'ouvrage cité ci-dessus, pp. 156-157 et 230.

[65] D'après Delas J.-P., *Économie Contemporaine, Faits, Concepts, Théo-ries*, tome IV, Paris, Ellipses, 1992, p. 159.

[66] *Idem*, p. 161.

[67] Le travail productif est celui qui permet un surplus destiné à deve-nir du capital et donc participe au mouvement d'accumulation.

[68] « Crise et Persistance du Système Monétaire International », in *Les Cahiers Français,* oct.-déc. 1980, pp. 12-13.

[69] Sur les problèmes monétaires et la position du franc au cours des cinquante dernières années, consulter les Actes du colloque tenu à Bercy et intitulé *Du franc Poincaré à l'écu*, Actes publiés par le Comité pour l'histoire économique et financière, Ministère de l'économie, Paris, 1993.

[70] *Idem*, p. 34.

[71] Cité par Barou Y. – Keizer B., *op. cit.,* p. 151.

[72] Lipset S.-M. – Rokkan S., *Party System and Voter Alignements, Crossnational Perspectives*, New York, The Free Press, 1967, cité par Sei-ler D.L., *Les Partis Autonomistes au XX*e *siècle*, Paris, Que Sais-je, PUF, 1e éd., p. 6.

[73] Cité par Alberola O. – Grausac A., *L'Anarchisme espagnol, Action Révolutionnaire Internationale*, 1965-1975, Paris, C. Bourgois, p. 179.

[74] Avron H., *L'Anarchisme au XX*e *s.*, Paris, PUF, 1979, pp. 104-105.

[75] Moruzzi J.-M. et Boulaert E., *Iparretarak, Séparatisme et Terrorisme en Pays Basque Français*, Paris, Plon, 1988.

[76] Par analogie au groupe terroriste japonais « Armée rouge » qui se distingua par le massacre de Lod en juin 1972 en Israël.

[77] Conférence de presse du 10 juillet 1969, citée dans l'ouvrage de Cousté P.-B. – F. Visine, *op. cit.*, p. 170.

[78] Allocution télévisée du 15 décembre 1969.

[79] Cité dans *Le Figaro* du 21 juillet 1970.

[80] *Notes et Études Documentaires*, n° 3711, 24 juillet 1970, La Docu-mentation française.

[81] *Bulletin des Communautés européennes*, oct. 1972.

[82] Berg E., *op. cit.*, p. 437.

[83] Hajek J., *op. cit.*, p. 177.

[84] Article signé d'A. Fontaine et daté des 28 et 29 mai 1972.

[85] Cité par Berg E., *op. cit.*, p. 421.

[86] Terme employé par A. Fontaine dans un article du journal *Le Monde* du 29 juillet 1975 à propos d'Helsinki.

[87] D'après Bairoch P., *Mythes et Paradoxes de l'Histoire économique*, Paris, La Découverte, 1994, p. 220.

[88] Vesperini J.-P., *L'Économie de la France de la crise de mai 1968 aux résultats de l'expérience socialiste*, Economica, 1985, p. 97.

CONCLUSION : À TITRE PROVISOIRE

[1] *Les Nouvelles Frontières de l'Europe*, Paris, Economica, 1993.

[2] *Idem*, p. 13 à 19.

[3] « Le retour de l'Histoire en Europe Centrale », in *XXᵉ siècle*, n° 36, oct.-déc. 1992, p. 53.

CHRONOLOGIE DE L'EUROPE (1945-1973)
(quelques repères)

1945

DIPLOMATIE   4-11 fév. : conférence de Yalta.

MILITAIRE   25 avril : jonction des troupes de Koniev et Patton à Torgau sur l'Elbe.

30 avril : suicide de Gœbbels et d'Hitler.

7-8 mai : capitulation de l'Allemagne à Reims puis à Berlin.

DIPLOMATIE   26 juin : signature de la Charte des Nations-Unies.

POLITIQUE   28 juin : gouvernement provisoire d'unité nationale en Pologne.

5 juill. : succès travailliste aux élections générales au Royaume-Uni (Atlee, Premier ministre).

DIPLOMATIE   17 juill.-2 août : début de la conférence de Potsdam.

POLITIQUE   23 juill. : ouverture du procès du maréchal Pétain.

DIPLOMATIE   20 nov. : ouverture du procès de Nuremberg (achevé en octobre 1946).

1946

POLITIQUE 20 janv. : de Gaulle démissionne du GPRF.

LITTÉRATURE fév. : parution du *Zéro et l'Infini* d'A. Kœstler.

DIPLOMATIE 5 mars : discours dit du « rideau de fer » prononcé à Fulton par Churchill.

23 avril : mort de l'économiste anglais J.-M. Keynes.

26 juill. : début de la conférence de Paris (élaboration des traités de paix).

ART 20 sept. : ouverture du premier festival du cinéma à Cannes.

1947

DIPLOMATIE 10 janv. : publication des traités de paix (le sort de l'Allemagne reste en suspens).

POLITIQUE 17 janv. : élection du premier président de la IVe République en France.

10 mars : début de la conférence de Moscou concernant le règlement des problèmes allemand et autrichien. Échec.

7 mai : les ministres communistes quittent le gouvernement en France.

5 juin : proposition de l'aide Marshall (ERP).

SOCIÉTÉ 27 juill.-10 sept. : odyssée de l'Exodus chargé de rescapés des camps de concentration.

SCIENCES ET TECHNOLOGIE 15 août : première pile atomique britannique.

POLITIQUE 5 oct. : création du Kominform à Belgrade.

LITTÉRATURE 14 nov. : A. Gide, prix Nobel de littérature.

SOCIÉTÉ 10 déc. : reprise du travail après les grandes grèves de l'automne en France.

POLITIQUE 31 déc. : abdication du roi Michel de Roumanie et proclamation de la République populaire.

1948

ÉCONOMIE   1er janv. : entrée en vigueur du Benelux (Union douanière).

Entrée en application du GATT.

POLITIQUE   25 fév. : coup de Prague : Benès accepte de former un gouvernement à majorité communiste.

mars-avril : fusion des sociaux-démocrates avec les communistes en Hongrie et Tchécoslovaquie.

MILITAIRE   17 mars : signature du traité de Bruxelles (Benelux, Royaume-Uni, France).

ÉCONOMIE   16 avril : mise en place de l'ŒCE.

CULTURE   4 mai : première représentation de la pièce de Sartre, *Les Mains sales* à Paris.

POLITIQUE   8 mai : congrès de La Haye (aboutissant le 5 mai 1949 à la création du Conseil de l'Europe.

DIPLOMATIE   23 juin : début du blocus de Berlin.

28 juin : Yougoslavie exclue du Kominform.

MILITAIRE   août : revers de l'armée révolutionnaire grecque (ELAS). L'arrêt des hostilités interviendra en octobre 1949.

POLITIQUE   7 sept. : abdication de la reine Wilhelmine aux Pays-Bas, remplacée par Juliana.

ART   8 nov. : naissance du groupe COBRA.

15 déc. : première pile atomique française.

SOCIÉTÉ   déc. : début de la construction de la Cité radieuse du Corbusier à Marseille.

1949

ÉCONOMIE   21 janv. : création du COMECON (Council for Mutual Economic Assistance) entre l'URSS et les démocraties populaires (en français : CAEM).

MILITAIRE   4 avril : traité de l'Atlantique Nord signé à Washington (OTAN).

POLITIQUE   18 avril : proclamation de la République de l'Eire.

DIPLOMATIE	5 mai : création du Conseil de l'Europe.
POLITIQUE	23 mai : promulgation de la Loi fondamentale créant la RFA.
	7 oct. : proclamation de la République populaire en Allemagne de l'Est.
	nov. : début du procès Gomulka en Pologne (les purges dans les démocraties populaires avaient commencé en 1948).

1950

POLITIQUE	18 mars : congrès mondial pour la paix à Stockholm.
ÉCONOMIE	9 mai : plan Schuman.
DIPLOMATIE	7 juin : accord frontalier RDA – Pologne.
ÉCONOMIE	19 sept. : création de l'Union européenne des paiements (UEP).

1951

| ÉCONOMIE | 18 avril : traité de Paris instituant la CECA (Communauté européenne du charbon et de l'acier). |
| POLITIQUE | 27 oct. : Churchill à nouveau Premier ministre britannique après le succès conservateur aux élections. |

1952

MILITAIRE	18 fév. : entrée de la Grèce et de la Turquie dans l'OTAN.
	27 mai : signature du traité de Paris instituant la CED (Communauté européenne de défense).
POLITIQUE	12 déc. : congrès des peuples pour la paix à Vienne.

1953

| ÉCONOMIE | 1er fév. : inondations catastrophiques aux Pays-Bas. |
| POLITIQUE | 5 mars : décès de Staline. |

POLITIQUE	2 juin : couronnement de la reine Élisabeth II en Grande-Bretagne.
	17 juin : grève insurrectionnelle en RDA.
LITTÉRATURE	16 oct. : Churchill reçoit le prix Nobel de littérature.
SCIENCE ET TECHNOLOGIE	29 oct. : l'avion français Mystère II franchit le mur du son.

1954

POLITIQUE	30 août : la France renonce à la CED.
SCIENCE	29 sept. : création du CERN (Centre européen de la recherche nucléaire).
DIPLOMATIE	5 oct. : règlement du problème de Trieste.
	25 oct. : signature des accords de Paris mettant en place l'UEO (Union de l'Europe occidentale : la RFA intégrée dans le Pacte Atlantique).
ART	7 sept. : projection à Venise de « *La Strada* » de F. Fellini.
SCIENCES	3 nov. : prix Nobel de physique à deux Allemands, Max Born et Walter Bothe.
ART	3 nov. : mort du peintre Henri Matisse.

1955

MILITAIRE	14 mai : pacte de Varsovie, alliance militaire des pays de l'Est.
DIPLOMATIE	15 mai : signature du traité d'État avec l'Autriche qui retrouve sa souveraineté.
	26 mai : rapprochement Moscou – Belgrade.
SCIENCE ET TECHNOLOGIE	28 mai : premier vol d'essai de l'avion Caravelle.
POLITIQUE	16 juill. : libération en Hongrie du cardinal Mindszenty (emprisonné depuis 1947).
DIPLOMATIE	18 juill. : conférence de Genève qui réunit pour la première fois depuis 1945 les chefs d'État de Grande-Bretagne, des États-Unis et de l'URSS.
LITTÉRATURE	12 août : mort de l'écrivain Thomas Mann.

1956

POLITIQUE
14 fév. : ouverture du XXe Congrès du PC en URSS.

POLITIQUE
14 mars : première prise de position d'un leader communiste occidental contre les méthodes de Staline (Palmiro Togliatti en Italie).

28 juin : révoltes de Poznan en Pologne.

août : libéralisation en Pologne (Gomulka réhabilité).

SCIENCES
28 sept. : mise en service de la centrale nucléaire de Marcoule (France).

DIPLOMATIE
21 oct. : des troupes soviétiques se dirigent vers Varsovie.

23 oct. : début de l'insurrection de Budapest.

MILITAIRE
31 oct. : début de l'intervention franco-britannique à Suez.

SCIENCES
ET TECHNOLOGIE
oct. : inauguration du pont de Tancarville, le plus long de l'Europe.

1957

ÉCONOMIE
25 mars : signature du traité de Rome instituant le Marché Commun.

1958

POLITIQUE
1er juin : après les événements du 13 mai en Algérie, de Gaulle devient président du Conseil.

RELIGION
9 oct. : mort de Pie XII et investiture de Jean XXIII le 29 octobre.

DIPLOMATIE
31 oct. : ouverture de la conférence de Genève sur l'arrêt des essais nucléaires.

ART
nov. : sortie du film « *Les Amants* » de Louis Malle.

POLITIQUE
21 déc. : de Gaulle est élu premier président de la Ve République.

1959

ÉCONOMIE	20 juill. : l'Espagne entre à l'OECE.
	21 juill. : création de l'AELE.
SCIENCES	22 sept. : premier câble téléphonique Europe – États-Unis.
POLITIQUE	16 déc. : Mgr Makarios, exilé par les Anglais en 1956, prend le pouvoir à Chypre.

1960

LITTÉRATURE	4 janv. : mort d'Albert Camus.
MILITAIRE	13 fév. : explosion de la première bombe atomique française.
ART	15 mars : « À bout de souffle » de J.-L. Godard.
DIPLOMATIE	16 mai : ouverture du sommet de Paris pour régler le problème de Berlin.
DIPLOMATIE	16 août : proclamation de l'indépendance de Chypre.
POLITIQUE	12 sept. : Walter Ulbricht, président du Conseil d'État de la RDA.
ÉCONOMIE	14 déc. : l'OECE, élargie aux États-Unis et au Canada devient l'OCDE.

1961

RELIGION	14 juill. : encyclique *Mater et magistra* sur la doctrine sociale de l'Église.
POLITIQUE	13 août : début de la construction du mur de Berlin.
DIPLOMATIE	10 déc. : rupture des relations diplomatiques entre l'Albanie et l'URSS.

1662

DIPLOMATIE	18 mars : accords d'Évian mettant fin à la guerre d'Algérie.
SOCIÉTÉ	23 avril : grandes grèves dans les Asturies (Espagne).
SCIENCES	14 juin : création du CERS (Centre européen pour la recherche spatiale).

ÉCONOMIE	30 juill. : entrée en vigueur de la PAC.
RELIGION	11 oct. : ouverture du concile Vatican II.
SOCIÉTÉ	14 oct. : défilé flamand à Bruxelles illustrant la gravité du problème linguistique.

1963

DIPLOMATIE	14 janv. : de Gaulle rejette les accords de Nassau entre les États-Unis et la Grande-Bretagne et s'oppose à l'entrée de cette dernière dans le Marché Commun.
	22 janv. : signature du traité d'amitié et de coopération entre la France et la RFA.
MILITAIRE	5 août : signature des accords de Moscou sur la réduction des essais nucléaires.
SOCIÉTÉ	7 août : attaque du train postal Glasgow-Londres.
POLITIQUE	16 oct. : Ludwig Erhard élu chancelier en RFA.

1964

POLITIQUE	15 oct. : après l'échec des conservateurs, Harold Wilson forme un gouvernement travailliste en Grande-Bretagne.
LITTÉRATURE	22 oct. : le prix Nobel de littérature est attribué à J.-P. Sartre qui le refuse.
ÉCONOMIE	28 déc. : la Yougoslavie intègre le CAEM.

1965

POLITIQUE	24 janv. : mort de W. Churchill.
SOCIÉTÉ	25 fév. : émeutes étudiantes à Madrid.
SCIENCES	25 mars : adoption à Vienne du procédé de télévision couleur français SECAM par un grand nombre de pays.
POLITIQUE	1er juill. : début de la politique de la « chaise vide » menée par la France au Conseil de Bruxelles.
SOCIÉTÉ	8 nov. : abolition de la peine de mort en Grande-Bretagne.

1966

MILITAIRE   7 mars : la France se retire du commandement intégré de l'OTAN.

SCIENCES   4 nov. : A. Kastler, prix Nobel de physique.

POLITIQUE   14 déc. : réforme constitutionnelle en Espagne.

1967

POLITIQUE   21 avril : coup d'État militaire en Grèce.

ÉCONOMIE   11 mai : la Grande-Bretagne, le Danemark et l'Irlande posent leur candidature à la CEE.

POLITIQUE   19 avril : mort de K. Adenauer.

ÉCONOMIE   18 nov. : dévaluation de la livre.

1968

POLITIQUE   5 janv. : Dubcek est élu premier secrétaire du parti communiste tchécoslovaque.

SOCIÉTÉ   fév. : début des révoltes étudiantes en Italie.

POLITIQUE   29 fév. : la Roumanie quitte la réunion des partis communistes d'Europe de l'Est et se désolidarise ainsi du bloc soviétique.

SOCIÉTÉ   8 mars : affrontements entre la police et les étudiants à Varsovie.

POLITIQUE   22 mars : Novotny quitte la direction du PC tchécoslovaque.

SOCIÉTÉ   2 mai : début des « événements de 68 » en France.

16 mai : journée des Barricades à Madrid.

MILITAIRE   20 août : fin de l'expérience du « printemps de Prague », par l'intervention des troupes du pacte de Varsovie.

POLITIQUE   26 sept. : Marcello Caetano succède à Salazar au Portugal.

POLITIQUE   5 oct. : des émeutes à Londonderry en Irlande du Nord révèlent l'ampleur de la question irlandaise.

LITTÉRATURE   23 oct. : Samuel Beckett prix Nobel de littérature.

1969

POLITIQUE   28 avril : démission du général de Gaulle (G. Pompidou sera élu le 15 juin président de la République).

22 juill. : Franco désigne le prince don Juan Carlos comme son successeur.

9 oct. : Olaf Palme succède à Tage Erlander comme Premier ministre en Suède.

21 oct. : W. Brandt élu chancelier en RFA.

ÉCONOMIE   24 oct. : réévaluation du mark et premiers MCM (Montants compensatoires monétaires).

POLITIQUE   9 nov. : mort du général de Gaulle.

SOCIÉTÉ   12 déc. : grave attentat à Milan dans une atmosphère de violences et de grèves.

1970

POLITIQUE   18 juin : victoire des conservateurs en Grande-Bretagne (E. Heath, Premier ministre).

DIPLOMATIE   12 août : traité de Moscou RFA – URSS.

SOCIÉTÉ   28 août : festival pop à l'île de Wight.

DIPLOMATIE   7 déc. : signature du traité germano-polonais.

SOCIÉTÉ   14 déc. : émeutes en Pologne. Gomulka doit se retirer.

POLITIQUE   28 déc. : ouverture du procès de Burgos contre des membres de l'organisation révolutionnaire ETA (Espagne).

1971

POLITIQUE   19 juin : Honecker succède à Ulbricht en RDA.

ART   3 juin : sortie de « *Mort à Venise* » de Luchino Visconti.

DIPLOMATIE   23 juin : les Six acceptent l'adhésion anglaise à la CEE.

3 sept. : accord quadripartite sur la question de Berlin.

POLITIQUE   20 oct. : W. Brandt, prix Nobel de la paix.

1972

POLITIQUE
24 mars : après plusieurs semaines d'émeutes, l'Ulster passe sous gouvernement direct britannique.

SOCIÉTÉ
juin : arrestation en RFA des principaux membres de la bande à Baader.

5 juin : ouverture en Suède de la première conférence de l'ONU sur l'environnement.

POLITIQUE
5 sept. : intervention du commando palestinien de « Septembre Noir » aux Jeux olympiques de Munich.

LITTÉRATURE
19 oct. : l'écrivain allemand Heinrich Böll, prix Nobel de littérature.

DIPLOMATIE
21 déc. : signature du « traité fondamental » entre les deux Allemagnes.

21 déc. : création d'une Agence spatiale européenne.

1973

ÉCONOMIE
1er janv. : entrée du Danemark, du Royaume-Uni et de l'Irlande dans le Marché Commun.

ART
8 avril : mort de Picasso.

DIPLOMATIE
3 juill. : ouverture de la conférence d'Helsinki sur la sécurité en Europe.

SOCIÉTÉ
9 oct. : première grève au Luxembourg depuis 30 ans.

ÉCONOMIE
17 oct. : début du 1er choc pétrolier.

POLITIQUE
17 nov. : premières élections libres en Grèce après 7 ans de régime militaire.

DIPLOMATIE
11 déc. : traité de normalisation germano-tchécoslovaque.

POLITIQUE
20 déc. : assassinat de Carrero Blanco en Espagne (il était Premier ministre depuis le 8 juin).

BIBLIOGRAPHIE INDICATIVE

Cette bibliographie ne peut bien sûr embrasser l'ensemble des publications concernant la période. Nous nous bornerons à quelques ouvrages indispensables ou récemment parus, accessibles, et dans lesquels des bibliographies complémentaires pourront être consultées (nous nous permettrons de dire quelques mots à propos de chacun des ouvrages généraux).

Ouvrages généraux sur l'histoire de l'Europe

ASSELIN J.-C., DELFAUD P., GUILLAUME P., GUILLAUME S., KINTZ J.-P., MOUGEL F., *Précis d'histoire européenne, XIXᵉ-XXᵉ siècles*, Paris, Colin-U, 1993 [*une synthèse thématique sur deux siècles*].

BERSTEIN S., MILZA P., *Histoire de l'Europe contemporaine* (tome V), Paris, Hatier, 1992 [*ouvrage de première consultation*].

BOUDANT J., GOUNELLE M., *Les grandes dates de l'Europe communautaire*, Paris, Larousse, 1989 [*chronologie très commode sur le Marché Commun, classée par grandes périodes, avec des mises au point sur les institutions et le niveau d'intégration des politiques européennes*].

BRUGMANS H., *L'idée européenne, 1918-1965*, Bruges, De Tempel, 1e édit. 1965, 3e édit. 1970 [*malgré son ancienneté, cet ouvrage, écrit par un acteur et témoin direct, est particulièrement intéressant*].

CARPENTIER J., LEBRUN F., *Histoire de l'Europe*, Paris, Seuil, 1992 [*rapide sur la période, puisque ce livre remonte aux origines*].

COSSERON S., FAVERJON P., *L'Europe de 1815 à nos jours*, Besançon, La Manufacture, 1991 [*chronologie extrêmement utile*].

CROUZET M., *Histoire illustrée de l'Europe*, tome VI : *De la Seconde Guerre mondiale à nos jours. La renaissance de l'Europe*, Paris, Flammarion, 1970 [*synthèse déjà ancienne, mais brillante et significative d'une méthode de travail toujours d'actualité*].

DELOUCHE F., *Histoire de l'Europe*, Bruxelles, De Boeck-Wesmael, 1992 [*survol de la période*].

DROZ B., ROWLEY A., *Histoire générale du XXe siècle, deuxième partie : depuis 1950*, Seuil « Points-Histoire », 1987 [*très synthétique, à consulter pour replacer l'Europe dans un contexte mondial*].

DUROSELLE J.-B., *L'Europe, Histoire de ses peuples*, Paris, Perrin, 1990 [*séries d'articles, sommaire*].

FONTAINE P., *L'Union européenne, bilan et perspective de l'intégration européenne*, Paris, Seuil, 1994 (*remarquable petit ouvrage qui fait le point sur la construction européenne*].

GERBET P., *La Construction de l'Europe*, Paris, Imprimerie nationale, 1994 [*somme considérable qui comporte une bibliographie exhaustive sur le sujet*].

GIRAULT R., BOSSUAT G., dir., *Les Europes des Européens*, Paris, Publications de la Sorbonne, 1994 [*série d'articles écrits par des historiens de différents pays sur l'identité européenne*] et *Europe brisée, Europe retrouvée, Nouvelles réflexions sur l'unité européenne au XXe siècle*, Paris, Publications de la Sorbonne, 1994 [*réflexions approfondies d'historiens sur l'intégration, ses difficultés, ses avancées*].

GROSSER A., *Les Occidentaux*, Paris, Fayard, 1978 [*ouvrage essentiel, qui retrace les rapports entre les États-Unis et les pays d'Europe occidentale depuis la guerre, mais aborde tous les sujets qui intéressent notre étude. À consulter en priorité*].

LIVER G., MOUNIER R., *Histoire générale de l'Europe*, tome III, *L'Europe de 1789 à nos jours*, Paris, PUF, 1980, [*rapide sur la période*].

MATHIEX J., VINCENT G., *L'Europe depuis 1945*, tome II, Paris, Masson, 1990 [*un manuel commode*].

MOURIN M., *Histoire des Nations européennes*, t. III, 1963 [*une des premières tentatives pour traiter l'histoire de tous les pays en un seul ouvrage*].

PAXTON J., *European Political Facts, 1918-1973*, London, Mac Millan, 1975 [*un catalogue assez confus présentant des faits, des institutions, sans souci de synthèse, et comportant des erreurs*].

PERROUX F., *L'Europe sans rivages*, Paris, PUF 1e éd., 1953, réédité aux Presses universitaires de Grenoble en 1990 [*ouvrage majeur, bien qu'un peu difficile au premier abord. Il marie l'économique, le social et le politique*].

ROVAN J., *L'Europe*, Paris, Seuil, 1966 [*ouvrage s'adressant aux militants socio-culturels dans une optique de formation et de vulgarisation*].

SOULIER G., *Traité de l'Europe*, Paris, Colin, 1994 [*ouvrage de référence, ambitieux, qui reprend l'histoire de l'Europe depuis ses origines*].

TODD E., *L'invention de l'Europe*, Paris, Seuil, 1990 [*travail de sociologue, intéressant en particulier sur le phénomène religieux*].

VIVET J.-P., dir., *Les Mémoires de l'Europe*, t. IV, Paris, Laffont, 1973 [*série mise en œuvre au moment de la relance européenne, recueil de textes et de documents figurés commentés. Ouvrage encore attractif aujourd'hui*].

WEBER E., *Une histoire de l'Europe (hommes, cultures et socié-*

tés), tome II, Fayard, Paris, 1987 [*vision anglo-saxonne de l'Histoire, parfois déroutant...*].

ZORGBIBE F., *La construction politique de l'Europe, 1946-1976*, Paris, PUF, 1978 [*encore utile*].

Mémoires

ADENAUER K., *Mémoires*, (2 tomes), Paris, Hachette, 1967.

BRANDT W., *Mémoires*, Paris, Albin Michel, 1990.

CHURCHILL W., *Mémoires de guerre*, Paris, Rombaldi, 1970.

COUVE DE MURVILLE M., *Une politique étrangère*, 1958-1969, Paris, Plon, 1971.

DE GAULLE Ch., *Discours et Messages* (5 tomes) Paris, Plon, 1970, *Mémoires d'Espoir* (2 tomes), Paris, Plon, 1970-1971.

MONNET J., *Mémoires* (2 tomes), Paris, Fayard, 1976.

POMPIDOU G., *Entretiens et discours* (2 tomes), Paris, Plon, 1975.

SPAAK P.-H., *Combats inachevés* (2 tomes), Paris, Fayard, 1969.

Quelques titres concernant l'histoire des relations internationales

BERG E., *La Politique internationale depuis 1945*, Paris, Economica, 1989.

BINOCHE J., *De Gaulle et les Allemands*, Bruxelles, Questions au XXe s., Complexe, 1990.

BOSSUAT G., *L'Europe occidentale à l'heure américaine, 1945-52*, Bruxelles, Questions au XXe s., Complexe, 1992.

BOZO F., *La France et l'OTAN de la guerre froide au nouvel ordre européen*, Paris, IFRI, Masson, 1991.

BRAUMAN R., dir., *Le tiers-mondisme en question*, Paris, Orban, 1986.

CARRÈRE d'ENCAUSSE H., *Le Grand Frère*, Paris, Flammarion, 1983.

CHOTARD J.-R., *La politique américaine en Europe, 1944-1948*, Paris, Messidor, éd. Sociales, 1991.

CONTE A., *Yalta ou le partage du monde*, Paris, Laffont, 1964.

DE LA SERRE F., LERUEZ J., WALLACE H., *Les politiques étrangères de la France et de la Grande-Bretagne depuis 1945*, Paris, Presses de la Fondation nat. des Sciences polit., 1990.

DUROSELLE J.-B., *Histoire diplomatique de 1919 à nos jours*, Paris, DALLOZ, 1ère édit., 1966, 11e édit. 1993.

FONTAINE A., *Histoire de la guerre froide* (2 tomes), Paris, Points Histoire-Seuil, 1983 (réédité en 1992).

FRITSCH BOURNAZEL R., *L'Allemagne, un enjeu pour l'Europe*, Bruxelles, Complexe, 1987.

GIRARDET R., dir., *La Défense de l'Europe*, Bruxelles, Questions au XXe s., Complexe, 1988.

GRIMAL H., *La Décolonisation de 1919 à nos jours*, Bruxelles, Historiques Complexe, 1985.

HEFFER J. et LAUNAY M., *L'Ère des deux Grands, 1945-1973*, Paris, Hachette, 1992.

LEGOLL P., *Konrad Adenauer et l'idée d'unification européenne, janvier 48 – mai 1950, un homme politique "européen" et son environnement dans le contexte international*, Berne, P. Lang, 1989.

MOUSSON-LESTANG J.-P., *La Scandinavie et l'Europe de 1945 à nos jours*, Paris, PUF, 1990.

VAISSE M., *Les relations internationales depuis 1945*, Paris, Colin, 1990.

Ouvrages concernant l'évolution économique
de l'Europe (dans un contexte parfois mondial)

BOURGET J., ZENON Y., *Monnaies et systèmes monétaires dans le monde du XXᵉ siècle*, Paris, Bréal, 1990.

CARRÉ J.-J., DUBOIS P., MALINVAUD E., *La Croissance française : un essai d'analyse causale de l'après-guerre*, Paris, Seuil, 1972.

DELAS J.-P., *Économie contemporaine, faits, concepts, théories*, (4 tomes), Paris, Ellipses, 1992.

DELFAUD J.-P., GERARD C., GUILLAUME P., LESOURD J.A., *Nouvelle histoire économique*, tome II, Paris, Colin, 1976.

DUMOULIN M., GIRAULT R., TRAUSCH G., *L'Europe du patronat, de la guerre froide aux années soixante*, Série « Études et documents », Berne, P. Lang, 1994.

DRACH M., *La crise dans les pays de l'Est*, Paris, La Découverte, 1984.

ECK J.-F., *Histoire de l'économie française depuis 1945*, Paris, Cursus-Colin, 1988.

FLORY J., TOULEMON R., *Une politique industrielle pour l'Europe*, Paris, PUF, 1974.

FLOUZAT D., *Économie contemporaine*, tome III : *Croissance, crises et stratégies économiques*, Paris, PUF, 1988.

FROMENT R., GAY F.J., *L'Europe occidentale d'économie libérale*, Paris, Sirey, 1970.

KUZNETS S.S., *La Croissance économique moderne*, Paris, Éd. Internationales, 1979.

LANDES D.S., *L'Europe technicienne*, GPRF, Paris, Gallimard, 1969.

LAVIGNE M., *Les économies socialistes soviétiques et européennes*, Paris, Colin, (1ᵉ édit. 1970), *Le Comecon*, Paris, Cujas, 1973.

LE BAS C., REQUIER-DEJARDINS D., *Les grandes puissances d'économie libérale depuis 1948*, Paris, Sirey, 1993.

Léon P., *Histoire économique et sociale du monde*, tome VI, *Le second vingtième siècle*, Paris, Colin, 1977.

Lorenzi H.H., Pastré O., Tolédano J., *La Crise au XXᵉ siècle*, Paris, Economica, 1980.

Mossé E., *Comprendre la politique économique*, tome I : *L'ère des certitudes*, Paris, Seuil, « Points-Économie », 1990.

Néré J., *Les crises économiques au XXᵉ siècle*, Paris, Colin, 1989.

Parodi M., *L'économie et la société française depuis 1945*, Paris, Cursus-Colin, 1992.

Teulon F., *L'État et le capitalisme au XXᵉ s.*, Paris, PUF, 1992.

Thomas J.-P., *Les politiques économiques au XXᵉ siècle*, Paris, Cursus-Colin, 1990.

Vesperini J.-P., *L'Économie de la France, de la crise de mai 68 aux résultats de l'expérience socialiste*, Paris, Economica, 1985.

Visine F., *Trente ans d'Europe, 1945-1975*, Paris, Édit. techniques et économiques, 1975.

Histoire sociale et culturelle

Avron H., *L'Anarchisme au XXᵉ siècle*, Paris, PUF, 1979.

Becker J., *La bande à Baader*, Paris, Fayard, 1977.

Bédarida F., *La société anglaise du milieu du XIXᵉ siècle à nos jours*, Paris, Seuil, 1990.

Bédarida F., *La société anglaise, 1851-1975*, Paris, Arthaud, 1976.

Bergmann U., *La Révolte des étudiants allemands*, Paris, Gallimard, 1968.

Bidiss M.D., *Histoire de la pensée européenne*, tome VI : *L'Ère des masses*, Paris, Seuil, 1980.

Burgelin H., *La Société allemande, 1871-1968*, Paris, Arthaud, 1969.

CALAIS P., ROUX P., *Précis des littératures de la Communauté européenne*, Paris, Magnard, 1992.

CAUTE D., *1968 dans le monde*, Paris, Laffont, 1988.

CLEBERT J.C., *Les hauts lieux de la littérature en Europe*, Paris, Bordas, 1991.

DECROLY J.-M., VANLAER J., *Atlas de la population européenne*, Bruxelles, Édit. de l'Université, 1992.

DREYFUS-ARMAND G., GERVEREAU L., *Mai 68, Les mouvements étudiants en France et dans le monde*, Paris, Bibl. de Documentation internationale contemporaine, 1988.

GERBOD P., *L'Europe culturelle et religieuse de 1815 à nos jours*, PUF, 1977.

GIORDAN H., dir., *Les minorités en Europe*, Paris, Kimé, 1992.

GŒTSCHEL P., LOYER E., *Histoire culturelle de la France au XXᵉ siècle*, Paris, Cursus-Colin, 1994.

GROS B., *Le Terrorisme*, Paris, Hatier, 1975.

GUILLAUME P., *Initiation à l'histoire sociale contemporaine*, Paris, Nathan, 1992.

HAMON H., ROTMAN P., *Génération*, 2 tomes, Paris, Seuil, 1987-88.

KAELBLE H., *Vers une société européenne. Une histoire sociale de l'Europe*, Paris, Belin, 1988.

LABIN S., *La Violence politique*, Paris, France-Empire, 1978.

LAUNAY M., *Le syndicalisme en Europe*, Paris, Imprimerie Nationale, 1990.

ORY P., SIRINELLI J.-F., *Les Intellectuels en France, de l'affaire Dreyfus à nos jours*, Paris, Colin, 1992.

MORIN E., *Penser l'Europe*, Paris, Gallimard, 1987, *Pour sortir du XXᵉ siècle*, Paris, Nathan, 1981.

Morin E., Lefort C., Castoriadis C., *Mai 68 : La brèche, suivi de vingt ans après*, Bruxelles, Historiques-Complexe, 1988.

Reinhard M., Armengaud , Dupâquier J., *Histoire générale de la population mondiale*, Paris, Montchrestien, 1968.

Sappey B. et F., *Histoire de la musique en Europe*, PUF, 1992.

Sorlin P., *La Société française*, (tome II), 1914-1968, Paris, Arthaud, 1971.

Winock M., *Chronique des années 60*, Paris, Seuil, 1987.

Histoire politique

Synthèses

Berstein S., *Démocraties, régimes autoritaires et totalitarismes au XXe siècle*, Paris, Hachette « Sup. », 1992.

Blanc J., Virieux J.M., Wagnet P., *Les Grands Régimes politiques étrangers, notions essentielles*, Paris, Sirey, 1988.

Delbreil J.C., *Le MRP et la construction européenne*, Bruxelles, Complexe, Questions au XXe s., 1993.

Dreyfus M., *L'Europe des socialistes*, Bruxelles, Questions au XXe s., Complexe, 1991.

Rousselier N., *L'Europe des libéraux*, Bruxelles, Questions au XXe s., Complexe, 1991.

États et groupes d'États

Allemagne de l'Ouest

Bark D., Gress D.R., *Histoire de l'Allemagne depuis 45*, Paris, Laffont, 1992.

Berstein S., Milza P., *L'Allemagne de 1870 à 1991*, Paris, Masson, Histoire, 1992 (3e édit.).

Grosser A., Ménudier H., *La vie politique en Allemagne fédérale*, Paris, Colin, 1981.

WAHL A., *Histoire de la République fédérale d'Allemagne*, Paris, Cursus-Colin, 1991.

Benelux

BITSCH M.T., *Histoire de la Belgique*, Paris, Nations d'Europe-Hatier, 1992.

DAYEZ-BURGEON P., *Belgique, Nederland, Luxembourg*, Paris, Belin Sup, 1994.

DE VOOGD C., *Histoire des Pays-Bas*, Paris, Nations d'Europe-Hatier, 1992.

Europe du Sud

Grèce

CONTORGEORGIS G., *Histoire de la Grèce*, Paris, Nations d'Europe-Hatier, 1992.

BERSTEIN S., MILZA P., *L'Italie contemporaine : des nationalistes aux Européens*, Paris, Colin, 1973.

BRICE C., *Histoire de l'Italie*, Paris, Nations d'Europe-Hatier, 1992.

ROMANO S. *Histoire de l'Italie du Risorgimento à nos jours*, Paris, Point-Histoire Seuil, 1977.

Péninsule ibérique

ANGOUSTURE A., *Histoire de l'Espagne au XXᵉ siècle*, Bruxelles, Questions au XXᵉ s., Complexe, 1993.

BENNASSAR B., *Histoire des Espagnols, IV-XXᵉ s.*, Paris, Laffont, 1992.

HERMET G., *L'Espagne au XXᵉ s.*, Paris, PUF, 1986.

LEMEUNIER G., PÉREZ PICAZO M.T., *L'Espagne au XXᵉ siècle*, Paris, Cursus-Colin, 1994.

MARCADÉ J., *Le Portugal au XXᵉ siècle*, Paris, L'Historien-PUF, 1988.

Europe centrale et orientale

BARDÒS-FELTORONYI N., SUTTON M., *L'Europe du Centre, 50 années révolues ?*, Bruxelles, De Bœck-Wesmael, 1991.

BOGDAN H., *Histoire des pays de l'Est, des origines à nos jours*, Paris, Perrin, 1990.

CHIAMA J., SOULET J.-F., *Histoire de la dissidence. Opposition et révolte en URSS et dans les démocraties populaires de la mort de Staline à nos jours*, Paris, Seuil, 1982.

FEJTÖ F., *1956, Budapest, l'insurrection*, Bruxelles, La mémoire du siècle, Complexe, 1981, *Histoire des démocraties populaires*, 2 tomes, Paris, Seuil, 1992.

HAJEK J., *Dix ans après, Prague, 1968-78*, Paris, Seuil, 1978.

MARÈS A., *Histoire des Tchèques et des Slovaques*, Paris, Hatier, coll. « Nations d'Europe », 1994.

TIGRID P., *Le printemps de Prague*, Paris, Seuil, 1968.

TYMOWSKI, *Une Histoire de la Pologne*, Montricher (Suisse), Les Éditions Noir sur Blanc, La Lib. polonaise, 1993.

France

BERSTEIN S., MILZA P., *Histoire de la France au XXe siècle*, (tomes III et IV), Paris, Questions au XXe s., Complexe, 1992.

BURGUIÈRE A. et REVEL J. dir. à, *Histoire de la France*, Les formes de la culture, Paris, Seuil, 1993.

ELGEY G., *Histoire de la IVe République, La République des Illusions (1945-51)*, édition revue et corrigée, Paris, Fayard, 1993 ; *La République des Contradictions (1951-1954)*, Paris, Fayard, 1968 ; *La République des Tourmentes*, tome I, Paris, Fayard, 1992.

LACOUTURE J., *De Gaulle*, (tomes II et III), Paris, Seuil, 1986.

ROUSSEL E., *Pompidou*, Paris, Lattès, 1984.

TROTIGNON Y., *La France au XXe siècle*, Paris, PUF, 1986.

VIANSSON-PONTÉ P., *Histoire de la République gaullienne*, tomes I et II, Paris, Taillandier, 1972.

VINCENT G., *Les Français, Chronologie et structure d'une société*, Paris, Masson, 1977.

Pays nordiques

ALEXANDERSSON G., *Les Pays du Nord*, Paris, PUF, 1971.

LE FOL J.J., *Les pays Nordiques*, Paris, PUF, coll. Clio, 1978.

PARENT J., *Le modèle suédois*, Paris, Calmann-Levy, 1970.

Royaume-Uni

CHARLOT M., *L'Angleterre, 1945-1980*, Paris, PUF, 1980.

LERUZ J., SUREL J., *La Grande-Bretagne*, tome III : Les temps difficiles, 1914-1977, Paris, Histoire contemp., Hatier, 1978.

MARX R., *L'Angleterre de 1945 à nos jours*, Paris, Cursus-Colin, 1991, *La Grande-Bretagne et le monde*, Paris, Masson, 1987.

MOUGEL C.-F., *Vie politique en Grande-Bretagne (1945-1970)*, Paris, SEDES, 1984.

Autres pays

BERANGER J., *Histoire de l'Autriche*, Paris, PUF, 1994.

GILLIARD C., *Histoire de la Suisse*, Paris, PUF, 1987.

MILZA O., *Histoire de l'Autriche*, Paris, Hatier, coll. « Nations d'Europe », 1994.

ROHL J., *La Suisse contemporaine, société et vie politique*, Paris, Colin, 1977.

INDEX DES NOMS PROPRES

274

la mémoire du siècle

collection dirigée par André Versaille

questions au XXe siècle
collection dirigée par Serge Berstein et Pierre Milza

la mémoire des siècles

La photocomposition de cet ouvrage
a été réalisée par Tournai Graphic

Achevé d'imprimer
en octobre 1995
sur les presses
de l'imprimerie Campin
en Belgique (CEE)

En illustration de couverture :
La gloire d'être un ouvrier,
© Edimédia, 1995.

© Éditions Complexe 1995
SA Diffusion Promotion Information
24, rue de Bosnie
1060 Bruxelles

 n° 606